북한의
위기 조성과
기회의 창

북한의 위기 조성과 기회의 창

발행일   2025년 12월 19일

지은이   이주태
펴낸이   손형국
펴낸곳   (주)북랩

출판등록   2004. 12. 1(제2012-000051호)
주소   서울특별시 금천구 가산디지털 1로 168, 우림라이온스밸리 B동 B111호, B113~115호
홈페이지   www.book.co.kr
전화번호   (02)2026-5777   팩스   (02)3159-9637

ISBN   979-11-7224-947-2 03340 (종이책)   979-11-7224-948-9 05340 (전자책)

작가 연락처 문의 ▸ ask.book.co.kr
전용 게시판에 문의를 남기시면 저자에게 직접 전달됩니다.

(주)북랩 성공출판의 파트너
북랩 홈페이지와 SNS에서 다양한 출판 솔루션을 만나 보세요!
홈페이지 book.co.kr   •   **블로그** blog.naver.com/essaybook   •   **출판문의** text@book.co.kr
카톡채널 북랩

도발과 대화 사이,
북한이 설계한 협상의 기술

북한의 위기 조성과 기회의 창

이주태 지음

북랩

필자는 통일부에서 31년간 근무하며 대화와 교류 협력을 통한 남북 관계 개선의 꿈을 잊어본 적이 없습니다. 그러나 남북 관계가 앞으로 나아가는 도중에 빈번히 발생한 북한의 핵실험, 미사일 발사, 무력 도발은 필자의 꿈을 사납게 흔들곤 했습니다. 2002년 월드컵 기간에 벌어진 제1연평해전, 2006년 추석 연휴 직후에 감행된 북한의 1차 핵실험의 기억은 지금도 생생한데, 그때마다 필자는 깊은 고민과 의문에 휩싸였습니다. '북한은 왜 이 시점에 이런 행위를 하는가? 북한이 과연 제정신인가?' 북한 최고 의사결정자의 머릿속을 해부해 보고 싶은 욕망이 솟아났습니다. 그런데 2010년 북한대학원대학교에 입학해서 공부하다가 실제로 그런 인지적 접근을 하는 학자들이 있다는 것을 알게 되었고, 그해 11월 연평도 포격까지 목도하고 난 뒤 신종대 교수님의 수업을 들으면서 북한의 도발과 위기 조성에 관한 본격적인 연구를 시작했습니다.

매 학기 이 주제의 유관 사례를 택하여 중간 및 기말 보고서를 쓰면서 나름대로 연구하면 할수록 북한의 도발은 단순히 '벼랑 끝 전술'이라는 개념 하나로 설명하기에는 왠지 부족한, 위기 조성의 다층적이고 전략적인 측면들을 하나둘 발견할 수 있었습니다. 필자는 이를 분석하기 위해 '표적(Target)', '청중(Audience)', '기회의 창(Window of Opportunity)'이라는 새로운 개념과 분석 틀을 구체화했고, 이 틀을 바탕으로 박사학위 논문을 완성했습니다.

이 책은 바로 필자의 박사학위 논문[1]을 발전시키고 내용을 업데이트한

---

1 이주태, 『김정일 시기 북한의 위기조성전략 : 비대칭전력 및 군사 도발 사례 분석』(북한대학원대학교 박사학위논문, 2013)

결과물입니다. 학술적인 깊이는 유지하되, 일반 독자들의 접근성을 높이기 위해 다소 지루할 수 있는 이론적 논의와 북한의 대외 인식 부분은 간결하게 요약했습니다. 대신, 북한의 위기 조성 전략을 구성하는 표적, 청중, 기회의 창에 대한 분석에 초점을 맞추어 독자들이 북한의 핵심 전략을 쉽게 이해하도록 정리했습니다.

분석 결과, 김정일 시기 북한의 '기회의 창'은 주로 미국과 남한을 향해 열려 있었습니다. 대량살상 무기(WMD)를 통한 위기 조성은 미국을 표적으로 삼고, 남한, 중국, 북한 내부를 청중으로 설정했습니다. 이를 통해 미국에 대해 '제한적 비핵화 대 보상'이라는 협상 틀을 만들어가고자 했습니다.

군사 도발을 통한 위기 조성은 남한을 표적으로 삼고, 미국, 중국, 북한 내부를 청중으로 설정했습니다. 이를 통해 남한에 대해 '제한적 화해 대 대가'라는 협상 틀을 구축하고자 하였습니다.

이러한 분석 틀을 김정은 시기 북한의 위기 조성에도 시론적으로 적용해 보았습니다. 물론 심층적인 추가 연구가 필요하지만, 독자 여러분은 이 시론적 분석을 통해 북한 위기 조성 전략의 지속성과 변화의 양 측면을 식별할 수 있을 것으로 기대합니다.

최근 북한이 선언한 '적대적 2국가론'이 큰 화두입니다. 그러나 이 책을 정독한 독자라면, 북한의 이러한 행태와 그 의도를 보다 깊이 이해할 수 있을 것입니다. 북한은 2018년 남북 관계 활성화 시기를 겪고 난 후, 현재의 대북 제재 국면에서 남한이 줄 수 있는 '대가'의 한계를 명확히 파악했습니다. 이것이 바로 북한이 남한을 향한 '기회의 창'을 일시적으로 닫은 이유입니다.

하지만 필자는 미북 관계가 다시 풀리고 대화와 공존 국면이 재개된다면, 북한은 결국 남한을 향한 기회의 창을 다시 열 수밖에 없을 것이라고 분석합니다. 왜냐하면, 남한 이외의 어느 국가도 북한이 원하는 대북 경제 협력과 지원 요구에 실질적으로 응할 수 없을 것이기 때문입니다.

우리가 해야 할 일은 바로 그때를 위해 준비하는 것입니다. 북한에 대해서는 대화와 교류의 문을 활짝 열어둔 채, 내부적으로는 국민의 통일 의식을 제고시키며, 대외적으로는 국제적 평화와 공존의 환경을 개선해야 합니다. 이 책이 바로 그러한 준비 과정에 필요한 통찰을 제공하고, 독자 여러분의 올바른 대북정책 이해에 조금이나마 쓰임 받기를 소망합니다.

하나님께서 이 책을 펴낼 수 있도록 많은 도움의 손길을 붙여 주셨습니다. 특히 박사학위 논문 작성 과정에서 필자를 끊임없이 지도하고 독려해주신 신종대 교수님께 진심으로 감사드립니다. 마지막 학기, 일주일에 한 번꼴로 이어졌던 1:1 수업은 자칫 느슨해지기 쉬운 연구 일정을 앞당긴 큰 촉매제였습니다. 통일부에 오래 근무하며 모든 것을 남북 관계 중심으로만 보려 했던 저의 시각을 북미 관계, 북중 관계, 한미 관계 등 깊고 넓은 국제 관계로 넓혀주신 것은 무엇보다 큰 학문적 가르침이었습니다.

끝으로, 이 책을 집필하는 동안 묵묵히 기다려주고 변함없는 지지와 사랑을 보내준 아내와 가족에게 깊은 감사와 사랑의 마음을 전합니다.

2025.11월, 연평도 포격 15주기를 앞두고
이주태

목차

제3장 | 비대칭전력을 통한 위기 조성 사례 분석 ··· 57

제1장

여는 글

　북한의 위기 조성의 역사는 길다. 냉전기뿐만 아니라 탈냉전기에도 북한의 도발은 이어졌다. 장거리 미사일 발사 및 6차례의 핵실험, 연평도 포격 등 북한이 끊임없이 위기 조성을 감행하는 이유는 무엇인가? 북한은 앞으로도 도발을 계속할 것으로 예상되기 때문에 북한이 이러한 전략을 추구하는 이유를 밝히는 것은 학문적으로나 정책적으로나 중요한 과제가 아닐 수 없다. 그런데도 지금까지 이러한 질문에 대한 답변은 충분하지 못했다. 북한의 상황을 알 수 있는 자료나 정보가 부족했기 때문이다. 이러한 연구방법상의 한계를 충분히 이해하면서도 필자가 다시 이러한 질문을 제기하고 분석을 시도하는 것은 북한의 위기 조성 전략이 남북 관계와 한반도 정세, 통일에 미치는 영향이 지대할 뿐만 아니라 북한 정치체제의 특징과 외교정책의 맥락을 이해하는 데 필수적이라는 인식에 기초하고 있다.

　북한 위기 조성 전략의 흐름을 분석할 때 먼저 냉전기와 탈냉전기를 구분해 볼 수 있다. 냉전기 북한의 위기 조성 전략은 남한의 공산화라는 공세적 대남전략 차원에서 취해진 고강도의 군사 도발이 많았다. 그럼, 탈냉전기에는 어떠했는가? 소련, 동구권의 붕괴, 한소 및 한중 수교, 남북 간 국력 격차 확대 등 대외환경의 변화로 인해 북한의 위기 조성 전략은 공세적인 것에서 수세적으로 변화하지 않을 수 없었다. 북한은 체제 존속을 최우선으로 추구할 수밖에 없는 수세적 상황으로 몰리면서 핵 개발을 본격화하였다. 핵과 미사일을 통한 북한의 위기 조성 전략은 탈냉전기 한반도 질서를 뒤흔든 특징적 사안이었다.

　이러한 점을 염두에 두면서 이 책에서 천착하고자 하는 구체적 질문은 탈냉전기, 북한은 어떠한 배경하에서, 누구를 대상으로, 무엇을 위해서 위기를 조성했는가 하는 것이다. 이 질문의 내용을 몇 가지로 구분해 보면 첫째, 북한은 어떠한 배경과 문제상황에 처했을 때 위기 조성 전략을 감행하는가? 외부의 위협이 중대할 때인가, 아니면 다른 조건이 있는가 하는 질문이다. 둘째, 북한의 위기 조성 전략은 누구를 표적으로 하는가? 미국인가, 남한인가? 다른 나라인가? 하는 것이다. 그런데 각국의 이해관계가 다층적, 중첩적으로 얽혀 있는 동북아시아의 지정학적 구조상 북한이 특정 국가를 표적으로 하더라도 인접 국가 또한 중대한 영향을 받을 수밖에 없는 상황에 있다. 따라서 이러한 여건을 고려한다면 북한으로서는 표적 국가 이외에 다른 국가에 대해서도 위기 조성을 통해 필요한 메시지를 전하고자 하는 필요를 느낄 것인데, 과연 그러한가 하는 것이다. 셋째, 북한이 위기 조성 전략을 추구하는 것은 무엇을 얻기 위한 것인가? 정치적 목적인가, 외교적 목적인가, 아니면 다른 차원의 동기가 있는 것인가 하는 것이다.

이 책에서는 탈냉전 이후, 특히 김정일 위원장(이하 김정일) 공식 집권기로 시간적 범위를 제한하고자 한다. 다시 말해 1998년 이후 2011년 김정일 사망까지로 한다. 필자가 시간적 범위를 1998년 이후부터 하는 것은 북한이 1998년 9월 헌법개정을 통해 김정일의 공식적 권력승계와 법적·제도적 권력구조 정비를 마무리했고 '강성 대국 건설'이라는 통치 이데올로기의 기반 아래 한반도 안보 위기를 증폭시키면서 북한 주민을 동원해 온 단위 기간이라는 점에 주목했기 때문이다.

또한 동 시기는 김정일이 일관되게 명실상부한 유일 지도자로서 국정 전반을 통치했기 때문에 지도자가 바뀌는 데서 비롯되는 위기 조성 전략의 변화 요인을 통제하면서 위기 조성의 배경, 대상, 동기를 파악할 수 있다는 점에서 연구 방법상 유리한 측면이 많다. 이에 비해 1990년대 초중반은 김일성, 김정일 공동 정권이라고 할 수 있었고 1994년 김일성 사망 후의 시기는 비록 김정일이 확고한 리더십을 행사했지만, 유훈통치의 명분을 내걸었고 고강도의 위기 조성 전략을 덜 구사하였다. 이러한 김정일 집권기 연구 결과를 토대로 필자는 3차 핵실험에서 6차 핵실험까지 도발을 감행한 김정은 총비서(이하 김정은) 집권기 위기 조성 전략도 동일한 연구 틀을 동원하여 시론적으로 분석해 보았다.

이 책을 집필할 때 가장 큰 어려움은 위기 조성 관련 북한의 의사결정과정을 살펴볼 수 있는 자료가 극히 제한된 점이다. 이러한 여건을 고려해 필자는 우선 북한의 공식 자료에 주목하고자 한다. 즉 북한이 위기 조성을 할 때 외무성, 국방위원회, 대남기구를 통해 밝히는 공개 자료가 바로 그것이다. 이러한 자료에 담겨있는 북한의 상투적 선전술, 수사적 표현을 걸어내고 교차분석하면 이를 통해 북한 지도부의 인식과 의도를 그려볼 수 있다. 이러한 접근은 이 책이 공개적 위기 조성을 대상으로 하므로 타당성을 확보할 수 있다고 본다. 공개적 위기 조성은 북한이 전략적 의도로 감행하는 것이고 그 의도는 감추기보다는 상당 부분 드러내 놓고자 하기 때문이다. 그 외에 북한에서 나온 1차 자료인 노동신문, 조선중앙통신, 조선중앙연감, 김정일 저작 및 전기 등을 주의 깊게 독해하여 빠진 퍼즐 조각을 맞추어 나갈 것이다. 그 바탕 위에서 2차 자료로 국내외 북한 위기 조성에 관한 연구 성과, 정부 및 지자체 발간 백서[1] 등을 최대한 활용하여 북한 위기 조성 전략의 배경과 동기에 대한 내용분석을 시도하였다.

북한 위기 조성 전략의 배경과 동기를 연구하기 위해 필자는 먼저 나름의 가설을 설정하고 이 가설에 따라 북한의 대표적 위기 조성 사례를 분석하고 발견한 사실을 정리하기로 한다. 즉 북한의 위기 조성 배경과 대상, 동기에 대한 가설을 설정하고, 이를 적용하여 1998년 이후 북한의 위기 조성 행태를 분석해 보기로 한다.

이 책은 제1장 여는 글을 포함, 총 6개의 장으로 이루어져 있다. 제2장은 북한의 위기 조성 전략과 관련한 이론적 논의, 위기 조성의 유형 및 가설들에 대한 검토이다. 위기 조성의 배경, 대상, 동기, 유형 등에 대한 이론을 살펴보고 분석 틀을 세워 보았다. 제3장과 제4장은 구체적 사례 분석에 해당

---

1 관련 자료로는 대한민국 국방부, 『천안함 피격 사건: 합동 조사 결과 보고서』(국방부, 2010), 인천시 옹진군, 『연평도 포격 사건 백서』(2012) 등 참조.

한다. 필자는 김정일 집권기 사례 분석 대상으로 1998년 대포동미사일 발사부터 핵보유 선언, 2차례 핵실험, 연평해전, 연평도 포격 사건을 선택하였다. 사례 선정의 기준은 다음과 같다. 첫째, 북한이 공개적으로 감행한 위기 조성을 위주로 하였다. 즉 비공개적 위기 조성은 제외하였다. 비공개 위기 조성의 사례는 북한의 의도를 파악하고자 하는 본 연구의 범위를 벗어나는 것이라고 보았다. 북한 내부 상황에 대한 자료가 절대적으로 부족한 상황에서 비공개 위기 조성 사례에 대한 북한의 의도를 분석적 방법으로 연구하는 것은 사실상 불가능에 가깝다. 우선 공개적 위기 조성 사례에 대한 분석을 통해 북한의 위기 조성 전략을 파악한 후 이 결과를 비공개 위기 조성 사례에 적용해 보는 것이 순서일 것이다. 둘째, 북한은 2005년 이후 장거리 미사일 발사와 핵실험을 결합하여 연이어 감행하고 있는데 이 경우 북한 위기 조성의 방점이 핵실험에 있다고 보아 핵실험에 포커스를 두고 중점 분석하였다. 셋째, 북한의 고강도 위기 조성 사례를 우선 선정하였다.[2]

이와 같이 선정된 사례를 비대칭전력을 통한 위기 조성과 군사 도발로 나누어 제3장에서는 비대칭전력을 통한 위기 조성 사례를 분석하고 제4장에서는 군사 도발에 대한 사례 분석을 하기로 한다. 사례 분석의 초점은 가설을 토대로 하여 북한의 대미, 대내, 대남, 대중 문제 인식을 연구하고 북한 위기 조성의 표적과 청중, 동기가 무엇인지를 살펴보는 데 있다.

제5장에서는 김정일 집권기 위기 조성 사례를 연구한 바탕 위에서 김정은 시기 북한 위기 조성 전략을 간략히 살펴보았다. 특히 김정일 시기와의 지속성과 변화를 파악해 보려는 문제의식을 느끼고 관련 사례를 분석하였다. 제6장에서는 닫는 글을 통해 이 연구의 성과와 한계, 과제를 짚어보고 향후 대북정책을 추진하면서 고려해야 할 정책적 함의를 제시하여 보았다.

---

2 공개적, 고강도 위기 조성 등에 대한 설명은 위기 조성의 유형에서 별도로 할 것이다.

제2장

이론적 논의 및 분석 틀

제1절

이론적 논의

이 책이 부딪힌 가장 큰 난점은 자료의 부족이다. 이 문제를 극복하는 방법의 하나는 이론적 자원을 활용하는 것이다. 국제정치학에서 발전시킨 국가의 행동에 관한 여러 이론은 북한 위기 조성의 현실을 파악하고 전략을 분석하는데 기본이 되는 논리를 제공한다.

국제정치학의 이론적 전통에 따르면 북한과 같은 약소국의 선택은 크게 세 가지로 나누어진다. 현실주의 전통은 세력균형을 예측하고 자유주의 전통은 관여 정책을 처방하고 세력 우위 이론은 편승을 권고한다. 세력균형과 관여 정책은 강대국의 요구를 수용하지 않는 경우의 대처 방안이고 편승은 요구 수용 시나리오에 따른 대응 방법이다.[1] 북한 대응의 현실적 양태는 이러한 전망과 처방을 그대로 따르기보다는 두 개 이상 방안을 결합하거나 변형하는 것으로 나타났다. 북한은 강대국의 요구조건을 모두 거절하지도, 모두 수용하지도 않는다. 핵 동결과 같이 부분적으로만 수용하면서 상대국에 대해서는 더 많은 보상을 요구하였다. 따라서 북한은 갈등적 편승, 세력균형을 넘나든다. 한편, 라몬 파체코 파르도 교수는 약소국의 협상 전술을 세력균형, 편승 등 제휴 전술과 벼랑 끝 전술, 국제레짐 참여 전술 등 세 가지 범주로 구분[2]하였다. 이에 따르면 북한은 세력균형, 편승 전술을 취하다가 그것이 막히거나 실행하기가 어려울 때 벼랑 끝 전술과 같은 위기 조성 행위를 선택한다는 것이다.

북한이 왜 그리고 누구를 대상으로 위기 조성 전략을 감행하느냐 하는

---

[1]　서울대학교 국제문제연구소 편, 『세계정치 11: 안보 위협과 중소국의 선택』 (논형, 2009), pp.12-24.

[2]　라몬 파체코 파르도 엮음, 권영근·임상순 옮김, 『북한 핵 위기와 북·미 관계』 (서울: 연경문화사, 2016.10), pp.20-21.

문제는 위기 조성에 대한 정책 결정의 문제라고 바꿔 말할 수 있으므로 정
책 결정이론의 내용과 함의를 수용하는 것이 필요하다. 특히 인지적 모델
은 합리적 행위자 모델이 가정하는 완전한 합리성의 가정에서 벗어나 정책
결정자의 특징을 중시함으로써 더욱 현실성 있는 설명을 시도한다. 인지적
모델을 발전시킨 저비스(Robert Jervis)에 따르면, 인간의 인식은 경험적 맥
락으로부터 유추되는 이미지와 세상에 대한 정책결정자의 신념(belief)에
의해 형성되며 이러한 인식(perception)이라는 심리적 요소가 정책 결정에
지속적으로 영향을 미친다는 것이다.[3] 북한 또한 핵 문제와 같은 중요한 외
교 현안을 처리할 때는 최고지도자의 신념 체계와 전례, 소수 정책 결정 그
룹의 집단적 사고 등 인지모델에 따른 정책과정을 복합적으로 거친다고 볼
수 있다.[4]

   인지모델의 하나로서 최근 주목받는 전망 이론은 '이익' 중심의 기존 국
제정치학계의 논의에 대해 '손실' 또한 중요한 변수로 고려해야 한다는 문제
의식 하에 사람들은 이익의 획득보다는 손실 회피 또는 손실 보상을 위해
위험을 감수하는 경향이 있음을 주목하고 이를 국가의 정책선택의 과정에
적용하는 이론이라고 할 수 있다.[5] 이 이론의 핵심은 준거점을 중심으로
한 이익과 손실의 영역 구분이라고 할 수 있다. 손실 영역에서는 위험 감수
적이나 이익 영역에서는 위험회피적 행태를 보이는데, 이 또한 준거점의 변
화에 따라 달라질 수 있다고 한다.[6] 전망 이론은 북한이 처한 상황과 조건
이 손실 영역이냐 이익 영역이냐, 준거점은 어떻게 변화했는가 등을 고려하

---

3 Robert Jervis, Perception and Misconception in International Politics (Princeton, N.J.: Princeton University Press, 1976), pp.28; 128-154.

4 서훈, "북한의 외교정책 결정 체계에 관한 연구," 『국제문제연구』 (2007년 여름), pp.205-211.

5 Robert Jervis, "The Implication of Prospect Theory for Human Nature and Values," (Political Psychology 25(2), 2004), p.165.

6 서지영, 『북한의 핵 억제 전략 최적화 연구, 2012-2024 -전망 이론의 분석틀을 중심으로-(북한대학원대학교 박사학위논문, 2025), pp.6-8.

여 북한의 위기 선택을 설명할 수 있다는 점에서 유용하다.

이 이론을 북한의 상황에 적용하면 북한은 손실 영역에 있으므로 위험 추구적인 정책을 선택하게 된다.[7] 자산효과[8]에 따르면 자국의 권력과 이익이 상실될 수 있는 위협에 처한 북한은 자국의 이익을 확장하려는 미국보다 훨씬 더 강경한 선택을 하게 된다. 또한 지금까지 개발한 핵을 포기하는 것은 가진 것의 상실을 의미하고 이는 핵을 얻는 것보다 더 큰 값으로 느끼게 되므로[9], 미국 등 주변국이 제시하는 핵 포기 대가는 스스로 기대하는 보상 규모에 미치지 못하기 때문에 북한은 협상을 파기하는 위협을 감행한다는 것이다.[10]

북한의 위기 조성이 세계 최강대국인 미국을 겨냥하고 있다는 점에서 '약소국이 어떻게 강대국을 상대로 협상하고 거래를 성공시키는가' 하는 하비브(William Mark Habeeb)의 논의를 살펴볼 필요가 있다. 그는 힘(power)에 대한 분석적 고찰을 통해 약소국이라 할지라도 쟁점 상의 힘, 전술적 힘을 결집하면 총체적 힘이 월등한 강대국을 상대로 협상의 성공을 끌어낼 수 있다고 보았다.[11]

다음으로 북한은 위기에 대처한 대외적 노력으로 중국과 동맹관계를 맺었는데, 그렇다면 중국은 북한이 상정하는 위기 조성의 대상이 아닌가 하

---

7 박상현, "북한 대외정책의 합리성에 관한 고찰," 『통일정책연구』 제18권 1호 (2009), p. 47. Robert Jervis, "The Implication of Prospect Theory for Human Nature and Values," (Political Psychology 25(2), 2004), p. 165.

8 Robert Jervis, "The Implication of Prospect Theory for Human Nature and Values," (Political Psychology 25(2), 2004), pp. 167-168.

9 Robert Jervis, "Political Implication of Loss Aversion," Barbara Farnham, (ed), Avoiding Losses / Taking Risks Prospect Theory and International Conflict (Ann Arbor: The University of Michigan Press, 1994), p. 23.

10 위의 논문, p.49.

11 William Mark Habeeb, Power and Tactics in International Negotiation: How weak nations bargain with strong nations (Baltimore: Johns Hopkins University Press, 1988), pp.19-26.

는 질문도 제기할 수 있다. 북한과 중국, 이러한 동맹국 간의 갈등과 변화를 설명하는 이론이 방기-연루모델이다.[12] 강대국과 약소국의 동맹관계에서 약소국은 방기의 우려를 강하게 느끼고 강대국의 방기 가능성을 줄이기 위해 군사모험주의를 통해 강대국의 연루 우려를 자극할 수 있는 것이다.[13]

야스히로(Yasuhiro)도 약소국의 동맹 강대국을 상대로 한 위기 조성에 관한 이론을 발전시켰다.[14] 북한과 같은 약소국은 군사적 충돌 가능성을 우려하여 적대적 강대국보다는 중·소 등 동맹국에 강경정책을 보다 더 사용하는데, 약소국이 적대적 강대국에게 강경정책을 구사하는 것은 그러한 전략이 동시에 그 동맹국에도 강압 전략으로 작용하여 지원을 확보할 수 있기 때문이라는 것이다.[15] 이와 같이 야스히로는 북한의 대미, 대중 관계를 함께 고려한 북·중·미 동학을 설명하는데 유용한 관점을 제공한다. 그러나 그는 북한이 미국과 같은 적대국으로부터 위협 해소뿐만 아니라 경수로, 핵보유국 지위 인정 등 기회구조의 창출 욕구가 있음을 간과하였다. 내부적 요인을 고려하지 않은 것도 문제점으로 지적될 수 있다.

다음으로 위기 조성 전략의 국내적 동기 및 외교적 동기와 관련한 논의를 보기로 한다. 국내적 동기는 국내 상황이 정권의 생존, 유지 내지 정당화가 위협받는다고 인식하는 상황에서 체제결속, 주민동원, 정당성 강화를 위해 위기 조성 전략을 취하는 것이고, 외교적 동기는 대외 상황이 중대하

---

12 Glenn H. Snyder, "The Security Dilemma in Alliance Politics," World Politics 36. No. 4 (July, 1984), pp.180-199.

13 위의 논문, p.188.

14 Yasuhiro는 개정된 Snyder 모델을 사용하여 소국이 비대칭적 강압 협상을 구사하는 조건을 이론화하려고 시도하였다. Yasuhiro Izumikawa, "Security Dependence and Asymmetric Aggressive Bargaining : North Korea's Policy toward the Two Superpowers" Asian Security, 3:1, Jan. 22, 2007, pp.48-50.

15 위의 논문, p.50.

게 악화할 때 현상 복원, 정권 안보, 경제적 보상 획득 또는 협상의 진전을 위해 대미, 대남 대결노선 또는 중국에 대한 동맹국 압박 전략을 추진하는 것으로 보았다.[16] 위기 조성의 국내적 동기와 외교적 동기와의 연관에 대해서는 1958년 중국의 제2차 대만해협 위기에 관한 연구를 통해 폭넓게 논의되었다. Thomas Christensen과 Chen Jian은 모택동이 국내 대약진운동에 대한 인민들의 지지를 끌어내기 위해 대외 위기를 활용했다고 주장했다.[17] 여기에 대해 Lorenz M. Luthi는 Christensen과 Jian의 분석을 지지하면서도 국내 요인과 외교 요인이 동시에 쌍방향으로 작용할 수 있음을 밝혀내었다.[18] 한편, 국내 정치와 대외영역의 연계에 대한 로즈노우(James N. Rosenau)의 연계 정치(linkage politics) 논의도 참고할 만하다. 로즈노우의 이론을 보다 구체화한 양면 게임 이론은 외교적 요인과 국내저 요인의 상호작용, 즉 언제 어떻게 외교와 국내 정치가 연결되는가를 분석한다.[19] 양면 게임 이론을 대내 이해단체가 존재하지 않는 유일 지배 체제인 북한 정권의 위기 조성 전략에 직접 적용하기에는 무리가 있다. 그러나 북한 또한 다른 나라와 조약 등을 체결할 때 국내 강성국가 목표 및 선군정치 이념에 어긋나지 않아야 한다는 점에서 그 이론적 시사점을 수용할 필요가 있다.

마지막으로 탈냉전기에 들어와 북한이 위기 조성 전략으로 활용하기 시작한 핵전략에 대한 이론적 논의를 간략히 살펴본다. 핵전략에 대한 논의

---

16 신종대, "북한 위기 조성 전략의 분석과 전망," 『한반도 정세 : 2010년 평가와 2011년 전망』, (경남대학교 극동문제연구소, 2011), p.112.

17 Thomas Christensen, Useful Adversaries (Princeton: Princeton University Press, 1996); Chen Jian, Mao's China and Cold War (Chapel Hill: The University of North Carolina Press, 2001), pp.163-204.

18 Lorenz M. Luthi, The Sino-Soviet Split : Cold War in the Communist World (Princeton : Princeton University Press, 2008), pp.80-113.

19 Robert D. Putnam, "Diplomacy and Domestic Politics : The Logic of Two-level Games," International Organization, Vol.42, No.3 (Summer, 1988), pp.427-460.

는 비핀 나랑(Vipin Narang)의 연구가 대표적이다.[20] 나랑은 지역 핵보유국의 전략을 촉매 태세(catalytic posture), 확증 보복 태세(assured retaliation posture), 비대칭 확전 태세(asymmetric escalation posture)로 구분했다. 전문가들은 북한의 핵 태세가 더 공세적 전략으로 변모해 간다는데 대부분 동의하는 가운데,[21] 초기의 촉매 태세에서 점차 비대칭 확전 태세로 변화하였고, 한발 더 나아가 '공격적인 비대칭 확전 태세' 가능성까지 제기되고 있다.[22] 북한의 전술핵 강조와 선제 타격 전략, 지휘통제 위임 가능성을 염두에 두기 때문이다.

---

20 Vipin Narang, Nuclear Strategy in the Modern Era: Regional Powers and International Conflict (Princeton: Princeton University Press, 2014),

21 정성윤, 김민성, 『북한 핵보유 협상전략: 이해와 전망』(2023. 12.30), p.81

22 위의 책, pp.81-82

제2절

북한 위기 조성의 유형

북한의 위기 조성은 다양한 유형으로 전개되었는데 먼저 기존 논의를 살펴보면, 백종천은 북한이 도발한 위기의 유형을 ① 정면 군사 도발 ② 게릴라 침투 ③ 테러리즘 ④ 잠재적 위협으로 구분했다.[23] 브래큰(Paul Bracken)은 ① 사건 ② 체계적 활동과 시도 ③ 준위기 작전행동 ④ 전쟁 발발의 가능성을 인식하게 하는 강도 높은 위기로 구분했다.[24] 브래큰이 말한 4가지 유형 가운데 사건[25]과 체계적 활동과 시도[26]는 위기 조성이 단발적이냐 체계적이냐 하는 측면에서의 구분이고, 준위기 작전행동과 강도 높은 위기는 위기의 강도 측면에서의 구분이라고 할 수 있다. 본 연구자는 이러한 기존의 논의를 참조하여 북한의 위기 조성 유형을 의도적이냐 대응적이냐, 고강도의 위기 조성인가 저강도의 위기 조성인가, 공개적인가 비공개 위기 조성인가, 단발적이냐 프로그램적이냐,[27] 비대칭전력을 통한 위기 조성인가 군사 도발인가로 구분하여 유형을 정리하고자 한다.

---

23 백종천, "한반도의 위기관리: 사례와 평가," 이용필 외, 『위기관리론 : 이론과 사례』 (인간사랑, 1992), p.212.

24 Paul Bracken, "Crisis Management in Korea and Northeast Asia," Paper presented at the International Seminar on Crisis Management in the Korean Peninsula sponsored by the Sejong Institute, Seoul, Korea (June 27, 1989), p.25.

25 사건의 예로는 EC-121기 격추 사건(1969), KAL 858 폭파 사건(1987) 등이 있다.

26 그 예로서 조직적 테러활동, 해상침투, 1968년 일련의 위기, 판문점 도끼 사건(1976), 연평해전(1999) 등을 들었다.

27 브래큰의 사건과 체계적 활동 시도 구분을 참조하였다.

1. 의도적 위기 조성과 대응적 위기 조성

의도적 위기 조성은 북한이 국가전략을 도모하기 위하여 사전 충분히 기획하여 추진한 위기이다. 예를 들면 1.21 사태, 각종 테러 사건, 연평도 도발은 의도적 위기 조성이라고 할 수 있다.

대응적 위기 조성은 상대방의 위협에 맞대응하여 위기를 조성하거나 사전 충분한 기획 없이 상황 요인에 의해 단기간의 준비를 거쳐 위기를 조성하는 경우이다. 2002년 북한의 HEU 의혹 시인과 위기는 미국 켈리 특사의 예상하지 못한 핵의혹 추궁에 대해 북한이 과격한 반응을 보인 데서 비롯된 측면이 있다.[28]

2. 공개적 위기 조성과 비공개 위기 조성

공개 도발은 북한이 사전 도발을 예고하고 의도를 드러내며 사후에도 자신이 한 도발임을 공개적으로 밝히는 도발이다. 북한이 대내외적으로 선전의 효과를 거두기 위한 목표를 가지고 있는 경우 이러한 공개 도발을 감행한다. 조지(Alexander L. George)가 말한 공약과 결의 전달 방법이라고 할

---

28 북한에 의하면, "켈리는 아닌 밤중에 홍두깨 내밀 듯이 무턱대고 우리가 기본 합의문을 위반하고 〈우라니움농축〉에 의한 〈비밀 핵 계획〉을 추진하고 있다고 걸고 들었다… 강박적인 발언을 곱씹는 켈리에게 미국의 가중되는 압살 책동에 대처하여 핵무기보다 더 위력한 무기도 가지게 되어 있으며 그것이 무엇인지에 대해서는 구태여 해명해 줄 필요조차 느끼지 않는다고 박아주었다" 『로동신문』, "미국은 조미 기본 합의문 파기 책임에서 벗어날 수 없으며 비싼 대가를 치르게 될 것이다." 2005년 12월 21일.

수 있다.[29] 반면 비공개 도발은 북한이 스스로 한 도발임을 부인하면서 그 파급효과를 활용하고자 하는 도발이다. 비공개 위기 조성은 아웅산 묘역 테러 사건(1983.10.9.), KAL기 폭파 사건(1987.11.29.) 등이 대표적 사건이다. 또한 2010년도의 천안함 폭침 또한 비공개 도발이다. 북한은 이를 남한의 모략극이라고 주장한다. 반면 연평도 포격은 자신의 행위임을 공개적으로 인정하였다는 점에서 공개적 위기 조성이다.

3. 고강도 위기 조성과 저강도 위기 조성

북한의 위기 조성 행위는 그 강도에 따라 고강도 위협과 저강도 위기 조성으로 구분할 수 있을 것이다. 고강도 위기 조성과 저강도 위기 조성을 구분하는 기준은 첫째 인명피해가 있었는지, 재산상의 중대한 피해를 야기했는지 가 될 수 있고 둘째 남북한 및 국제 사회 규범을 본질적으로 침해했느냐 않았느냐 하는 것을 생각해 볼 수 있다.

이러한 기준에서 보면 1960년대 말 1.21 사태, 천안함 및 연평도 사건은 인명피해가 났고, 정전협정을 본질적으로 어겼다는 점에서 고강도 위기 조성이라고 할 수 있다. 반면 1994년~1995년 DMZ 도발은 저강도 위기 조성이라고 할 수 있다.

---

29 Alexander L. George, "Strategies for Crisis Management." in George(ed.), Avoiding War: Problems of Crisis Management (Boulder : Westview Press, 1991) 참조.

4. 비대칭 전력을 통한 위기 조성과 군사 도발을 통한 위기 조성

비대칭이란 용어는 1997년 미국 정부의 『4년 주기 방위보고서』(QDR)에서 "재래식 군사력에서 미국의 우위는… 미국의 적들로 하여금 미군과 미국의 국익을 위협하는 비대칭적 수단(asymmetric means)을 사용하도록 만들었다"라고 언급[30]되면서 기존의 재래식 혹은 정규 군사력에 대비되는 개념으로 이해되기 시작했다.[31] 필자는 미사일과 핵 개발을 통한 위기 조성을 비대칭 전력을 통한 위기 조성으로, 재래식 군사력을 동원한 DMZ 또는 NLL 인근 위기 조성을 대남 군사 도발로 분류하고자 한다.

5. 프로그램적 위기 조성과 단발적 위기 조성

북한 비핵화를 위한 국제적 노력에도 불구하고 북한은 핵 능력을 지속해서 강화해 왔다. 북한은 핵보유국 지위 확보를 위해 지금까지 여섯 차례의 핵실험을 통해 핵 능력을 과시하였다. 북한이 핵보유 의도를 포기하지 않는 한 핵기술 능력의 발전과 핵물질의 확보, 핵실험을 지속해 나갈 것이다. 이와 같이 비대칭전력을 이용한 위기 조성은 프로그램적 위기 조성이 대부분이라고 할 수 있다.

북한이 핵무기를 투발할 수 있는 수단은 다양하다. 그 목적에 따라 미사일, 수상 함정, 잠수함, 항공기, 특수부대, 미사일 등을 투발 수단으로 이용

---

30 Williams S, Cohen, Repot of the Quadrennial Defense Review, (May, 1997), Section II.

31 최용환, 『북한의 대미 비대칭 억지·강제 전략』(서강대학교 박사학위논문, 2002)문, p.21.

할 수 있다고 한다.[32] 이 가운데 북한은 미사일을 이용한 핵 투발 능력 강화에 주력하고 있다. 북한은 미사일 사거리를 늘리고 미사일 기술의 발전을 위해 이를 지속 시험 발사할 것이다. 장거리 미사일 발사 또한 프로그램적 위기 조성이라고 할 수 있다.

군사 도발을 통한 위기 조성은 주로 NLL과 DMZ 인근에서 이루어지는 특징이 있다. 북한이 1970년대 초 NLL에 대한 군사 도발을 시작한 이래 북한의 도발 행태는 주로 NLL을 무력화하고 자신의 주장을 과시하기 위해 해군 함정에 의한 북방한계선 침범 및 기동 방식의 도발이 많았다. 연평도 포격은 이전의 연평해전, 대청해전보다 수위와 강도를 끌어 올린 군사 도발이었다. NLL 인근 위기 조성은 NLL 무력화라는 북한의 오랜 전략하에 이루어지는 것으로 프로그램적 위기 조성의 성격이 강하다. 반면 KAL 858기 폭파 사건, 비무장지대 인근 우발적 총격 사건 등은 단발적 위기 조성이라고 할 수 있다.

북한의 위기 조성 전략의 대상과 동기를 밝히고자 하는 본 연구는 북한 위기 조성의 기본적인 유형으로 의도적 행위와 대응적 행위의 구분을 중시할 수밖에 없다. 의도적 위기 조성 행위의 대부분은 공개 도발이었지만 테러와 같이 비공개 도발도 수차 자행되었다. 비공개 도발의 경우 주로 남한을 대상으로 억지, 기선 제압, 분열 초래 등을 노리는 경우가 많았다. 또한 의도적 위기 조성은 중요한 프로그램적 위기 조성을 포괄한다고 할 수 있다.

앞으로 이 책에서는 이러한 다양한 유형의 위기 조성 가운데 의도적 위기 조성 행위인 동시에 공개적으로 도발한 사례에 초점을 맞출 것이다. 또한 북한의 모든 위기 조성이 아니라 고강도 위기 조성을 주 대상으로 하고자 한다. 이러한 유형에 맞는 위기 조성이라면 비대칭전력을 통한 위협과

---

[32] 박창권, "북한위협 관리를 위한 한미중 3자 협력 발전 방향," 『전략연구』 통권 제52호 (2011.7) p.98.

대남 군사 도발을 통한 위협을 모두 포함하기로 한다. 즉 김정일 공식 집권기 이후 북한의 핵보유 선언 및 핵실험, 대포동미사일 발사, 연평도 포격이 이에 해당한다. 의도적 위기 조성 행위, 고강도 위기 조성에 초점을 맞추는 이유는 북한 지도부의 전략적 의도를 분석하고자 하는 본 연구의 목적 때문이다.[33] 공개 도발을 주요 연구 대상으로 하는 것은 북한이 다수의 청중을 대상으로 전하는 결의와 공약에 주목하고자 하기 때문이다. 또한 분석에 필요한 자료수집 등 연구의 편의도 고려하였다.[34]

---

[33] 고강도 위기 조성은 실무자들의 독자 판단이 아니라 김정일의 결재 또는 지시로 감행되었을 것으로 보는 것이다.

[34] 비공개 위기 조성은 자료의 부족으로 도발 의도를 분석하기가 사실상 어렵다는 점을 고려하였다.

제3절

분석 틀 검토

1. 북한의 대내외 정세 인식

북한이 언제 어떤 조건에서 위기 조성을 감행하는가 하는 질문에 대한 가장 상식적인 답 중의 하나는 북한이 미국으로부터 느끼는 안보 위협의 총합이 가장 클 때라고 할 수 있을 것이다. 그러나 이 답은 두 가지 측면에서 문제가 있다. 첫째는 Yasuhiro의 논의에서 보았듯이 북한의 위기 조성을 대미 관계 측면의 시각에서만 들여다봄으로써 대중 관계, 대남 요인 등 다른 측면을 놓치는 우를 범하는 것이고, 둘째는 북한은 미국으로부터 안보 위협을 느끼지만, 또한 미국에 접근하기 위해서도 노력하고 있으며, 이를 위해서도 위기 조성을 진행한다는 사실을 간과할 수 있다는 점이다. 따라서 본서에서는 미국뿐만 아니라 남한, 중국, 북한 내부 등에 대한 대내외 정세 인식을 살펴보되[35] 그것을 위협인식과 기회 인식 중심으로 고찰함으로써 위기 조성의 배경에 대한 분석을 시도해 보려고 한다.

1) 북한의 대미 인식

북한은 미국을 체제 안정을 위협하는 가장 심각한 나라로 인식해 왔다.[36] 북한이 핵무기를 개발하는 것도 결국은 미국의 위협 때문이라는 입장을 보였다.[37]

그러나 북한은 동시에 북미 관계 개선을 핵심적 외교정책의 목표로 설정

---

[35] 김정일 시기, 일본과 러시아는 상대적으로 부차적 대상으로 보아 분석 대상에서 제외했다.

[36] 장달중 외, 『북미 대립-탈냉전 속의 냉전 대립』(서울대학교 출판문화원), p.175.

[37] 조선중앙통신, 2002년 11월 2일 북한 외무성 대변인 언급 내용.

하고 추구해 왔는데 이는 미국에 대한 기회 인식 때문이다.[38] 북한은 냉전기에는 사회주의권의 소련과 중국 측에 가담함으로써 미국에 대한 균형 전략을 취했으나 탈냉전 이후 미국이 유일 초강대국으로 부상하자 이 전략이 무의미해졌다. 이에 북한은 대미 편승 정책을 선택했다. 그런데 이러한 대미 접근의 목표가 단순히 위협 제거가 아니라 새로운 기회 창출에 있음이 1차 핵 위기 과정에서 확연히 드러났다. 북한은 NPT를 전격적으로 탈퇴한 후 마련된 북미 양자 협상에서 미국의 불침공을 약속받는 한편, 경수로 제공이라는 경제적 보상을 획득하는 데 주력하여 이를 성사한 것이다. 이후에도 북한은 1999년, 미국에 금창리 사찰 대가로 식량을 챙겼고 미사일 수출 중단 대가로 매년 10억 달러를 요구하기도 했다. 이후에도 핵 프로그램을 지렛대로 삼아 미국으로부터 미북 관계 개선, 경수로 제공, 평화체제 구축, 핵보유국 지위 인정 등 기회구조의 창출을 시도하고 있다.

2) 북한의 대남 인식

북한은 전통적으로 남한을 미국에 강점당한 식민지로 간주하며 항미 무장투쟁을 통해 남한을 해방시켜 북한으로 편입시켜야 할 대상으로 인식하였고,[39] 북한의 이러한 기본 인식은 김정일 집권기까지 변하지 않고 계속되

---

38 임동원은 2002년 4월 김정일을 면담하고 김정일의 대미 태도를 3가지로 요약하였다. ① 미국을 불신한다. ② 미국을 두려워한다. ③ 미국과의 관계 정상화를 간절히 원하고 있었다. 임동원, 『피스메이커』 (중앙북스, 2008), p.603.

39 통일연구원, 『2009 북한 개요』 (2009), p.453.

고 있었다.[40] 그러나 탈냉전과 사회주의 진영의 붕괴 후 남한은 오히려 북한을 흡수 통합하려는 위협 세력으로 인식되었다. 김일성은 1991년 신년사에서 "누구를 먹거나 누구에게 먹히지 않는 원칙"을 강조하는 한편, 독일식 흡수통일에 대한 두려움을 여과 없이 표출하였다.

북한은 이처럼 흡수통합의 위협을 느끼면서도 필요하다고 판단되면 대남 접근을 적극 시도하였다. 김정일 시기, 북한은 적십자 회담, 비공개 접촉을 통해 식량, 비료 지원을 요청하였고, 금강산관광 사업 중단 후에는 한동안 이 사업의 재개에 매달리기도 했으며, 6자회담 등에서 북미 협상 과정에 자기편에 설 것을 요구하기도 하였다. 이것은 북한이 남한에 기회의 측면이 있다고 보았기 때문이다.

3) 북한의 대중 인식

북한은 중국으로부터도 안보 위협을 느낀다. 첫째는 1956년 8월 종파 사건에서 겪었듯이 직접적 간섭과 지배주의에서 오는 위협이며,[41] 둘째는 북중 관계에서 중국으로부터 방기될 수 있다는 위협이다. 특히 1992년 8월 한중 수교는 북한에 심각한 방기 우려를 초래했으며, 9월에 노태우 대통령이 중국을 방문했을 때 북한은 중국을 "제국주의에 굴복한 변절자·배신자"라고 비난하기에 이르렀다.[42]

---

40 북한의 대남 인식은 북한의 대남협상 전략 전술에도 반영된다. 양무진에 따르면, 북한의 대남 협상 전략 전술에 대한 논의는 크게 두 가지 흐름으로 나타나고 있다. 하나는 분단 이후 북한의 협상전략 전술이 전혀 변하지 않고 지속되고 있다는 시각이고, 다른 하나는 근본적 변화는 아닐지라도 상황의 변화에 따라 북한의 전략 전술이 약간의 변화를 보인다고 보는 관점이다. 양무진, 『북한의 대남 협상전략 유형』(경남대학교 박사학위논문, 2002), pp.18-19.

41 최명해, 『중국·북한 동맹관계』(오름 2009), pp.97-98; 임영태, 『북한 1』(들녘, 2005) p.323.

42 위의 책, p.65.

이와 같이 중국은 직간접적으로 또는 방기를 통해 북한의 안보를 위협하는 대상이었지만 한·미·일 3각 동맹관계에 대응하여 체제생존을 보장하기 위한 기회 또한 중국과의 동맹관계 회복에 있었다.[43] 특히 중국의 경제적 지원과 원조성 경제협력은 북한의 생명줄과 같은 역할을 하는 것으로 알려져 있다.[44][45] UN 등 국제무대에서 중국의 외교적 지지를 확보하는 한편 미국의 대북 압박 체제를 이완시키는 데도 중국의 기여를 기대하였다.

4) 북한의 대내 인식

북한은 김일성, 김정일 유일 지배체제를 반세기 이상 공고하게 구축해 왔다. 군부를 중심으로 한 북한의 범 지배층 또한 현 지배구조와 이해관계를 같이 하므로 미국 등 대외의 위협 요인 외에 북한 권력층 내부의 분열 가능성, 상호 충돌 가능성은 매우 낮은 것으로 보인다.

따라서 북한 정권을 위협하는 내부의 요소는 권력층이라기보다는 경제난 등 내부의 구조적 모순에서 찾아야 할 것이다. 1990년대 이후 북한의 경제는 이른바 고난의 행군을 거치면서 1980년대에 비해 반토막이 났다. 북한의 경제성장률은 1990년 -3.7%를 기록한 데 이어 9년 연속 마이너스 성장을 하였다.

이러한 북한의 경제문제와 대외로부터 오는 안보 위협을 극복하기 위해

---

43 최명해, 앞의 책, p.380; 탈냉전기 북중 관계를 「전략적 협력관계」로 보는 관점에 의하면, 기존의 동맹관계를 유지하면서도 보편적인 국제적 관행이 통용되는 양국 관계를 좀 더 가미하려는 것인데, 이는 중국이 주도했고 북한은 이에 적응하면서 실리를 모색하는 방식이었다. 이종석, 『2차 핵실험 이후 북한-중국 관계의 변화와 함의』(세종연구소, 2012), pp.9-12.

44 김기화, 『북한의 대중국 불복 원인 : 북한 핵실험 사례를 중심으로』(고려대학교 석사학위논문, 2010), p.74.

45 최명해, "북한의 대중 '의존'과 중국의 대북 영향력 평가," 『주요 국제 문제분석』(2010. 6), p.5

북한이 가진 전략적 내부 자원이 무엇이냐 하는 관점에서 보면 그것은 군사력밖에 없었다. 군사력은 사회통제와 동원의 핵심 수단이면서 혁명과 건설의 주력군이 되어야 했다.[46] 김정일은 선군정치를 통해 강성대국을 건설하겠다는 목표를 제시하였는데,[47] 강성대국은 "국력이 강하고 모든 것이 흥하며 인민이 세상에 부럼 없이 사는 나라"로서[48] 사상 강국, 정치 강국, 군사 강국, 경제 강국을 말한다.[49][50] 김정일이 강성 대국 건설 이론을 내놓은 것은 주민들에게 신심과 낙관을 줄 수 있는 새 비전이 필요했기 때문이다.[51] 김정일은 "우리나라를 강성 대국으로 만드는 것, 이것은 결코 빈말이 아니며 먼 앞날의 일도 아닙니다"라면서 강성 대국 건설이 미구에 달성할 수 있는 국가 목표임을 강조하였다.[52]

강성 대국론이 현실의 정치, 군사, 경제 분야 정책 가이드라인으로 전환되기 시작한 것은 2012년까지 강성 대국의 대문을 열겠다고 선포하면서부터였다. 이러한 강성 대국 목표 연도 제시는 2007년 11월 30일 조선로동당 중앙위원회가 전국 지식인대회 참가자들에게 보낸 축하문에서 처음 공개

---

46 함택영도 북한의 외교 안보는 "북한이라는 국가의 대외적 생존을 위한 필수요건이라는 차원을 넘어 대내적으로도 체제 위기에 대처하는 사실상 유일한 수단이 되어왔다"라고 적절히 지적하였다. 함택영, "김정일 시대 북한의 안보·국방정책,"『아세아연구 통권 제102호』(1999). p.6.

47 김정일, "사회주의 강성 대국 건설에서 결정적 전진을 이룩한 데 대하여" (조선로동당중앙위원회 책임 일군들과 한 담화, 2000.1.1), 『김정일선집 15』

48 오현철, 『선군과 민족의 운명』(평양: 평양출판사, 2007), p.239 참조; 사상 강국, 정치 강국, 군사 강국, 경제 강국의 내용에 대해서는 김재호, 『김정일 강성 대국 건설 전략』 (평양: 평양출판사, 2000), pp.7-8 참조. 김재호의 책에서는 문화의 강국까지 포함하였다.

49 『로동신문』 사설, 1999년 9월 9일.

50 현성일, 앞의 책, p.286; 북한은 또한 1999년 1월 1일 신년 사설에서 "우리의 강성 대국은 자력갱생의 강성 대국"으로 규정함으로써 개혁, 개방과는 거리가 먼 기존의 전략을 고수할 것임을 천명하였다.

51 현성일, 위의 책, p.287.

52 김정일, "올해를 강성 대국 건설의 위대한 전환의 해로 빛내이자,"『김정일 선집 14』, p.452

적으로 제기되었고[53] 2008년에 들어와 신년 사설[54] 등을 통해 본격적으로 선전되기 시작하였다. 이로 인해 강성 대국 건설 전략은 북한 주민들뿐만 아니라 북한 지도부에도 정책의 목표와 대안의 선택에 영향을 미치는 행동 규범으로 작용하기 시작했다고 본다.

이러한 강성 대국을 실현하기 위한 기본 수단은 선군정치라고 할 수 있다.[55] 선군정치의 논리구조는 1999년 6월 16일 자 『로동신문』『근로자』 공동 논설인 "우리 당의 선군정치는 필승 불패이다"를 통해 표명되었는데, 이 논설에서는 선군정치의 두 가지 측면을 강조하였다. 첫째, 선군정치는 대외 차원에서 제국주의와의 대결에서 승리할 수 있는 원동력이고 둘째, 선군정치는 대내 차원에서 사회주의 정권의 공고화와 사회주의 건설의 새로운 비약을 위한 원동력이라는 것이다. 탈냉전 이후 심화한 경제난으로 인해 인민군의 정상적인 훈련조차 힘들게 되고 전반적인 군사력의 약화가 초래되자 북한은 핵과 미사일을 자위 수단으로 삼고 있다. 이와 같이 선군정치는 탈냉전으로 인한 대외환경 변화에 대한 대응 전략인 동시에 대내 체제결속과 정권 강화 전략이기도 하였다.

김정은 집권기에 들어와 선군정치라는 구호는 사라졌지만, 병진 노선이라는 이름으로 핵 무력 강화를 생존과 발전의 보검으로 추구하고 있다. 또 강성 대국론은 강성 국가론으로, 다시 2017년 이후에는 「전략 국가론」으로

---

53 『로동신문』, "축하문 : 전국 지식인대회 참가자들에게" "전체 지식인들은 위대한 수령 김일성 동지의 탄생 100 돐을 계기로 강성 대국의 대문을 열어제끼려는 당의 웅대한 구상을 높이 받들고," 2007년 12월 1일.

54 『로동신문』, "선군혁명의 불길 속에서 다져진 강력한 정치군사적 위력에 의거하여 우리 경제와 인민 생활을 높은 수준에 올려 세움으로써 2012년에는 기어이 강성 대국의 대문을 활짝 열어놓으려는 것이 우리 당의 결심이고 의지이다," 2008년 1월 1일.

55 이기동, 『강성대국론의 허와 실』 (통일부 통일교육원, 2012), pp.58-59.

변화하고 있다.[56]

2. 북한식 「기회의 창」

　본서에서는 인지적 모델과 전망 이론의 관점으로부터 시사점을 얻어 북한이 처한 안보 현실의 과거와 현재, 미래에 대한 최고지도부의 인식 체계를 설정하여 보았다. 먼저 북한이 처한 상황을 손실 영역과 이익 영역으로 구분하는 것은 부적절하다는 점을 지적하고 싶다. 탈냉전 이후 대내 상황과 대외 상황을 종합적으로 고려했을 때 북한이 이익 영역에 있었던 시기를 상정하기는 어렵다. 대부분 손실 영역에 있었다고 보는 것이 적절할 것이다. 그런데 손실 영역이라도 다 같은 손실 영역이 아니다. 기업을 예로 들어 보면 손실 영역도 두 가지 경우로 구분된다. 즉 같은 손실 영역이라도 조업중단점 이상이냐 이하냐는 전적으로 다르다. 조업중단점 위에 있다는 것은 조업하면 이윤은 못 내지만 고정비용은 매워 나갈 수 있다. 그러나 조업중단점 아래에 있다는 것은 이윤을 못 낼 뿐만 아니라 생산을 해도 고정비용도 건지지 못하는 경우로서 완전히 생산을 중단해야 하는 상황이다. 조업중단점 위에 있는 경우는 손실 속에서도 그럭저럭 버티는 상황이라고 할 수 있는데 필자는 이를 '수인(受忍) 영역'이라 하고, 반면 조업중단점 아래와 같은 파산 및 붕괴 직전 상황을 '위험 영역'이라고 부르기로 한다. 그리고 탈냉전 이후 북한이 이익 영역에 진입해 본 경우가 거의

---

56 변정범, "전략 국가의 지위를 규정하는 근본 요인," 철학연구, 제3호 (2018), pp.16~17. 홍민, 『북한의 전략 국가론과 핵무기 고도화』(통일연구원, 2022.12), p.53에서 재인용. '전략 국가'는 "세계가 공인하는 강대한 국력을 갖추고 세계정치 구도 변화와 국제정세 흐름에 커다란 영향을 행사하는 나라"로서 핵 무력이 핵심이다.

없다면 이를 미래의 상황으로 간주하여 '기회 영역'으로 부르기로 한다. 종합하면, 북한은 위험 영역, 수인 영역, 기회 영역에 처하거나 처할 수 있는데 김정일 이후 북한은 수인 영역에 있었다고 보는 것이다. 현재의 수인 영역에서 기회 영역으로 진입하기 위해서는 기회의 창을 열어야 한다. 반면 위험의 늪이 열리면 위험 영역으로 추락할 수 있다. 이를 그림으로 나타내면 아래와 같다.

<표 2-1> 북한의 안보 인식 영역

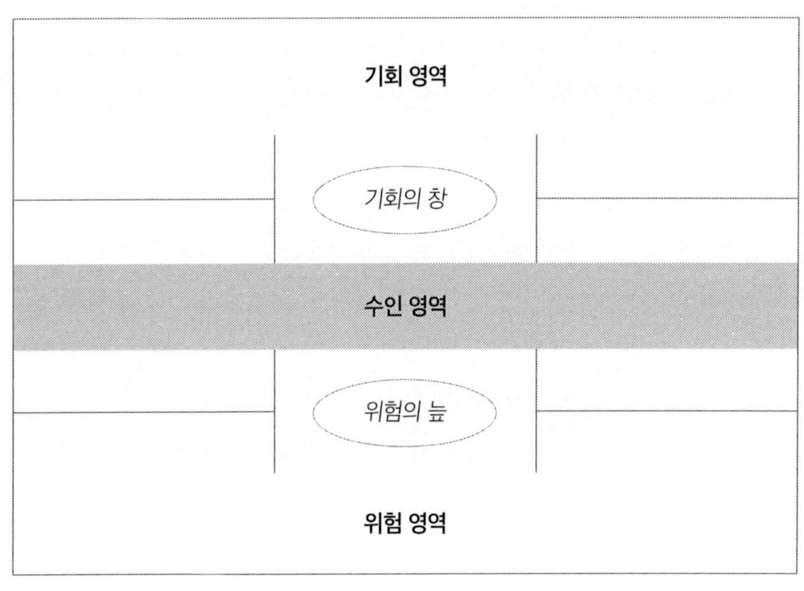

이러한 북한의 안보 인식은 위기 조성 전략에 어떻게 반영되는가? 필자의 가설은 "북한은 '위험의 늪'이 열리거나, '기회의 창'이 닫힐 때 위기 조성 전략을 구사한다."라는 것이다.

남북 관계에서 북한이 위험 영역으로 하락할 수 있다는 위협을 느꼈던 사건 또는 상황은 1980년대 말 90년대 초기 소·동구권의 체제 변화 가운데 남한 및 서구에서 확산했던 북한 붕괴론이었다. 북한은 이를 남한 등의 흡수통합 기도로 인식했다.[57] 미국과의 관계에서는 예를 들면 1994년의 외과수술식 타격론을 미국의 체제전복 기도로 인식하였다. 중국과의 관계에서는 한중 수교가 대표적인 안보 위협 사건이었다. 북한은 중국으로부터 방기될 수 있다는 위협을 느꼈다. 내부적으로는 고난의 행군 시기 정치 사회적 불안 및 경제난이었다. 이렇게 보면 북한이 위험 영역에 처했던 시기는 동구권이 붕괴되고 김일성이 사망했던 1980년대 말 1990년대 초중반이었다고 할 수 있으며, 1998년 김정일 집권 이후에는 북한이 위험 영역에 처했던 경우는 찾기 힘들다.

북한식 기회의 창은 북한이 안보 목표를 추구하는 과정에서 어느 정도 만족스러운 상태로 인식하여 향후 기회 영역으로 발진해 나갈 가능성이 높다고 판단하는 상황 구조를 말한다. 그것은 최고지도자가 직접 경험하고 성취한 성공적 기억일 수도 있고 역사적 사건을 토대로 재구성한 전략 방향일 수도 있다. 김정일의 경우 전자, 김정은의 경우 후자에 가깝다.

김정일 시기, 기회의 창을 찾기 위해 북한이 선전매체를 통해 자주 불러내는 역사적 사례와 경험을 분석해 보면, 북한식 기회의 창은 미국과 남한 쪽으로 열려 있음을 발견할 수 있다. 북한은 미국과의 관계에서 「제한적 비핵화 대 보상」 간 협상 틀을 통해 미국의 위협을 억지하고 북미 관계 정상화를 추구할 수 있는 상황 구조를 기회의 창으로 인식했다고 본다. 북한은 지금까지 한미가 원하는 완전한 비핵화를 한 적이 없었다. 가령 과거 이미 보유한 핵무기는 모호성을 유지하고 현재의 핵 능력을 동결 또는 폐기(영변 등 핵물질 생산시설)하는 방식을 협상카드로 내세운다. 이것을 완전한 비핵

---

57 함택영, 『국가안보의 정치경제학』 (법문사, 1998), pp.194-195 참조. 함택영에 따르면, 남한 정부는 남북 관계에 미칠 영향, 비용 문제 등을 고려하여 흡수통일 정책을 공식화하지 못했으나 흡수통일을 가장 바람직한 대안으로 고려해 온 것은 사실이라고 한다.

화에 대비하여 '제한적 비핵화'로 부르고자 한다.[58] 북한이 원하는 보상은 안전보장, 경제적 보상으로 대별된다. 1980년대 말 1990년 초 외교적 고립과 심각한 경제난에 직면하자 김정일은 핵을 통해 외부로부터의 지원을 확보하는 길을 택한 것이다. 이른바 동결 대 보상인데, 필자는 이것을 보다 일반적 용어로 '제한적 비핵화 대 보상'으로 바꿔 부르고자 한다. 김정일은 NPT 레짐의 유지·보존이라고 하는 클린턴 행정부의 세계 전략상의 핵심 이슈에 도전하여 핵 프로그램을 동결하는 대가로 체제 생존을 보장받는 동시에 경제제재 해제, 경수로 제공 등 경제 지원까지 확보하는 제네바 합의를 체결한 것이다. 이후에도 김정일은 제네바 합의의 성과를 보다 유리하게 복원함으로써 기회구조를 확대하기 위해 노력하였다.

북한은 남한과의 관계에서는 '제한적 화해 대 대가' 간 협상 틀을 통해, 대남 우위를 확보할 수 있는 상황 구조를 기회의 창으로 인식한 것으로 본다. 북한은 지금까지 남북 간 완전한 화해에 동의한 적이 없었다.[59] 남북대화든 남북 교류 협력, 인도적 협력, 군사적 신뢰 구축이든 근본적 해결에 나서지 않았다. 이를 완전한 화해에 대비하여 '제한적 화해'로 부르고자 한다. 즉 '제한적 화해'란 남북대화 호응, 이산가족 상봉 등 인도적 문제 협조, 군사 분야 긴장 완화 조치 등을 말하며 '대가'로는 대북 지원, 경협, 대미 협상 지원 등을 원했다. 북한은 2000년에 들어와 대외적 돌파구를 남한에서 찾으려 한 것으로 보인다.[60] 북한은 김정일의 리더십에 의해 남과 북 모든 해외 동포가 지지하는 6.15 공동선언이 도출되었다고 하면서 김정일이 내세우고 남한 주민들이 적극 호응하는 민족 공조론을 통해 새로운 6.15 민

---

58 https://www.hankookilbo.com/News/Read/201912131858323152 홍민, "대안적 비핵화의 길"(한국일보, 2019.12.16.) 참조

59 그 이유는 개방에 대한 두려움, 그리고 앞으로 살펴보게 되겠지만 남한으로부터 대가를 바라는 계산법도 내재되어 있다고 본다.

60 최용환, 『북한의 대미 비대칭 억지·강제 전략』(서강대 박사학위논문, 2002), p.3.

족 공조의 시대가 개막되었다고 선전하였다.[61] 또한 2010년 신년 사설에서 지난 10년의 성과를 '6.15 공동선언과 그 실천 강령인 10.4선언이 채택되고 우리 민족이 자주통일과 평화 번영의 길로 전진하여 온 기간'이었다고 요약[62]한 데에서 알 수 있듯이, 북한은 2000년 이후 남북 관계에서 북한식 기회의 창을 발견하고 있었다고 본다. 특히 북한은 남한으로부터 쌀, 비료 등 대북지원과 금강산관광 사업, 개성공단 사업, 철도 도로 연결 사업 협력 등을 통해 북한 경제난 회복에 대한 기대를 할 수 있게 되었다. 또한 북한은 우리민족끼리 이념과 민족 공조론[63]을 통해 미국과의 협상에서 남북 공동 전선을 형성하여[64] 한미 관계를 이간시키고[65] 대미 협상력을 키우고자 하였다. 국제무대에서는 남한이 한미 공조를 버리고 민족 공조를 따라 북한과 적극 협조함으로써 미국의 압력에 공동으로 대응토록 할 것을 기대하였다. 특히 북한은 2002년 북핵 문제가 재차 대두된 이후 남한에 대한 민족 공조 요구 수위를 높여 남한이 북미 불가침조약 체결에 더욱 적극적인 역할을 할 것을 요구하였다.[66]

---

61 정봉화, 『북한의 대남정책: 지속성과 변화, 1948-2004』 (한울아카데미, 2005), p.278.

62 『노동신문』 신년사설 (2010년 1월 1일)

63 민족 공조라는 표현은 2001년 1월 4일 북한에서 처음 등장하였는데, 민족 공조란 "민족이 자기 운명의 주인이라는 자각을 가지고 그 어떤 외세에 의존하거나 외세와 손을 잡는 것이 아니라 민족끼리 서로 도우면서 자체의 힘과 지혜를 합치고 행동을 같이해 나가는 단결과 협력의 원칙"(『로동신문』, 2001.1.4)이라고 선전하였다.

64 북한에 따르면, 지난날 대결 구도가 북과 미국 양자구도였다면 6.15 이후 오늘에 와서는 "북과 남, 해외의 전체 조선 민족 대 미국의 관계로 력량 편성이 새롭게 이루어지게 되었다"라고 하면서 "온 민족이 강력한 반미 반전 공동전선을 펴고 미제와 단호히 맞서 나가"자고 선전하였다. 송승환, 『우리민족 제일주의와 조국 통일』 (평양: 평양출판사, 2004), p.140.

65 북한은 2001년 4월 16일 한미 연합전시증원연습에 대해 "미국이 한반도에서 대결상태를 조성하려 한다."고 비난하면서 "남조선당국이 이에 기어이 가담한다면 그것은 북남공동선언에 대한 노골적인 배신"이라고 위협하며 한미 관계를 이간시키려 애썼다. (1999년 2000년에는 대남 비난을 하지 않았다)

66 북한은 민족 공조로 북미 불가침조약 체결 운동 전개(『로동신문』, 2002. 10.29), 민족 공조로 반통일 정책 책동을 짓부숴버려야 한다(평방, 2002.11.28)는 등의 선전 활동을 폈다.

북한은 한반도에서의 위기 조성을 통해 중국이 북한의 전략적 가치를 재인식하여 북한에 대한 지원 필요성을 높이는 전략도 구사해왔다. 즉 북한은 중국이 안보의 버팀목 및 경제적 지원을 해줄 것을 기대하고 있는 것으로 보이지만, 탈냉전 이후 북한이 중국을 통한 기회의 창을 창출하지는 못했다는 것이 필자의 평가이다.[67]

또한 북한은 핵과 미사일을 군사 강국, 과학기술 강국의 상징으로 만들어 북한 내부에 경제 강국의 실현 가능성에 대한 신심을 높여 북한군과 주민들의 노력과 충성심을 동원하기도 하였다. 그러나 대내 측면에서도 탈냉전기 이후 김정일이 직접 경험하고 성취한 성공적 기억은 없었다고 해야 할 것이다.[68]

북한이 이러한 대미 및 대남 기회의 창을 가지고 있었다면 자신이 해야 할 제한적 비핵화, 제한적 화해 조치를 충실히 이행할 의지를 가졌고 실제로 이행하였는가? 북한은 자신이 해야 할 조치보다는 자신이 얻어야 할 보상과 대가 조치의 확대에 치중하였다. 예를 들면 6.15 공동선언에서 남한의 지원 및 경협, 제네바 합의에서의 불침공 공약 및 경수로 지원 등을 김정일의 대남, 대미 외교적 승리의 업적으로 인식하고 이를 선전하는 데 치중한 반면, 그 합의를 이행하기 위해 북한이 감당해야 하는 의무에 대해서는 관심과 열의가 낮았다. 북한이 남한에 대해 6.15 선언을 이행하라고 요구했지만 정작 김정일 자신은 서울 방문 합의를 지킬 생각을 하지 않았다. 제네바 합의에서도 북한은 자신의 비핵화 공약, 사찰 약속, 남북대화 약속을

---

67 리시앙위(李翔宇), 『북한의 대중국전략연구』 (서강대학교 박사학위논문, 2012), pp.138-142; 김계동은 탈냉전 초기 중국은 북한에 정치적으로 이데올로기를 공유하는 동시에 북한의 체제생존에 가장 중요한 후원국이자 미국의 군사적 압력을 제어해 줄 수 있고 경제적으로는 식량과 에너지를 지속적으로 지원해 줄 수 있는 유일한 국가라고 하였다. 김계동, 『북한의 외교정책과 대외관계』 (명인문화사, 2012). p.246.

68 김정일은 고난의 행군 시기 사회주의 체제를 수호했다고 선전했지만, 그가 죽을 때까지 주민들에게 이밥에 고깃국을 먹여야 한다는 김일성의 유훈을 관철하지 못했다고 실토했다. 『로동신문』, 2010년 1월 9일 참조

충실히 이행하지 않았다.[69]

이상으로 북한이 겪은 역사적 경험과 사건을 토대로 북한이 갖고 있는 기회의 창이 어떠한지에 대한 논의를 해 보았지만 이에 대한 북한 지도부의 인식은 시간이 감에 따라 변해 갔다. 예를 들어 제네바 합의 성과라는 기회의 창은 2000년에 가면 북미 공동선언으로 전환된다. 이러한 사실을 보여주는 것이 2001년 6월 미국의 대화 제의에 대한 반응으로 나온 8월 8일 북한 외무성 대변인의 다음과 같은 답변 내용이다. "북미대화를 재개하려면 그에 필요한 분위기가 마련되어야 하고 미국의 입장이 최소한 클린턴 행정부 말기의 수준에 도달될 때나 가능"하다.[70] 클린턴 행정부 말기의 수준이란 앞에서 말한 북미 공동선언과 북미 미사일 협상에서 보상 문제가 논의되던 상황을 가리킨다. 북한은 그 후에도 대미 기회의 창의 기본 틀은 유지한 채 세부 사항을 계속 변화시키며 요구수준을 높이고 있다.

이 책에서 설정한 가설의 핵심은 김정일 집권기 북한의 위기 조성 전략은 '기회의 창'에 대한 인식과 직결되었다고 본 것이다. 즉 김정일 집권기 북한은 기회의 창을 열어 가는데 문제가 심각하다고 인식할 때 위기 조성을 감행한 것이라고 보는 것이다. 그런데 김정일 집권기 북한이 상정하는 기회의 창은 새로운 비전이나 목표의 창출보다는 과거의 사건과 경험에 의존하는 경향이 심했다. 전망 이론의 자산효과(또는 소유효과)에서 나타났듯이 새로운 것을 얻는 것보다 가지고 있는 것을 잃을 때 더 마음이 아픈 법이므로[71] 북한 또한 이러한 배경하에 과거의 경험에 기초한 기회의 창을 열어 가는데 문제가 생겼을 때 이러한 문제를 해결하기 위하여 위기 조성 전략

---

69 양무진은 북한의 대남 협상전략 유형을 거래형, 거부형, 급진전형으로 유형화하고 거래형 협상의 핵심 전략을 최소 양보와 최대 이익의 교환 전략이라고 보았다. 즉 북한은 합의의 이익은 최대한 추구하고 누리면서 그에 상응한 양보, 의무는 최소화하고자 하였다. 양무진, 앞의 논문, pp.37-40.

70 조선중앙통신, 2001년 8월 8일

71 Jack S. Levy, op. cit., p.11.

을 감행한다고 보는 관점은 합리적이라고 본다.

그렇다면 북한식 기회의 창에 문제가 생긴 것은 어떻게 측정하는가? 우선 대미 관계에서 원하는 「보상」 관련 북미 고위 당국자 간 직접 협상이 막힐 경우, 협상이 진행될 경우에도 그 결과가 기대에 미치지 못할 때, 북한이 보기에 미국이 북한에 「보상」 관련 합의 이행에 소극적일 경우 등이 이에 해당한다고 본다. 남한에 대해서는 대북 지원, 금강산관광 사업 등 원조성 교류 협력 축소, 민족 공조 대신 한미 공조 강화 등이 기회의 창에 발생하는 문제의 징표이다.

3. 표적과 청중

북한 위기 조성 전략은 누구를 대상으로 하는가? 여기에서 대상의 의미를 보다 분명히 하기 위해 대상을 표적(target)과 청중(audience)으로 구분하고자 한다.[72] 표적은 위협 또는 물리적 타격을 직접적으로 가하는 상대방이고 청중은 위기 조성을 통해 메시지를 전하고자 하는 관련국 또는 집단이다. 표적과 청중은 일치하는 경우가 많지만, 공개적 위기 조성 전략에 있어서는 양자가 일치하지 않을 수 있다는 점을 고려하여야 한다. 공개적 위기 조성 전략은 표적뿐만 아니라 다수의 청중을 염두에 두고 조치를 하기 때문이다. 북한 위기 조성 전략의 표적만 고려하고 청중을 고려하지 않는 것은 마치 포탄을 발사했을 때 포탄의 명중 지점과 대상만 생각해서 포탄

---

[72] 위기 조성 전략의 표적과 청중에 대한 기초적인 아이디어는 신종대, "북한 위기 조성 전략의 분석과 전망," (『한반도 정세 : 2010년 평가와 2011년 전망』, (경남대학교 극동문제연구소, 2011), p.119를 참조하였다.

의 파편이 튀어 옆에 있는 많은 사람이 다치고 이를 바라보는 사람이 공포
감에 사로잡히는 상황은 고려하지 않는 것과 같다. 특히 한반도와 주변국
은 이해관계가 중첩적·다층적으로 연결되어 있다. 한국과 미국은 동맹관
계로 맺어져 있고 북한과 중국 또한 특수관계이다. 한중 관계 또한 오랜 역
사적 배경과 경제적 이해관계를 가지고 있다. 미국과 중국은 양 강대국으
로 세계 안보 질서를 주도하고 있다. 이러한 상황에서 북한이 미국을 표적
으로 위기 조성 전략을 감행하더라도 한국과 중국이 개입될 수 있는 개연
성이 높고 남한을 표적으로 했을 경우에도 한미동맹 관계, 주한미군 주둔
등으로 미국과 직접적으로 연계될 수 있는 구조이다. 북한은 이러한 지정
학적 구도와 역학관계를 십분 활용하여 위기 조성을 해왔기 때문에 표적과
청중의 개념 구분은 북한 위기 조성 전략을 이해하는 중요한 도구라고 할
수 있다.

그러면 표적은 누구인가, 북한 위기 조성 전략의 주요 표적은 미국과 남
한이라고 할 수 있다. 이 점에 대해서는 재론의 여지가 없다. 중국은 어떠
한가, 북한은 자신의 최대 후원국인 중국을 표적으로 도발을 감행하지는
않았다고 본다. 특히 본 논문의 분석 대상인 공개적 위기 조성의 경우 중
국을 표적으로 위기 조성을 한다는 것은 상상하기 힘든 일이다. 그렇지만
중국 또한 북한의 국익에 배치되는 조처를 할 수 있으며 그럴 경우 북한은
중국을 표적으로 한 직접적 도발 대신 한국과 미국을 표적으로 삼고 중국
을 청중으로 설정한 도발을 통해 대중 메시지를 전달해 온 것으로 보인다.
북한 내부도 위기 조성의 표적이 될 수는 없다. 즉 내부로부터의 위협으로
인해 갈등적 상황이 초래될 수 있더라도 내부를 위기 조성의 표적으로 설
정하지는 않는다. 그 대신 한국과 미국을 표적으로 삼고 북한 내부를 청중
으로 설정한 위기 조성을 통해 내부의 충성심과 노력을 동원하였다.

그럼, 청중은 누구인가. 표적은 동시에 청중이라고 할 수 있다. 그러나 청
중은 표적에 한정되지 않는다. 예를 들면 지금까지의 유력한 주장은 북한
이 핵 프로그램 등 대량살상 무기를 통한 위기 조성 전략을 구사할 때 미

국을 표적으로 한다고 보았는데,[73] 이때 미국은 위기 조성 전략의 표적인 동시에 청중이다. 그러나 그 청중은 미국뿐 아니라 북한 내부, 남한, 중국까지 확대하였다. 남한을 표적으로 한 도발의 경우에도 마찬가지이다.

그렇다면 미국, 남한 외에 청중으로서 북한 내부는 누구인가? 핵무기와 미사일, 무력시위는 북한이 추구하는 강성 대국의 상징이었다. 따라서 핵 실험을 하고 대남 무력 도발에서 승리하는 것은 북한 군부와 주민을 청중으로 의식한 체제 결속 조치이다.

동북아시아의 평화와 안정을 원하는 중국에게 북한의 핵 프로그램은 일본, 한국의 핵 개발 동기를 부추겨 지역 핵 도미노 현상을 초래할 수 있고 한미의 단호한 대응을 야기시켜 지역 정세를 긴장시킬 수 있다는 점에서 중국은 북한의 핵 개발에 지대한 관심을 보여왔다. 북한도 이러한 중국의 이해관계를 충분히 인식하고 있다는 점에서 중국도 북한 대량살상 무기를 통한 위기 조성 전략의 청중으로 설정되어 있다고 본다.

NLL에서의 위기 조성에서도 표적과 청중을 구분함으로써 그 배경과 동기를 보다 설득력 있게 설명할 수 있다. NLL은 정전협정 체결 시 쌍방이 합의한 경계선이 아니라는 맹점이 있기 때문에 북한이 합법성의 외투를 쓴 채 문제를 제기할 수 있는 공간이다. 남한이 표적이지만 정전협정 서명 당

---

73 기존의 연구 결과 검토에서 살펴보았듯이 북한의 핵 외교를 분석한 대부분의 연구가 미국을 상대로 한 외교적 동기론을 취하고 있는데, 그렇다면 정치적 동기론은 폐기되어야 할 관점인가? 대답부터 말하면 그렇지 않다는 것이다. 기존의 동기론에 표적과 청중 개념을 적용하면 보다 생산적 논의가 가능하다. 표적만 보면 외교 동기론이 맞다고 밖에 할 수 없지만 청중, 특히 북한 내부를 동시에 본다면 정치 동기론도 고려할 필요가 있음을 알 수 있다. 즉 북한 내부의 정치 동학, 예컨대 선군정치, 강성 대국, 후계 체제 구축 문제 등도 북한의 위기 조성 정책 결정에 큰 영향을 미쳤던 것이다. 북한은 위기 조성을 통해 체제에 대한 주민들의 불만을 막고 대신 충성심을 확산함으로써 체제 생존 및 후계 구축을 위한 노동력과 자원을 동원해 왔던 것이다. 이것이 외교적 동기 외에 국내 정치적 동기도 같이 보아야 하는 이유이다.

사자인 미국과 중국의 관심을 끌 수 있다.[74] 북한은 이곳을 무력으로 침범 또는 시위함으로써 남한을 위협하는 한편, 미국의 개입을 야기하고 그 과 정에서 중국의 시선을 강제하였다.

요컨대, 김정일 집권기 북한은 위기 조성 전략의 주요 표적으로 미국과 한국을 설정하였고 그 청중으로 미국, 한국뿐 아니라, 중국, 북한 내부도 고려하였다. 물론 북한이 상기 4가지 청중을 항상 똑같이 여긴 것은 아니 었다. 북한이 처한 상황과 인식에 따라 위기 조성 전략의 주요 청중은 달라 졌다. 여기에서 언급해야 할 것은 일본과 러시아는 김정일 집권기 북한 위 기 조성 전략의 주요 청중은 아니었다는 점이다. 북한은 일본을 미국 대북 정책에 종속된 변수로 인식하였고 러시아 또한 힘과 영향력 면에서 독립변 수로 인식하지 않았다고 보고자 하는 것이다. 그러나 김정은 집권기에 들 어와 한미일 vs 북중러 신냉전 구도가 형성되면서 러시아 또한 북한 위기 조성의 주요 청중으로 대두되게 된다.

이상의 논의를 종합하면, 북한은 다목적 포석하에 위기 조성 전략을 구 사하는 경우가 많았다. 즉 북한은 위기 조성 전략을 통해서 미국뿐만 아니 라 남한과 중국, 북한 내부 정치에 대한 전략적 의도를 관철하고자 하였다. 이 경우 북한 위기 조성 전략의 표적은 하나이지만 청중은 2~3개였다. 말 하자면 북한은 1+2 또는 1+3 게임을 벌인 것이다.

---

[74] 2010년 11월 북한이 남한을 표적으로 연평도를 공격한 데에 대해 한국과 미국은 서해 연합훈 련으로 대응했고, 중국은 이에 강력히 반발하였다. 북한은 이러한 주변국 간 상호영향 관계를 계산하고 있었을 것이다.

4. 북한 위기 조성의 기제

지금까지의 논의를 토대로 북한 위기 조성 전략의 기제를 정리해 보자. 북한 최고지도자는 대내외 문제로 인해 스스로 설정한 기회의 창이 닫힐 우려가 있다고 판단할 경우 계산된[75] 위기 조성을 결정한다. 북한식 기회의 창은 미국과의 관계에서 제한적 비핵화 대 보상의 구도를 창출할 때 열릴 수 있고, 남한과의 관계에서는 제한적 화해 대 대가의 상황 구조를 만들었을 때 개방된다.

이때 북한은 위기 조성의 표적과 청중을 설정하고 표적과 청중에 대한 북한의 결의, 메시지를 정한다. 이러한 과정을 거쳐 북한은 위기를 조성하는데, 그것은 기회의 창을 열기 위한 일련의 행위를 배합함으로써 이루어진다. 즉 북한은 기회의 창을 여는 외교적 동기에 따라 위기를 조성하고 그 파급효과로써 대내외 위험을 감소·해소하는 성과를 병행 추구하였으며, 조성된 위기를 국내적 동원을 위해 적극 활용하였다. 이러한 북한 위기 조성 전략의 기제를 그림으로 나타내면 다음과 같다.

---

[75] 이는 북한 정권 또한 넓은 의미의 합리성의 개념에 따라 대외정책을 수립, 추진한다고 가정하는 것이다. 스미스(Hazel Smith)는 북한 외교정책의 특징을 개괄하고 북한 외교정책에 관한 4가지 평가를 정리하고 있다. 미친(mad), 나쁜(bad), 불편한(sad), 합리적(rational) 관점들이 그것이다. Hazel Smith, "Bad, Mad, Sad or Rational Actor? Why the 'Securitization' Paradigm Makes for Poor Policy Analysis of North Korea," International Affairs, Vol.76, No.3 (July, 2000), p.594; 최근 북한 외교정책에 관한 연구는 이념적 당파성을 막론하고 자국의 국가이익을 위해 최선의 것을 선택하는 합리적인 정책이라는 평가가 주류를 이루고 있다. 박상현, "북한 대외정책의 합리성에 관한 고찰," 『통일정책연구』 (통일연구원, 2009), p.34. 문제는 그 국가이익의 구체적 내용이 무엇이고 어떤 선택 메커니즘을 갖고 있는가 하는 것이다.

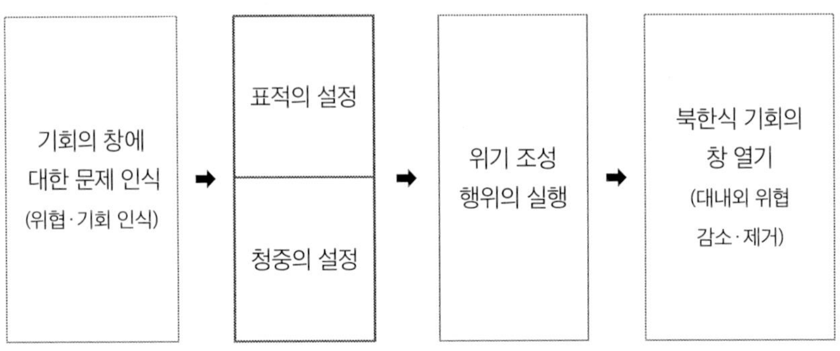

<그림 2-1> 북한 위기 조성 전략 분석 틀

상기의 분석 틀을 가지고 다음과 같은 사항에 초점을 맞추어 분석을 진행하고자 한다. 첫째, 북한이 위기 조성 행위를 한 진후의 상황을 추적하여 남한, 미국, 중국, 북한 내부에 대한 정세 인식(위협인식 및 기회 인식)이 어떠했는지를 추출하여 평가해 본다. 구조적 측면과 함께 위기 조성 전략을 감행하기 전 6개월~1년의 기간을 집중적으로 분석하여 북한이 기회의 창을 어떻게 설정하고 그것에 문제가 생겼다고 인식하고 반응했던 사건과 경험을 식별해 볼 것이다. 둘째, 북한은 이러한 정세 인식의 토대 위에서 누구를 표적으로 세웠고, 누구를 청중으로 설정했는지 파악한다. 셋째, 북한은 표적과 청중에게 어떤 메시지를 보내고 있는지를 검토해 볼 것이다. 넷째, 이러한 표적과 청중, 메시지를 분석함으로써 북한이 열고자 했던 북한식 기회의 창을 분석해 볼 것이다.

제3장

비대칭전력을 통한 위기 조성 사례 분석

제1절

대포동 미사일 발사

1. 북한 미사일 개발과 발사의 파장

북한은 중국과 러시아의 지원을 받아 1993년 5월, 북한은 노동1호 미사일 시험 발사에 성공하였다. 나아가 북한은 노동미사일과 스커드-C를 결합한 다단계 방식을 활용하여 대포동 미사일을 개발하여, 1998년 8월 31일에 대포동 1호 미사일을 시험 발사하였다.

북한의 미사일 문제는 미국의 미사일 비확산 정책과 밀접하게 연관되어 있었다. 미국을 중심으로 한 서방 선진국들은 다자적 레짐을 통해 미사일의 확산을 방지하려는 방안으로 미사일기술통제체제(MTCR)를 출범시켰는데,[1] 클린턴 행정부는 MTCR에 가입하지 않은 미사일 기술 보유 국가들에 대해 개별적으로 유인을 제공하며 이들을 MTCR 체제 속으로 편입시키고자 하였다. 미국은 북한에 대해서도 협상을 통하여 북한의 미사일 수출을 중단시키고 MTCR에 가입시키려고 하였다. 이러한 차원에서 북한과 미국은 1996년부터 미사일 회담을 진행하고 있었다.

북한은 8월 31일 대포동 미사일을 발사하고 9월 4일, 외교부 대변인 담화를 통해 이 사실을 발표하면서 "미국은 우리에 대한 군사적 압력과 선제 타격을 심사숙고해야 하며"라고 한 데 이어 "이번 위성 발사에는 오늘의 난관 속에서도 래일의 강성 대국을 다져나가는 우리 당과 군대, 인민의 철의 의지와 불변의 기상이 어려 있음을 똑바로 알아야 하며, 특히 적대 세력들은 우리에게서 그 어떤 변화를 유도해 보려다가는 불이나 맞을 수 있다는 것을 알아야 할 것이다"라고 강조하였다.

위성이 워낙 소형(20~30kg)이고 미국이 발사 초기 단계에서부터 미사일로 예단하고 추진체 항적을 제대로 추적하지 못한 탓에 위성 로켓의 추적

---

[1] 박종철, 『북·미 미사일 협상과 한국의 대책』(통일연구원, 2001), p.15.

에는 실패한 것으로 보이지만 송출 신호도 포착되지 않는 등 여러 가지 정황을 종합해 볼 때 북한은 인공위성 운반체 발사에는 일단 성공했으나 위성을 궤도에 진입시키는 데는 실패한 것으로 추정되었다.[2]

2. 북한의 대내외 정세 인식

1) 미북 관계

외교부 대변인 담화에서 언급한 "미국의 군사적 압력과 선제 타격" 등 대미 메시지는 어떤 내용인지를 살펴볼 필요가 있다. 또 대변인 담화 뒷부분의 "적대 세력들은 우리에게서 그 어떤 변화를 유도해 보려다가는" 구절의 '적대세력'도 문맥상 미국과 일본을 의미함이 분명한데, 이 담화에서 말하는 "그 어떤 변화"에 대해서도 파악해 보아야 할 것이다.

북한은 걸프전에서 보여준 미국의 군사적 위력과 1994년 한반도 위기 상황에서 가시화된 미국의 대북 선제공격 가능성에 큰 두려움을 가지게 되었다.[3] 또한 김일성 사후 미국 내에서 확산하던 북한 붕괴론도 북한을 불편하게 하는 정세 변화였다. 1995년 말 스탠리 로스 NSC 아시아 담당 특보는 "미국의 대북정책은 북한이 조만간 붕괴할 것이라는 맥락에서 수립되었다"라고 발언한 바 있고 1996년 3월 게리 럭 주한미군 사령관은 "문제는 북한이 붕괴하는가 안 하는가가 아니라, 언제, 어떻게 붕괴하는가, 내파 (implo-

---

2   임동원, 『피스메이커』 (중앙북스, 2008), p.395.

3   위의 책, pp.258-259.

sion)인가 외파 (explosion)인가 여부이다."라고 주장했다.[4] 북한은 미국 등 서방이 북한 붕괴론을 유포시키고 있다며 강하게 반발하였다.[5] 그러나 이러한 위협인식은 시간이 갈수록 약화해 갔다. 북한 정권은 서구의 희망에 반해 김정일을 중심으로 권력을 공고히 해 나가고 있었기 때문이다.

이와 함께 북한 지도부를 자극하고 있었던 것은 북한이 기회의 창으로 여겼던 제네바 합의 이행이 지지부진한 사실이었다. 미국 조야에서는 제네바 합의에 대한 비판이 고조되고 있었고 합의 이행의 핵심이라고 할 수 있는 경수로 공사가 마냥 지연되고 있었다. 1994년 11월 미국에서 공화당이 상하 양원을 모두 장악했고 공화당은 제네바 합의를 비난하며 그 이행을 가로막고 나섰다. 이에 따라 경수로 공사는 5년 내 완공을 목표로 시작되었지만, 1997년 8월에 가서야 착공식을 가질 수 있었다. 앞에서 언급한 미국 내 북한 붕괴론도 이러한 공사 지연에 일조하고 있었다. 이에 대한 북한의 불만 수위가 점점 높아져 갔다. 1998년 3월 6일 북한 외교부 대변인은 "지금 우리의 해당 부문에서는 언제 들어올지 알 수도 없는 경수로를 믿고 자립적인 핵동력공업을 계속 희생시킬 수 없으므로 제재 완화요, 경수로 건설이요 하는 미국 측의 빈 약속에 더 이상 귀를 기울이지 말고, 원래 계획대로 나가자고 요구해 나서는 형편에까지 이르고 있다"라고 위협했다.[6] 경수로 완공 시기가 2007년 이후로 지연될 것 같다는 보도에 대해서도 민감하게 반응했다.[7]

또한 북한은 제네바 합의에서 미국이 취하기로 한 통신 및 금융결제를 포함한 무역, 투자 제한 완화 조치가 지지부진한 데에 대해 비난을 퍼붓고

---

4 장달중외, 『북미대립-탈냉전속의 냉전대립』 (서울대학교 출판문화원, 2011), p.84.

5 북한은 주로 대외 방송을 통해 붕괴론을 비난해 왔는데 1990년대 중반부터는 대내 매체인 로동신문을 통해서도 국제 사회에서 '북한 붕괴설'이 논의되고 있음을 밝히면서 김정일에 대한 충성심을 강조하였다. 『로동신문』, "우리식 사회주의와 민족의 전도," 1996년 8월 7일 참조.

6 장달중 외, 앞의 책, pp.84-86.

7 조선중앙통신, 1998년 7월 18일.

있었다. 여기에는 미국의 제네바 합의 이행 의지에 대한 의구심이 내포되어 있었다. 1995년 1월 1일 이후 미국의 대북 제재 완화가 몇 차례 있었지만, 북한을 만족시키지 못했다. 남한 정부도 평가했듯이 미국의 제재 완화 속도가 빠르지 않은 것은 사실이었다.[8]

<표 3-1> 제네바 합의 주요 내용

- 핵 활동 동결 및 폐연료 처리 : △ 5MWe 원자로·관련 시설 동결, 경수로 사업 완료 시 해체 △ 폐연료의 안전한 저장 및 처리 방안 강구
- 경수로 지원 : 미국은 2003년 목표로 2,000MW 경수로 제공을 주선
- 미국은 경수로 1호기 완공 시까지 매년 중유 50만 톤 제공
- 관계 정상화 : △ 3개월 내 미국의 대북 통신·무역·투자 제한 완화 △ 미·북 수도에 연락사무소 개설 △ 관심사 진전 시 대사급 관계 격상
- 한반도 평화·안전 노력 : △ 미국은 「대북 핵무기 불사용」 보장 △ 북한은 「한반도 비핵화 공동 선언」 이행 조치 및 남북대화 착수
- 국제 핵 비확산 체제 강화 : ① 북한의 NPT 잔류 ② 경수로 상당 부분 완료 및 핵심 부품 인도전 IAEA 특별사찰 시행

1998년 5월 7일 북한 외교부 대변인은 제재 완화 불이행 시 동결 핵시설 개봉을 위협했고[9] 6월 16일에 이어[10] 6월 22일에도 외교부 대변인 담화를 통해 "미국은 상징적이나마 일련의 제재 완화 조처를 했다고 하나 실제상은 동결된 우리 자산의 해제는커녕 미국 은행을 통한 달러 결제도 불허하고 있으며 미국 공민들이 우리나라 방문 시 신용카드 하나 제대로 이용하

---

8 통일부, 『주간 북한동향 1,000호 발간기념 북한 동향 CD』 1998년도, p.1704.

9 조선중앙통신, 1998년 5월 7일.

10 조선중앙통신, 1998년 6월 16일.

지 못하고 있는 형편"이라며 "미국이 우리에 대한 실제적인 제재를 해소하는가 하는 문제는… 조미 기본 합의문을 이행할 용의가 있는가를 가르는 기준이 될 것"이라고 압박하였다.[11]

북한 입장에서 보면, 경수로 공사가 계속 지연되고, 대북 제재 완화 조치가 형식화하는 모습을 지켜보며 김정일의 "력사적 승리"[12]로 얻은 제네바 합의상의 유리한 성과를 미국이 부인하는 것이 아닌가 하는 의구심을 점점 더 강하게 가지게 되었다.

이와 같이 북한은 미국의 가공할 군사력을 억지할 수 있는 동시에 북한 붕괴론에 입각한 미국의 대북정책과 제네바 합의상의 「보상」(경수로 공사, 대북 제재 완화, 관계 정상화 등)에 소극적인 미국의 태도를 바꿀 수 있는 카드가 필요했다.

북한의 미사일은 이러한 북한의 수요에 부응할 수 있는 수단이 될 수 있었는가? 그렇게 되기 위해서는 무엇보다 북한 미사일의 위력이 미국의 관심을 끌 수준이 되어야 한다. 이와 관련, 버뮤데즈는 3단계 대포동 우주발사체가 미사일로 구성된다면 200kg의 탄두를 미국의 중심부에 이르게 할 수 있고 탄두를 100kg으로 줄이면, 워싱턴에 닿을 수 있다고 한다.[13] 월폴(Robert D. Walpole)은 대포동 1호가 수백kg의 탄두를 2,000km까지 운반할 수 있는 능력이 있는데, 이 3단계 추진체가 미사일로 전용될 경우 작은 탄두를 5,500km까지 나를 수 있고 탄두가 작아질수록 사거리는 늘어날

---

11 조선중앙통신, 1998년 6월 22일.

12 1차 핵 위기를 "대미 외교전에서의 빛나는 승리"라고 규정하면서 "담보 서한에서 클린턴은 위대한 장군님을 조선민주주의 인민공화국 최고지도자라고 최대의 존칭으로 부르면서 장군님께 대통령의 모든 권한을 행사하여 조미 기본 합의문을 책임적으로 리행할 것을 다짐하였다. 국교 관계도 없는 적대국, 유일 초대국으로 자처하는 미국으로부터 담보 선한을 받아낸 것은 일찍이 있어본 적이 없는 사변으로서 미제의 반공화국 책동을 짓부셔 버린 력사적 승리였다." 교육도서출판사, 『위대한 지도자 김정일 원수님 혁명력사(제6학년용)』, pp.174-175.

13 Joseph S. Bermudez, The Armed Forces of North Korea (London : I.B. Tauris, 2001) pp.275-281

것이라고 주장했다.[14] 더욱 큰 대포동 2호는 수백에서 1,000kg의 탄두를 4,000~6,000km(알래스카와 하와이)까지 운반할 수 있으며, 탄두가 가벼워질수록 사거리는 더욱 길어질 것이라고 주장했다. 즉 북한의 미사일 능력은 미국의 안보적 관심을 끌기에는 부족함이 없을 정도였다는 의미이다. 특히 북한의 노동미사일과 대포동 1, 2호가 핵탄두를 장착한다고 가정해 보면 문제는 더욱 심각해진다. 북한이 핵무기를 개발하였다고 하더라도 적절한 운송수단이 마련되지 않는다면 북한의 핵무기는 미국의 주요 관심사가 아닐 수 있지만, 북한이 이처럼 장거리 미사일을 개발한다면 사정은 달라지는 것이다.

북한의 미사일 수출 문제도 대량살상 무기 확산 방지에 관심을 가진 미국을 자극하는 행동이었다. 북한은 1980년대 특히 이란-이라크 전쟁으로 인해 무기 수요가 급증하였던 시기에 미사일과 미사일 기술의 수출을 통해 연간 수억 달러 상당의 외화를 획득하였다고 한다.[15] 북한의 미사일은 미국 영토를 위협하는 수단인 동시에 미국의 비확산 정책을 위협하는 소재였기 때문에 미국은 북한과의 협상에 나서지 않을 수 없었다.

미국은 클린턴 행정부 기간 북한과 미사일 문제를 놓고 총 6차례[16]의 미사일 회담을 진행하였다. 1996년 4월 1차 회담은 회담의 성격, 의제, 추후 일정 등을 둘러싸고 양측의 입장을 타진한 일종의 탐색전이었다. 미국은 북한의 중동지역에 대한 미사일 수출을 금지하는 한편, 북한을 미사일기술통제체제(MTCR)에 묶어 두기를 원했다. 미국은 북한이 미사일기술통제체제에 가입하면 북한을 테러 국가명단에서 해제하고 추가적인 대북 경제

---

14 Robert D. Walpole, "North Korea's Taepo Dong Launch and Some Implication on the Ballistic Missile Threat to the United States" (December 8, 1998). https://www.cia.gov/news-information/speeches-testimony/1998 (검색일: 2013.6.11)

15 통일부, 『주간 북한동향』(제387호, 1998. 6.22), p.21.

16 1차 회담은 1996.4.20-4.21, 2차 회담은 1997.6.11-6.13, 3차 회담은 1998년 10.1-10.2, 4차 회담은 1999.3.29-3.30, 5차 회담은 2000.7.10-7.12, 6차 회담은 2000.11.1-11.3 개최되었다.

제재 완화 조처할 것임을 시사하였다.[17] 그러나 북한은 미사일개발은 "자주권에 속하는 문제로 한미 측의 시비를 용서하지 않을 것이며, 미사일 회담은 우리를 무장 해제시켜 손쉽게 압살하자는 것"이라고 주장하면서 미사일은 주한미군의 위협에 대한 자위 수단임을 강조하였다.[18] 이러한 이유로 북한은 북미 간 평화협정 체결을 통해 북한의 안보 위협 요인이 제거되어야만 미사일기술통제체제에 가입할 수 있다고 주장하였다. 대포동 미사일 발사 직후 발표한 외교부 대변인 담화 상의 "그 어떤 변화"는 앞에서 보았던 북한 붕괴론에 입각한 미국의 대북 강경책을 토대로 북미 미사일 협상에서 있었던 MTCR 가입 등 미국의 선조치 요구를 자신에 대한 무장 해제 및 압살 시도로 여긴 북한의 인식과 관련된 것으로 보인다. 또한 미사일 협상의 의제도 북한 체제의 안전보장, 미북 평화협정 체결, 주한미군의 미사일 철거, 주한미군의 역할 변경, 군사 회담 정례화 등 포괄적인 군사 안보 문제들을 포함, 일괄타결 하고자 하였다.[19]

1997년 6월 11일 개최된 2차 회담에서도 미국은 북한의 미사일개발, 배치, 수출 중단과 미사일기술통제체제(MTCR) 가입을 촉구했지만, 북한은 미사일개발은 자위권적 차원의 문제라는 입장을 견지함으로써 구체적 진전을 보지 못하였다.[20]

북한은 3차 회담 개최를 100여 일 앞둔 1998년 6월 16일 "우리의 미사일 수출은 당장 필요한 외화를 획득하기 위한 것이며 미국은 진정으로 우리의 미사일 수출이 중단되기를 원한다면 하루빨리 경제제재를 해제하고 미사일 수출 중단으로 야기되는 우리 측의 손해를 보상해야 한다"고 주장함

---

17 박종철, 앞의 책, p.29.

18 『로동신문』, 1996년 4월 18일.

19 서보혁, 앞의 책, pp.268-269; 박종철, 앞의 책, p.30.

20 서보혁, 앞의 책, p.269.

으로써 공개적으로 미사일 수출 사실을 시인하고 보상을 요구하였다.[21] 그동안 미사일 수출 의혹에 대하여 NCND 정책을 취해 온 북한이 이러한 반응을 보인 것은 당시 국제 사회의 미사일 규제가 심해지면서 북한의 미사일 수출액이 감소 추세에 있었기 때문에 경제적 보상이 다급했던 상황 변화와 관련이 있었을 것이다. 북한의 대포동 미사일 발사는 이러한 북한의 발표가 있고 2개월 후에 이루어졌다.[22]

미사일 협상 외에도 북미 간에는 다양한 대화채널이 가동되고 있었다. 1998년 3월 13일 북미는 베를린에서 고위급회담을 개최, 미국의 대북 경제 제재 완화, 상호 연락사무소 개설, 미사일 협상 재개, 한국전 실종 미군 문제 등 현안에 대해 폭넓게 논의하였다. 이어 3월 16일~21일 4자회담 제2차 본회담이 제네바에서 개최되었다. 회담에서 북한은 북미 평화협정 체결, 주한미군 철수 문제 우선 토의 등 현안에 대한 요구 사항을 제기하였다. 4월에는 미군의 유해를 찾기 위한 북한과 미국의 공동 발굴 작업이 시작되었다. 6월 23일에는 유엔사와 북한군 간의 장성급접촉[23]이 7년 만에 재개되었다.[24] 8월 21일부터 9월 5일간 뉴욕에서 고위급 회담을 개최, 경수로 공사 및 제재 완화 등 제네바 합의 이행 문제, 미사일 회담 개최 문제 등에 대해 협의하고 합의 내용을 공식 발표하였다. 미국은 1995년 이후 세계식

---

21 조선중앙통신, 1998년 6월 16일; 이와 관련 김정일은 더욱 직설적으로 대답한 바 있다. 김정일은 2000년 8월 12일 한국 언론사 사장단을 만난 자리에서 "로켓 연구해서 몇억 달러씩 나오는데 그거 안 할 수 있습니까… 수리남과 이란에 로켓을 판매하고 있습니다."라고 말해 미사일 수출 사실을 시인했다. 『한국일보』, "미 테러국 고깔 벗겨주면 당장 수교." 2000년 8월 15일.

22 미찌시따 나루시게, "북한 외교와 군사력의 역할," 『북한 군사 문제의 재조명』, (한울아카데미, 2006), p.480.

23 북한은 1991년 군정위 유엔군 측 수석대표를 한국군 장성으로 임명한 것을 문제 삼아 군정위 회의에 불참해 왔다. 북한은 동 장성급접촉에서도 미북 평화협정 체결, 주한미군 철수 등 종래의 주장을 되풀이하였다.

24 1998년 북미관계 동향에 대해서는 통일연구원, 『통일환경과 남북한 관계 : 1998-1999』, pp.47-52 참조.

량기구(WFP) 등 국제기구와 민간 단체를 통해 식량도 지원하고 있었다.[25]

북한 입장에서 보면 당시 미국과의 대화 창구는 열려 있었으나, 여전히 미진한 점이 많았다. 미국은 1998년도에도 북한을 테러지원국 명단에 올렸다. 미국은 북한이 장거리 미사일을 발사하기 직전에는 금창리 의혹사건을 제기하였다. 1998년 1월 미국 국방정보국(DIA)은 탈북자들의 증언을 기초로 자강도 하갑에 있는 지하 시설을 핵무기 관련 시설로 단정지었고 6월부터는 하갑 지하 핵시설과 금창리 지하 핵시설을 의회에 브리핑하기 시작했다. 8월 17일 뉴욕타임스가 이를 보도함으로써 금창리 위기가 표면화되었다.

앞에서 언급했던 경수로 공사 지연, 제재 완화의 답보에 더해 북미 관계 정상화 문제는 한 발짝도 나가지 못하는 등 제네바 합의를 통해 확보한 북한의 성과는 빛이 바래가고 있었다. 또한 북한은 북미 간 미사일 협상에서 미국이 제기한 MTCR 가입 요구 등을 자신에 대한 무장 해제 시도로 강변하면서 포괄적 군사 안보 의제를 추가하고 미사일 수출을 카드로 해서 미국의 경제적 보상을 요구하고 있었다.

2) 북한 내부 상황

김일성 사망 이후 유훈통치 기간 중 비록 북한 내에서 김정일의 권력을 위협할 수 있는 세력은 없었지만, 외부의 붕괴론, 내부의 패배주의와 경제난은 심각한 위협으로 다가왔다. 이러한 와중에서 1997년 초 황장엽의 망명은 대외적으로는 북한의 붕괴 가능성에 대한 전망을 높였고, 대내적으로

---

25 미국 공화당 의원들은 대북 원조가 1995년 이래 6억 4,500만 달러에 이른다고 하였다. 김국신, 『미국의 대북정책: 남북 정상회담 및 미 대선 결과에 따른 변화』 (통일연구원, 2000), p.20

는 패배주의가 만연해지는 계기가 되었다.[26] 당시 상황을 알아보기 위해 북한 노동신문에서 '패배주의'라는 단어를 포함하고 있는 사설의 숫자를 조사해 본 결과는 시사하는 바가 크다.

〈표 3-2〉 노동신문 사설 중 '패배주의' 단어 포함 사설 숫자

'88	'89	'90	'91	'92	'93	'94	'95	'96	'97	'98	'99
26	14	4	8	3	2	0	2	30	29	24	24

* 출처 : 연구자가 작성

위 표에서 김일성이 사망한 이듬해인 1995년부터 노동신문에서 패배주의를 경계하는 사설 등이 실리고 있었고 1996년, 1997년에 그 빈도가 급격히 높아졌다가 1998년, 1999년에는 다소 떨어진 모습을 보여주고 있다.

이러한 배경하에 등장한 것이 이른바 '붉은 기 사상'이다. 붉은기 사상은 1995년 8월부터 공산주의에 대한 일심단결의 상징성으로 강조되기 시작, 1996년에 와서 붉은 기 정신과 붉은 기 철학 그리고 붉은 기 사상으로 발전하였다. 이러한 붉은 기 사상이 북한 언론에서 갑자기 사라지게 된 것은 1998년 하반기이다. 1998년 하반기부터 붉은 기 사상은 강성 대국론에 의해 대체되는 경향을 보였다.[27] 이와 같이 붉은기 사상은 김일성 사후 등장하여 김정일의 공식적 권력승계기까지 과도기 기간 주체사상의 변용 형태로서 대내외적 위기 극복과 체제 방어를 위해 인민대중에게 인내와 사회주

---

26 1997년 초에는 황장엽뿐만 아니라 전 이집트 대사 장승길과 그의 형 파리대표부 참사관 장승호도 북한에서 탈출하여 미국으로 망명, 북한이 체제 위기 상황에 놓여 있음을 보여주었다.

27 정성장, "김정일 체제의 지도 이념과 성격 연구," 『국제정치논총 제39집 3호』 (1999) p.314.

의에 대한 신념의 고수를 요구하고 대중을 경제 건설로 동원하는 기능을 수행하였다.[28]

　김정일 공식 집권에 맞추어 등장한 강성 대국론은 고난의 행군으로 위축된 북한 주민들에게 새로운 희망을 제시하고 인민들을 동원하기 위한 통치 이데올로기이다. 북한은 장거리 미사일을 발사한 직후 "인공위성의 지구궤도 진입 성공은 북한 과학자·기술자들이 김정일에 바치는 충성의 선물"이라고 주장하며 "광명성 1호로 불리는 우리나라에서의 첫 인공지구위성의 성과적 발사는 주체 조선 국력의 힘있는 과시로, 사회주의 강성 대국 건설의 새로운 이정표를 마련한 의의 깊은 사변으로 된다"라고 강조하였다.[29] 노동신문은 "(이번에 발사된 운반 로켓과 인공위성은) 1백 퍼센트 우리의 지혜와 기술, 우리의 자재로 개발한 것"이라면서 "우리나라가 과학 기술 발전에서 당당하게 선진국의 대열에 들어섰다는 것을 의미하며, 자본주의에 비한 사회주의의 우월성을 힘 있게 과시해 주고 있다"라고 강조하였다. 아울러 북한은 궤도에 진입한 광명성 1호가 27메가헤르츠의 단파대역으로 김일성 노래를 방송하고 모스 신호를 보내고 있다고 주장하였다. 미사일 개발과 같은 놀라운 업적은 북한 주민들에게 매우 큰 자부심을 심어줄 수 있으며, 그들은 미래에 대해 확신을 가질 것이고 지도자에 대한 존경심이 더욱 깊어지는 대내 효과를 거둘 수 있었다.[30]

　8월 31일 미사일 발사에 대한 북한의 공식 발표는 9월 4일에야 나왔다. 발표 다음날인 9월 5일 북한은 최고인민회의 제10기 1차 회의를 개최하여 국가기관을 개편하고 시장경제 요소 도입을 골자로 한 헌법개정을 단행했다. 개정헌법은 국가주석직을 폐지하고 국방위원장(김정일)을 '국가의 최고

28　위의 논문, p.322.

29　『로동신문』 1998년 9월 7일.

30　Joseph S. Bermudez, "A History of Ballistic Missile Development in the DPRK" (Occasional Paper No. 2, CNS, Monterey Institute of International Studies), p. 20.

직책'으로 하였다. 노동당 총서기와 당 중앙군사위원회 위원장이며 인민군 최고사령관인 김정일이 국방위원장으로서 최고권력을 장악한 것을 헌법으로 보장한 것이다.

3) 남북 관계

1998년에 들어와 남북 관계는 새로운 변화의 계기를 맞이하고 있었다. 남한에서 수평적 정권교체를 이루고 대북 포용을 표방한 김대중 정부가 출범한 것이다. 김대중 대통령은 취임사에서 남북 화해 협력 적극 추진 등 대북 3원칙을 천명하고 우방국가와 북한의 교류 협력 지원, 경수로 사업 이행, 대북 식량 지원, 이산가족 문제 해결, 사회문화 부문의 교류 확대, 정경 분리 원칙에 입각한 경제교류 협력 추진 등의 방침을 밝혔다.[31]

김대중 정부 출범 직후인 1998년 4월 11일부터 17일까지 베이징에서 남북 차관급 회담이 개최되었다. 특히 이 회담에서는 상호주의 원칙에 대한 해석을 둘러싸고 남북한의 입장이 대립하였다. 회담 결렬 후 북한의 대남 비난이 강화되기도 했지만, 이러한 북한의 태도가 남한과의 관계 단절이나 지원 기대 약화를 뜻하는 것으로 해석되지는 않았다. 왜냐하면 북한은 당국 간 회담은 회피하면서도 민간 차원의 교류와 지원에는 적극적인 자세를 나타냈기 때문이다. 리틀엔젤스 단의 평양공연(5.2-12), 연변과기대의 나진 과기대 설립(6.5)이 협의되었고, 특히 정주영 현대그룹 명예회장은 6월 16일 북한을 방문하여 조선아시아태평양평화위원회와 금강산 개발 및 관광사업을 추진하기로 합의하였다. 또한 대포동 미사일 발사 이후에도 금강산 현지 관광 요금에 관한 부속합의서(9.2), 긴급 정황 처리에 관한 부속합의서

---

31 제15대 대통령 취임사 (1998. 2.25)

체결(10.16) 등을 지속했고, 다른 한편 남한 정부가 국제기구를 통해 지원하는 것에 대해서는 수용하고 있었다. 1998년의 경우 정부와 민간 차원에서 모두 429억 원 상당을 북한에 지원하였다.[32]

4) 북중 관계

1998년도에 와서도 북중 관계는 한중 수교 이후 소원해진 관계를 복원하지 못했던 것으로 평가된다.[33] 1997년 2월 북한의 황장엽이 주중 한국대사관 영사부에 망명을 신청하는 사건이 발생했고 얼마 후 중국이 황장엽을 제3국을 경유하여 한국으로 보냄으로써 북중 관계는 상처받게 되었다.[34] 1998년은 북한 건국 50주년으로 이른바 꺾어지는 해였지만 북중 간에는 최고위급 지도자 교류가 없었다. 반면 중국은 남한의 김대중 대통령 방중을 계기로 한국과 '21세기의 협력동반자관계'를 구축하기로 합의하여 대조를 이루었다.

1998년 9월, 북한의 대포동 미사일 발사 후 국제원자력기구의 대북 핵사찰 요구결의안이 상정되었을 때 중국은 결의안 통과를 저지하지 않고 기권을 선택하였다. 또한 중국은 미국, 러시아, 일본과의 정상회담에서, 한반도 평화와 안정 유지를 위해 건설적 역할을 행사하고 대량살상 무기와 운반수

---

32 통일부 홈페이지 http://unikorea.go.kr/CmsWeb/viewPage.req?idx=PG0000000241 (검색일: 2013. 4.20)

33 북한은 1998년 6월 27일 미중 정상회담에서 한반도 문제와 관련 중국의 건설적이고 적극적인 역할에 인식을 같이한다고 밝힌 데 대해, 7월 4일 노동신문 논평을 내고 '우리는 자주성을 생명으로 여기고 있으며, 어떤 경우에도 남의 눈치를 보거나 남의 품에 놀지 않는다'라고 하면서 중국을 영향력을 사전 차단하였다. 『로동신문』 "우리의 제안에 지체없이 응해야 한다," 1998년 7월 4일.

34 김하중, 『김하중의 중국이야기 2』 (비전과 리더십, 2013), p.223.

단 확산 저지를 위해 협력하기로 하였다.[35]

그러나 북중 간 경제협력 및 중국의 대북 지원은 활발히 이루어지고 있었다. 1998년 중국의 대북 식량 지원 규모는 다소 감소하였으나 대신 중국은 비료와 원유를 추가로 북한에 지원하였다.[36] 1998년 북중 간 변경 무역 규모는 1997년도에 비해 30% 정도 증가한 것으로 보도되었다.[37]

이와 같이 1998년에 들어와 북중 당국 간에는 침체되고 불편하였던 분위기가 걷히지 않고 있었지만, 경제협력 분야를 중심으로 점차 회복 국면에 진입하고 있었다.

3. 표적과 청중, 기회의 창

대포동 미사일 발사 이전 북한 내부적으로는 김일성 사망 후 닥쳤던 고난의 행군이 서서히 마무리되어 가고 있었다. 경제는 여전히 어려웠고 패배주의, 사상적 해이도 만연했지만, 외부 일각의 전망과 달리 체제 붕괴의 가능성은 더 이상 커지지 않고 있었다.

미북 간에는 미사일 협상을 비롯한 다양한 채널에서 대화가 진행되고 있었다. 그러나 북한은 그러한 협상 과정에서 이대로는 제네바 합의의 전리품을 확보할 수 없다는 인식을 심각히 하게 되었다. 제네바 합의에 대한 미

---

35 1998년 북중 관계는 민족통일연구원, 『통일환경과 남북한관계 : 1998-1999』 (1998.12.31), pp.52-53를 참조.

36 통일부, 『주간 북한동향』 제438호 (1999.6.14.) 참조. 한편 1998년 7월 9일자 『로동신문』은 중국 정부가 북한에 무상으로 제공하기로 4월 13일 결정한 식량 10만 톤과 화학비료 2만 톤이 전량 도착하였다고 보도하였다.

37 민족통일연구원, 앞의 논문, p.53.

국 내 공화당의 비판과 견제, 경수로 공사의 지연, 형식적·상징적 수준의 대북 제재 완화, 겉돌고 있던 평화협정 문제 등 제네바 합의 이행 속도에 대한 북한의 우려와 비난은 이러한 북한의 인식을 보여주는 것들이다. 미사일 협상에서도 미국의 MTCR 가입 요구 등 대북 압력은 거세진 반면, 북한의 대가 요구는 수용될 가능성이 적은 상황이었다. 말하자면 북한은 대미 기회의 창이 좁아지고 있다는 것을 느낀 것이다.

한편, 남한에서는 김대중 정부가 출범하여 햇볕정책을 추진하고 있었고 민간 차원의 교류가 점차 활발해지고 있었다. 북중 간에는 소강 국면이 지속되고 있었지만, 양국간 경제 관계가 북한의 생존에 젖줄이 되고 있었다.

그렇다면 북한의 장거리 미사일 발사는 누구를 표적으로 누구를 청중으로 설정한 위기 조성인가? 장거리 미사일 발사를 통한 위기 조성의 표적은 미국의 대북정책이라고 하는 것이 타당하다. 북한은 미국 내 북한 붕괴론에 기반한 대북 대북 압박뿐 아니라 제네바 합의 이행의 지연과 함께 북한의 MTCR 가입 촉구 등 미사일 협상 과정의 북미 대치 국면을 배경으로 외교부 대변인 담화를 통해 "특히 적대 세력들은 우리에게서 그 어떤 변화를 유도해 보려다가는 불이나 맞을 수 있다는 것을 알아야 할 것이다"라고 협박하였음을 보았다. 북한은 기존의 핵 능력에 미사일 발사 능력을 결합하여 이를 미국에 과시한 후 제3차 및 제4차 미사일 협상에서 미국에 대해 미사일 수출 중단에 따른 보상 요구를 강화하였다. 이러한 상황 전개는 미국이 장거리 미사일 발사의 표적인 동시에 주요 청중임을 보여주는 것이다.

앞에서 언급했듯이 당시 북한은 대내 경제적, 정치적 어려움에 대한 위기 인식이 있었다. 김일성의 사망과 3년 연속 계속된 식량 위기는 북한에 심대한 시련이 아닐 수 없었다.[38] 특히 이러한 상황에서 김정일이 공식 집권하기 위해서는 당과 주민들에게 내세울 수 있는 뚜렷한 명분이 확보되어

---

[38] 와다 하루키 지음, 서동만·남기정 옮김, 『북조선』 (돌베개, 2002), p.281.

야 했다. 9월 5일 자 노동신문 1면 헤드라인은 "우리나라에서 첫 인공지구 위성 성과적으로 발사"라고 하면서 이를 "국경절을 빛내는 민족적 대경사"로 선전하였다. 또한 미사일은 첨단 과학기술의 결정체로서 선진국의 상징으로 부각할 수 있는 좋은 소재였다.[39] 이렇게 볼 때 북한 내부 주민 또한 미사일 발사의 청중이었음에 틀림 없다.

북한이 남한을 미사일 발사의 청중에 포함했는가? 민간 차원의 지원과는 별도로 남한 정부의 대규모 지원이 시급한 상황에서 김대중 정부의 상호주의 원칙은 껄끄러운 것이었고, 햇볕정책에 대해서도 북한을 내부에서 와해시키려는 술책이 아닌가 하는 의구심이 강하게 남아 있었던 것은 사실이다. 그러나 결론부터 말하면 북한이 남한을 주요 청중으로 설정했다고 보기는 어렵다. 외교부 대변인 담화나 초기 노동신문 보도에서도 주목할 만한 대남 언급은 보이지 않는다. 뒤이어 나온 조평통 대변인 성명[40]도 한국 정부의 대북정책을 비난하긴 했지만, 북한의 장거리 미사일 발사 이후 한국 정부가 취한 조치를 문제 삼았다. 특히 장거리 미사일 발사 이후 "외세와 야합하여 동족 압살 책동에 피눈이 되어 날뛰"었다고 비난하고 "자주의 길로 힘차게 나아가는 우리와 보조를 같이할 용단을 내리기 어렵다면 최소한 뒤따라올 용기라도 가져야 할 것이다"라고 하면서 한국 정부의 정책 전환을 촉구하고 있지만, 어찌 보면 대남 비난의 톤은 조절하는 모습을 보여 주었다. 또한, 1998년 11월, 금강산 관광사업이 시작되기까지 현대와의 협상을 꾸준히 진행하는 등 미사일 발사와 남북관계를 직접적으로 연계시키지는 않은 것으로 보인다.

북중 관계 또한 소강 국면 아래 북한의 불만을 야기하고 있었기 때문에 중국의 대외정책을 자신에게 유리한 방향으로 전환하고 싶은 수요는 있었던 것으로 추정되지만, 대포동 미사일 발사가 그것을 노렸다고 볼 만한 전

---

39 『로동신문』, "위성 발사 성공은 공화국 로케트 공업의 높은 수준을 과시"(1998.9.15.)

40 『조선신보』, 조국평화통일위원회 대변인 성명 (1998. 9.11.)

후 단서를 찾기 쉽지 않다.

그렇다면 북한의 미사일 발사의 동기는 대미 외교적 동기와 국내적 동기가 동시에 작용하였다고 할 수 있다. 제네바 합의상의 보상, 즉 자신에게 유리한 성과를 획득할 수 있는 불씨를 살리며 미사일 협상을 성공시켜 미사일 협상에서 제2의 전리품을 챙기고자 하는 외교적 목적이 있었다. 1994년 제네바 기본 합의 이후 미국의 관심 밖으로 밀려났던 북한은 대포동 미사일을 매개로 미국을 협상 판으로 불러내어 본격 협상을 벌여 나갈 수 있었다.[41] 북한은 협상을 거듭하면서 미사일 카드를 통해 미국의 제재 해제와 경제 보상을 받아내기 위한 의도를 보다 분명히 하였다. 미사일 발사 후 미북 관계를 볼 때에도,[42] 북한은 미사일 발사를 통해 미북 간 미사일 협상에서의 주도권을 강화하고 체제 인정, 평화협정 체결, 경제적 보상을 해 달라는 메시지를 보낸 것임을 확인할 수 있다. 즉 북한은 미국이 제네바 합의를 형식화 시키고 미사일 협상 등에서 북한의 선조치를 요구하는 상황이 전개되고 있다고 인식하였으며, 이는 제한적 비핵화의 조건에서 미국으로부터 경제적 보상과 체제인정을 획득할 수 있는 기회구조에 장애가 조성되고 있다고 본 것이다. 이에 북한은 향후 대량살상 무기 관련 북한의 제한적

---

41 박건영·정욱식, 『북핵, 그리고 그 이후』(풀빛, 2007), p.215.

42 제3차 미사일 회담은 1998년 10월에 개최되었다. 북한은 미국이 3년간 매년 10억 달러씩 총 30억 달러를 보상하면, 미사일 수출을 중단할 수 있다는 입장을 밝힌 것으로 알려졌다. 1999년 2월에는 유엔 주재 이근 차석 대사가 북한의 인공위성 발사는 전적으로 주권 국가의 권리라며 추가적인 발사 가능성을 열어두면서도 북미 평화협정 체결 등 미국의 대북한 정치적, 경제적 관계가 정상화할 경우 미사일 문제가 순조롭게 풀릴 수 있다는 점을 강조했다. 이어 1999년 3월 29-3월 30일 평양에서 개최된 4차 미사일 회담에서는 미사일 수출은 현금 보상과, 미사일의 개발은 미국의 대북 적대시 정책 포기에 연계시키는 전략을 구사했다. 특히 1998년 8월 금창리 지하 핵시설 의혹이 한미일의 관심사가 되자 북한은 8월 21일 뉴욕에서 열린 북미 고위급 회담에서 금창리 현장 방문을 허용하며 3억 불의 대가를 요구했다. 북한은 심각한 경제 사정을 감안, 경제 지원을 획득하는 것에 정책의 중점을 두고 있었음을 알 수 있다. 1999년 들어 양국은 잇달아 고위급 회담을 개최하였는데(6.23-24(베이징), 8.3-9(제네바), 9.7-12(베를린)), 그 사이 북한의 추가 미사일 발사 시험 중단, 미국의 대북 경제제재 해제 방침이 표명되었다. 서보혁, 앞의 책, p.284 참조

양보 vs 보상 조치 확보라는 협상 틀을 재구축하기 위해 장거리 미사일 발사라는 위기 조성을 감행한 것이다. 대미 관계에서 북한식 기회의 창을 새롭게 열어 보겠다는 것이 기본 동기였다. 이를 통해 미국의 위협을 억지하고 미국 내 북한 붕괴론을 제압하는 효과도 기대하였을 것이다.

또한 내부적으로 김일성 사망 이후 유훈통치를 끝낸 시점에서 북한 사회 내 팽배했던 패배주의를 불식시키고 강성 대국 건설의 비전을 주민들이 실감할 수 있도록 해 주어야 할 필요가 있었다. 김정일 정권 공식 출범을 축제 분위기로 조성하면서 북한 주민의 노동력을 동원할 필요성이 그 어느 때보다도 컸다. 미국을 표적으로 대미 기회의 창을 여는 장거리 미사일 발사 이벤트를 활용하여 국내적 동기를 추가시킨 것이다. 북한은 인공위성의 성공적 발사를 발표한 다음 날, 앞에서 본 바와 같이 최고인민회의 제10기 1차 회의를 개최(1998년 9월 5일)하여 헌법을 개정하고 국방위원장을 국가의 최고 직책으로 격상시킨 다음 김정일을 이 국방위원장에 재추대하였다.

이와 같이 대포동 미사일 발사는 미국의 대북정책을 표적으로 하면서 북한 내부와 미국을 주요 청중으로 설정한 도발이었다. 북한은 미국과의 제네바 합의 이행 및 미사일 협상에서 최대한의 보상을 받기 위한 기회의 창이 닫혀가자 이를 다시 열기 위해 위기 조성을 감행했고 그 위기 조성의 파급효과를 국내로 확장해 김정일 정권 출범의 이벤트로 적극 활용하였다.

제2절

핵보유 선언

1. 제2차 북핵 위기의 전개와 핵보유 선언

2001년 부시 행정부가 출범하여 미국 대북정책의 기조를 변화시키고 특히 9.11 테러 사태 이후 대북 강경 노선을 더욱 확고히 하였다. 이러한 분위기 속에 2002년 10월 3일 미국의 켈리 국무부 동아시아 태평양 담당 차관보가 부시 대통령의 특사 자격으로 평양을 방문하여 북한이 고농축 우라늄을 통한 핵 개발을 비밀리에 추진했다는 증거가 있다고 주장하였다. 이에 대해 김계관은 관련 의혹을 부인하였으나, 다음날 대표로 나온 강석주는 이를 시인하였다는 것이다. 10월 16일, 미국은 북한이 제네바 합의를 깨고 우라늄 농축 프로그램의 존재를 인정했다고 발표하였디.[43] 이후 국제사회의 대북 제재 조치와 북한의 맞대응이 이어지며 이른바 2차 핵 위기가 시작되었다. 중국의 중재로 3자회담과 6자회담이 개최되었지만, 성과는 없었다.

이러한 가운데 2004년 11월 부시 대통령이 재선에 성공하였다. 부시 2기 정부에서 신임 국무장관으로 지명된 라이스는 2005년 1월 상원 인준 청문회에서 북한을 폭정의 전초기지(outpost of tyranny)로 지칭하였다. 라이스 국무장관 내정자는 자유와 민주주의를 확산시켜야 한다며 북한에 대한 간접적 공세를 지속했다.[44] 북한이 내놓은 대응 조치는 2월 10일 핵보유 선언 및 6자회담 무기한 불참 선언이었다.

---

43 장달중 외 앞의 책, p.101 참조. 강석주 제1부상은 미국 대표단에게 "미국이 엄청나게 보유하고 있는 핵무기로 우리를 악의 축이라며 선제공격하겠다고 위협하는 마당에 우리도 국가안보를 위한 억제력으로써 핵무기는 물론 그보다 더 강력한 것도 가질 수밖에 없지 않느냐"라고 하면서 미국이 적대시 정책을 버리면 미국의 안보 관심사의 해결이 가능하다며 이를 위한 세 가지 조건으로 "체제 인정 존중, 불가침조약 체결, 경제제재 해제" 등을 제시하고 새로운 합의 체결을 원한다고 밝혔다는 것이다.

44 장달중 외, 앞의 책, p.118.

　첫째, 우리는 6자회담을 원했지만, 회담 참가 명분이 마련되고 회담 결과를 기대할 수 있는 충분한 조건과 분위기가 조성되었다고 인정될 때까지 불가피하게 6자회담 참가를 무기한 중단할 것이다. 둘째, 미국이 핵 몽둥이를 휘두르면서 우리 제도를 기어이 없애버리겠다는 기도를 명백히 드러낸 이상 우리 인민이 선택한 사상과 제도, 자유와 민주주의를 지키기 위해 핵무기고를 늘이기 위한 대책을 취할 것이다. 선의에는 선의로, 힘에는 힘으로 대응하는 것이 선군정치를 따르고 있는 우리의 기질이다. 우리는 이미 부시 행정부의 증대되는 대조선 고립 압살정책에 맞서 핵무기 전파 방지 조약에서 단호히 탈퇴하였고, 자위를 위해 핵무기를 만들었다.[45]

　북한의 핵보유 선언 관련 필자의 질문은 첫째 북한이 왜 그동안의 애매한 입장을 벗어던지고 명백한 핵보유 입장을 밝히는 쪽으로 입장을 선회했느냐 하는 것과 둘째, 왜 이 시점에 그러한 선언을 했느냐 하는 것이다.

2. 북한의 대내외 정세 인식

1) 미북 관계

　필자의 질문에 답하기 위해 먼저 북한의 대미 인식을 살펴보기로 한다. 북한의 대미 안보 위협 인식은 9.11 이후 미국이 아프가니스탄에 이어 이라크에 대한 일방적인 공격을 가하는 것을 보면서 심화했다. 동시에 북한은

---

[45] 조선중앙통신, 2005년 2월 10일.

부시 행정부가 제네바 합의를 어떻게 할 것인가 하는 데에도 촉각을 곤두세웠다. 미국 공화당은 야당 시절부터 제네바 합의에 대해 비판적 입장을 가지고 이의 이행에 줄곧 제동을 걸어 왔기 때문이다. 집권 후 부시 행정부는 앞에서 보았듯이 제네바 합의 이행 개선을 내세웠고, 북한이 제네바 합의대로 경수로의 핵심부품을 인도받기 전까지 핵 투명성을 위한 IAEA의 핵사찰에 응해야 한다고 주장했다. 또한 경수로 공사의 진행 상황을 감안할 때 핵심부품 인도는 2005년경에 이루어지는 만큼 핵사찰에 드는 시간(2-3년)을 고려하여 2002~2003년경에 본격적인 준비와 협상이 있어야 한다고 하였다. 그러나 북한은 자신들이 과거에도 그랬지만 현재에도 제네바 합의를 충실히 이행했기 때문에 이러한 주장은 터무니없다고 맞섰다. 또한 특별사찰 실시에 3개월이면 족하므로 2005년 하반기에 가서 시행하면 된다는 입장이었다.[46] 2003년 12월 9일 북한은 "우리가 핵 활동을 동결하는 대신 미국에 의한 테러지원국 명단 해제, 정치, 경제, 군사적 제재와 봉쇄 철회, 그리고 미국과 주변 나라들에 의한 중유, 전력 등 에네르기 지원과 같은 대응 조치가 취해"져야 한다면서 "명백한 것은 그 어떤 경우에도 우리의 핵 활동을 아무런 대가도 없이 공짜로 동결할 수는 없다는 것이다"라고 강조하였다.[47] 이는 북한이 바라는 제한적 비핵화 대 보상의 구도를 너무도 명료하게 드러낸 입장 표명이라고 본다. 그러나 미국은 북한이 리비아의 핵 완전 폐기 선언(2003.12.19)을 따를 것을 강조하고 있었다.[48] 6자회담이 미북 간 공방 속에 큰 진전을 이루지 못하고 있는 가운데 2004년 11월 부시가 대통령 재선에 성공하였다. 북한은 다시 미국이 어떻게 나올지에 큰 관심을 보였다. 북한은 2005년 1월 8일 외무성 대변인 담화를 통해 "2기

---

46 서주석, "북한 핵 딜레마와 제네바 기본 합의," 전남대학교 세계한상문화연구단, 『전남대학교 세계한상문화연구단 국내학술회의 37』(2002.12). pp.565-566.

47 『로동신문』, 조선민주주의인민공화국 외무성 대변인 대답, 2003년 12월 10일.

48 서훈, "북한의 외교정책 결정체계에 관한 연구" 『국제문제연구』(2007년 여름), p.206.

부시 행정부의 대조선 정책 정립을 지켜보고 그에 맞게 대응하려 한다"라는 입장을 밝히면서 "미국이 진정으로 대화를 통한 조·미 핵 문제 해결을 바란다면 이제라도 일방적으로 파괴한 회담 기초를 복구하며 제도 전복을 목표로 하는 적대시 정책을 실천 행동으로 포기하고 우리와 같이 공존하는 대로 나와야 한다"고 주장하였다. 그러나 북한이 내심 기대했던 것과는 달리 부시 대통령은 2기 대외정책 기조로 '폭정의 종식'을 통한 '자유의 확산'을 내세웠고 콘돌리자 라이스(Condoleezza Rice) 국무장관이 1월 말 상원 인준 청문회에서 '폭정의 전초기지' 발언을 하는 등 북한을 자극하였다. 더구나 미국 강경파들은 북한이 리비아에 핵 물질을 수출했다는 정보를 언론에 흘려 한반도 정세는 더욱 악화했다.[49] 이상에서 살펴보았듯이 북한은 미국을 대상으로 제한적 비핵화 대 보상 구도 재창출을 일관되게 요구하였지만, 그러한 기회 국면이 현실화할 가능성은 점점 낮아지고 있었다. 여기에다 부시 2기 출범 후 미국의 변함없는 북핵 정책 관련 태도가 북한의 기대를 무너뜨리면서 핵보유 선언이라는 강수를 두게 된 직·간접적 배경이 되었다고 본다.

다음으로 핵보유 선언의 시점과 관련하여 살펴보면 사실 북한은 2003년 4월 6일 외무성 대변인 성명을 통해 "잠재력을 총동원하여 전쟁의 억제력을 갖추지 않을 수 없게 될 것이다"라고 하여 자위적 핵무장 필요성을 최초로 언급하기 시작했고, 그 이후 관영매체를 통해 '핵 억제력 보유'를 지속 주장했으며 3자 회담장에서 미국 측에 핵무기 보유를 간접적으로 밝힌 바

---

49 박건영·정욱식 지음, 『북핵, 그리고 그 이후』 (풀빛, 2007), p.115.

있다.[50] 사실 미국으로부터의 위협이라는 측면에서 보면 이근 대표가 켈리 대표에게 핵무기를 보유하고 있다고 밝히던 2003년이 적기였을 수 있다. 왜냐하면 경수로 공사 중단 등 제네바 합의 파기의 실질적 조치들이 이어졌고 이라크전쟁이 발발하였으며, 미국의 선제공격 위협이 최고조에 달했기 때문이다. 그러나 북한은 그때 핵보유를 공개 선언하지 않았다. 오히려 2004년 6월 3차 6자회담에서처럼 부시 정부도 단계적 비핵화론을 제기하는 등 진전된 태도 변화가 가능하다는 사실을 경험했는데 부시 행정부 2기 출범 후의 동향이 그와 반대로 이어지고 있음을 지켜보고 나서, 북한은 현 정세의 흐름이 기회의 창을 닫고 있으며, 그것을 열기 위한 위기 조성이 필요하다고 느낀 것이다.

북한은 2월 10일 외무성 성명이라는 형식을 통해 자위를 위해 핵무기를 만들었다고 발표했는데, "미국의 공식적인 정책 립장을 밝힌 미 행정부 고위 인물들의 발언들을 보면 그 어디에서도 우리와의 공존이나 대조선 정책 전환에 대한 말은 일언반구도 찾아볼 수 없다. 오히려 그들은 《폭압 정치의 종식》을 최종목표로 선포하고 우리나라도 《폭압 정치의 전초기지》로 규정하였으며 필요하면 무력 사용도 배제하지 않을 것이라고 공공연히 폭언하였다."라고 하면서 "결국 2기 부시 행정부의 본심은 1기 때의 대조선 고립 압살정책을 그대로 답습할뿐더러 보다 강화하겠다는 것이다."라고 단언하였다. 즉 이 시점에서 북한은 부시 2기 행정부가 북한과의 공존을 부정하고, 북한 압살정책을 펴고 있다고 보았으며, 이대로는 제한적 비핵화

---

[50] 2003년 4월 개최된 3자 회담 만찬에서 북한 대표 이근은 미국 대표 켈리를 구석으로 데리고 가서 다음과 같이 말했다고 한다. "우리는 핵무기를 보유하고 있소. 우리는 핵무기를 폐기할 수 없습니다. 핵무기가 있다는 것을 과시, 공개하는 것이나 이전 여부의 문제, 숫자를 늘릴 것이냐 하는 문제는 미국에 달려 있습니다." 미국은 이근이 미리 평양으로부터 훈령을 받고 계획적으로 중국 대표가 없는 기회를 만들어 이런 발언을 했다고 확신했다. 이근이 켈리와 별도의 구석으로 가자마자 최선희(통역)가 따라온 것을 보아도 미리 각본이 짜인 것이라고 믿었다. 바로 이렇게 중국이 듣지 못하는 곳에서 말하는 것은 나중에 발뺌하기 위한 것이라고 해석했다. 이수혁, 『전환적 사건』(중앙북스, 2008), pp.71-72.

대 보상의 협상 틀을 복원하기는 힘들다고 인식하게 되었다. 말하자면 기회의 창이 사라져 감을 절감하게 되었고, 북한은 위기 조성을 통해 새로운 기회를 창출할 필요를 느낀 것이다.

그 이후 부시 대통령은 6자회담 재개 분위기 조성을 위해 5월 31일 'Mr. 김정일'이라는 호칭을 사용했다. 북한은 6월 4일 "백악관 기자회견에서 우리 최고 수뇌부에 대해 〈선생〉이라고 존칭하였다고 한다."라고 하면서 "우리는 이에 대해 류의한다."는 반응을 보였고 7월 10일에는 "6자회담 조미단장 접촉에서 미국은 조선이 주권 국가라는 것을 인정하며 침공 의사가 없다는 것과 6자회담 틀거리 안에서 조미 쌍무 회담을 진행할 립장을 표명하였으며, 우리는 미국 측의 립장 표시를 우리에 대한 미국의 〈폭정의 전초기지〉 발언의 철회로 리해하고 6자회담에 나가기로 하였던 것이다."라고 발표하였다.[51]

2) 북한 내부 상황

2004년 북한은 4월 22일 낮 12시 평안북도 룡천역에서 발생한 열차 폭발 사고의 후유증에서 벗어나기 위해 노력하고 있었다. 150여 명 이상이 숨지고 1,300여 명 이상이 부상을 한 대참사였다.[52] 용천역 폭발 사건 외에 2004년 북한 내부 정세를 흔들었을 것으로 보이는 또 하나의 사건은 김정일의 부인 고영희의 사망이었다. 노동당의 대규모 조직개편 및 그에 따른 인사도 있었다.[53]

---

51 『로동신문』, 2005년 7월 11일.

52 김광용, "남북 관계: 2004년의 평가와 2005년의 전망 -북핵 문제와 북한 내부 사정의 변화를 중심으로-," 『월간 아태지역 동향』, (2005년 1월), p.16.

53 김광용, 위의 논문, p.20.

대외적으로 이라크 후세인 정권의 몰락이 북한의 대외 정책뿐만 아니라 대내 정책에도 지대한 영향을 미친 것으로 보인다. 북한은 미국의 심리전, 선제공격 위협 등이 북한 내부를 흔들 수 있다고 보고 체제를 수호하기 위해 사상전, 선군사상 일색화를 강조하기 시작하였다. 북한의 선군사상 일색화 강조는 북한의 선전 구호에 그대로 반영되었다. 노동신문에 나타난 선군정치 구호는 아래 표에서와 같이 2003년, 2005년에 최고의 빈도를 보여주었다.

〈표 3-3〉 연도별 선군 정치 구호 빈도수 및 비율

구분	1998	1999	2000	2001	2002	2003	2004	2005
빈도수	64	90	161	166	219	288	208	246
비율	5.31	7.62	13.53	13.61	16.32	19.46	18.07	19.60

* 출처 : 권혜진, 『노동신문을 통해 본 북한의 선전 구호 분석』 (이화여대 석사학위논문, 2006), p.41. 비율은 정치 부문 구호 10,024건 가운데 선군 정치 구호 비율이다.

이러한 선군에 대한 강조에 걸맞게 북한의 군사비 규모도 2002년에서 2005년 동안 급증한 것으로 분석되고 있다.[54]

북한의 선군 정치 강조는 인민 전체를 '수령 결사옹위 정신'으로 무장시켜 나가고자 하는 의도였다. 1998년 9월 1일부터 2005년 12월 31까지 북한의 노동신문 사설을 대상으로 '수령 결사옹위'라는 단어를 검색한 결과, 2002년, 2004년에는 이 단어를 포함하고 있는 사설이 전년도에 비해 크게 증가(2004년은 2003년에 비해 42% 증가)했다.

---

[54] 성채기, "북한의 군수 경제와 인민 경제 실태"- 북한 군사경제의 현황과 실제 -(『김정일의 선군 정치와 북한 경제의 전망』, pp. 22-25 (국가안보전략연구소, 2009.10.26).

<표 3-4> 노동신문 사설 중 '수령 결사옹위' 단어 포함 사설 숫자

연도	1998	1999	2000	2001	2002	2003	2004	2005
숫자	8	20	26	33	54	31	44	25

* 출처: 연구자가 조사한 결과

이러한 결과는 핵 위기 발생 이후 북한이 과거보다 내부통제와 결속에 신경을 쓰고 있는 상황을 보여주는 것이다.[55] '수령 결사옹위'와 맥락이 통하는 용어로서 '일심단결'이 있다. 이 용어는 1988년 김일성의 생일을 전후하여 '전당, 전민, 전군의 일심단결'이라는 용어로 공식적으로 사용되었는데[56] 이 용어를 같은 조사 방법으로 검색해도 유사한 결과를 보여주었다.

<표 3-5> 노동신문 사설 중 '일심단결' 단어 포함 사설 숫자

연도	1998	1999	2000	2001	2002	2003	2004	2005
숫자	13	27	34	35	58	47	48	56

* 출처: 연구자가 조사한 결과

해를 넘긴 2005년은 노동당 창건 60주년, 해방 60주년, '선군 영도' 10주년, 6·15 공동선언 발표 5주년이 되는 해로 2004년과는 의미가 다른 해였기 때문에 북한 당국은 선군의 업적을 기리고 그 성과를 선전하는 사업에 더욱 박차를 가했다. 북한은 2004년 12월 31일 선군정치 개시 10주년 기념

---

55 북한은 2004년 퇴폐문화 반입 등 비사회주의 요소에 대한 처벌을 강화하는 내용으로 형법을 개정하였다. 통일부, 『주간 북한동향』 723호 (2004.12.24-30), p.16.

56 김광용, 앞의 논문, p.16.

중앙보고대회를 개최하여 선군정치의 정당성과 위대성을 선전한 데 이어, 2005년 신년 공동 사설을 통해서는 "전당·전군·전민이 일심단결하에 선군의 위력을 더 높이 떨치자"라는 구호를 제시하면서 '선군 혁명 총진군'을 촉구하였다. 이어 2월 2일부터 「선군혁명 총진군대회」를 개최(2.2~2.3)하여 10년간의 선군정치의 경험과 성과를 결산하고, '강성 대국' 건설을 위해 선군의 기치 아래 군민 일치로 '총돌격 전'을 벌일 것을 촉구하면서 선군혁명 총진군의 목적과 의의로 '전 사회·분야의 선군 사상화·선군 정치화'를 강조하였다.[57] 이러한 가운데 북한의 핵보유 선언이 나왔다는 점을 감안하면, 북한의 동 선언은 북한군과 주민들에게 선군 정치의 구체적 성과물로 제시한 것으로 해석할 수 있는 것이다. 김정일 전기에서 "핵보유 선언은 조미 대결전에서의 결승을 확고히 내다볼 수 있게 하는 그야말로 신군 혁녕, 선군 혁명 승리의 포성은 사회주의 강국건설을 위한 승리의 축포였다."[58] 고 의미를 부여하였다. 또한 이 선언은 주민들의 체제 위기감을 고조시키고 대내 분위기를 일신함으로써 내부 단결과 충성심을 고양하는 데에도 기여한 것으로 보인다. 김정일 선군 노선의 정당성을 확보하고자 하는 의도도 분명하다 하겠다. 이것을 한국의 한 정부 당국자는 "1998년 8월 대포동 미사일 시험 발사와 같은 효과를 노렸을 수 있다."라고 말했다.[59]

북한의 핵 관련 입장도 변화하기 시작했다. 북한은 2003년 2월 NPT 탈퇴 성명을 발표하기까지 핵무기 제조 의사가 없다는 점과 평화적 핵 이용권을 강조하는 데 그쳤다. 그러나 이러한 논조는 2003년 3월 이라크전쟁을 계기로 해서 아래와 같이 달라졌다.

---

57 통일연구원, 「통일환경 및 남북한 관계 전망:2005-2006」 (2005.12.31), p.41.

58 김정일 장군 4, p.591; "선군 조선의 핵보유 선언은 뇌성마냥 세계를 진동시켰다"고 썼다. p.158; "김정일 시대의 2005년은 공화국이 세계 최강국의 대렬에 들어섰음을 내외에 과시한 위대한 력사의 해"라고 선전하였다. 김봉호, 「선군으로 위력 떨치는 강국」, (평양: 평양출판사, 2005), p.141.

59 강주안, "핵보유 선언 배경은," 「중앙일보」, 2005년 2월 12일

　　이것은 미국과는 설사 불가침조약을 체결한다고 하여도 전쟁을 막을 수
없다는 것을 보여주고 있다. 오직 물리적인 억제력, 그 어떤 첨단무기에 의
한 공격도 압도적으로 격퇴할 수 있는 막강한 군사적 억제력을 갖추어야만
전쟁을 막고 나라와 민족의 안전을 수호할 수 있다는 것이 이라크전쟁의
교훈이다. …유엔안전보장리사회가 끝내 미국의 대조선 적대시 압살 정책
에 도용된다면 우리는 모든 대화 노력이 파탄되고 정세가 엄중하게 격화되
는 데에 대하여 책임지지 않을 것이며 잠재력을 총동원하여 전쟁의 억제력
을 갖추지 않을 수 없게 될 것이다.[60]

　　임수호와 미찌시따에 따르면 이 성명이 북한이 전쟁 억지력 개념을 제기
하며, 자위적 핵무장 필요성을 언급하기 시작한 최초의 것이라고 한다. 이
때부터 북한은 핵 억지력 보유를 공공연하게 표명하는 것이 자위력을 강
화하는 방편이라는 사고를 내비치기 시작했다.[61]

---

60 「로동신문」, "조선민주주의인민공화국 외무성 대변인 성명," 2003년 4월 7일.

61 장달중 외, 앞의 책, p.106; 미찌시따 나루시게, 앞의 논문, p.485.

<표 3-6> 핵 억제력 관련 북한의 주요 발언

일시	주요 내용
2003. 4. 7	"우리는… 잠재력을 총동원하여 전쟁의 억제력을 갖추지 않을 수 없게 될 것이다."
2003. 4. 18	"이라크전쟁은 전쟁을 막고 나라의 안전과 민족의 자주권을 수호하기 위해서는 오직 강력한 물리적 억제력이 있어야 한다는 교훈을 주고 있다." (폐연료봉 8,000여 개의 재처리 작업을) "마지막 단계에서 성과적으로 진행하고 있다"
2003. 4. 30	"우리는 필요한 물리적 억제력을 갖추기로 결심하고 행동에 옮기지 않을 수 없게 되었다."
2003. 6. 18	"정당방위 조치로써 우리의 자위적 핵 억제력을 강화하는데 더욱 박차를 가할 것"
2003. 8. 13	"미국이 대조선 적대시 정책을 포기하지 않는 한 우리도 핵 억제력을 포기할 수 없게 될 것이라는 것은 명백하다."
2003. 10. 2	"핵시설을 정상 가동하면서 폐연료봉에 대한 재처리를 통해 얻은 플루토늄을 핵 억제력을 강화하는 방향에서 용도를 변경시켰다."
2003. 10. 16	"때가 되면 우리의 핵 억제력을 물리적으로 공개하는 조치가 취해질 것"

* 출처: 연구자가 조사, 작성

여기에서 북한이 말하고 있는 핵 억지력에 대해 알아볼 필요가 있다. 1차 6자회담이 끝나고 나서 이수혁 차관보가 이근에게 "김영일 부상이 기조연설 등에서 핵 억지력이 있다고 언급하면서도, 핵무기 보유는 언급한 적이 없다고 말했습니다. 핵 억지력과 핵무기가 어떻게 다릅니까?" "핵 억지력 보유와 핵무기 보유는 다른 말입니다." 이에 대한 이수혁 차관보의 해석은 "아마도 핵 억지력은 실험되지 않은 핵무기와 핵물질을 포함한 것이고 핵무기는 실험되어서 무기로서 보증된 것을 말하는 것일까?" 하는 것이었다.[62]

이와 같이 북한은 2003년부터 공개적으로 핵보유 의사를 밝히고 핵 개발을 강력히 추진해 왔으며 2005년 2월, 이를 공식 선언하기에 이르렀다고 볼 수 있는 것이다. 이는 북한이 2003년 이전까지는 핵 개발을 하지 않았다는 의미가 아니라[63] 했더라도 비밀리에 했다는 뜻이며, 이때에 와서 공개적으로 추진하기 시작했다는 의미이다.

3) 남북 관계

노무현 정부는 6자회담 공간에서 협상 촉진자(facilitator)의 역할을 자임하며 미국과 북한을 설득하기 위한 적극적 노력을 전개하였다. 이와는 별도로 남북 장관급회담을 통해서도 꾸준히 북한을 설득해 나갔다.

그러던 와중에 2004년 7월, 통일부는 김일성 사망 10주기를 맞아 조문을 목적으로 하는 남측 인원의 방북을 불허했다. 북한 조평통은 이에 대한

---

62 이수혁, 『전환적 사건』(중앙북스, 2008), p.111.

63 2002년 10월 켈리의 HEU 의혹 제기에 대한 북한의 '시인'과 관련, 통역상의 오류설 (박건영·정욱식, 『북핵 그리고 그 이후』, 풀빛, 2007, p.98), 북한의 전략적 발언 (후나바시 요이치, 『김정일 최후의 도박』, 중앙일보 시사미디어, (2007), pp.160-169) 등 견해가 엇갈리고 있다.

비난 성명을 내고 예정되어 있던 남북회담을 중단시켰다. 이어 7월 27~28
일 양일 동안 한국 정부가 베트남에서 468명의 탈북자를 국적 항공기를
통해 입국시키는 사건이 발생했다. 이에 조평통은 또다시 비난 성명을 내
고 남북대화의 문을 완전히 닫아걸었다. 2004년 12월 27일 북한은 조평통
서기국 명의로 참여정부 2년의 반통일 결산서를 내고 남한을 비난하였는
데, 대북 송금 특검으로 6.15의 민족사적 의의 훼손, 민간 추모단의 김일성
10주기 방문 불허, 미국과 합동군사연습 강행, 비상 대비계획 갱신 및 체제
붕괴 추구 등 10가지 사안을 들었다. 북한은 남한에 대한 실망감과 불만을
표출하고 남한에 대해 보다 전향적 대북정책 추진을 압박할 의도였던 것으
로 풀이된다.[64]

　이와 같이 남북 관계가 중단된 상황에서 2005년 2월 10일, 북한은 외무
성 성명을 통해 핵무기 보유 주장 및 6자회담 무기한 참가 중단을 선언하
였다. 이에 한국 정부는 중대 제안을 구상하게 된다. 중대 제안은 "6자회담
에서 북한이 핵 폐기에 합의하면 현재 중단 상태인 KEDO 경수로 공사를
종료하는 대신 우리가 독자적으로 200만kW의 전력을 3년 이내에 북핵 폐
기와 함께 북한에 직접 송전 방식으로 제공하겠다"라는 것으로 핵 문제의
돌파구를 마련하기 위한 노력의 일환이었다.[65]

　2005년 5월 차관급 회담에 이어 정동영-김정일 6.17 면담이 성사되었다.
6.17 면담에서 정동영 통일부 장관은 중대 제안의 내용을 상세히 설명하
고, 한반도 비핵화 원칙은 반드시 준수되어야 한다는 점, 북한이 6자회담
에 조속히 복귀할 것과 핵 폐기에 관한 전략적 결단을 내릴 것을 촉구하였
다. 김정일은 중대 제안에 대해서는 신중하게 검토하겠다고 언급하면서 7
월 중에라도 6자회담에 복귀할 용의가 있음을 밝혔다. 통일 백서에서는 이
중대 제안이 6자회담 재개뿐만 아니라 9.19 공동성명 채택의 유인으로 작

---

64 통일부, 『주간 북한동향』 723호 (2004.12.24-30), p.11

65 통일부, 위의 책, p.20.

용하였다고 평가하였다.[66]

4) 북중 관계

후진타오 시대 중국 정부는 대만 독립 저지와 대내 경제발전을 위해 미국과의 마찰을 최소화한다는 기조하에 북한 핵 문제 등 현안에 대해 보다 적극적 역할을 수행하겠다는 의지를 보여주었다. 2차 북핵 위기가 발생하자 과거 내정 개입에 주저하는 입장에서 벗어나 적극적인 중재 외교에 나섰으며, 6자회담을 성사해 중국의 국제적 위상을 제고하고자 하였다.[67] 중국은 북미 간의 대치 속에서 2003년 3월 8일 첸지천 부총리를 북한에 보내 북·미·중 3자회담을 제안하였다. 중국은 3월 10일 북한이 지대함미사일을 발사한 이후 3일간 북한행 송유관을 3일간 단절시켰다. 그 의도는 분명하지 않지만, 중국은 다른 국가들이 이를 대북 압력으로 해석하는 것을 부인하지 않았다.[68] 이러한 중국의 노력으로 마침내 3자회담이 개최되었다.[69] 북한은 2003년 3자회담 이후 미북 양자 회담을 요구하며 재처리 플루토늄의 무기화를 언급(6.30)하며 위기를 고조시켰으나, 7월 12일 중국 다이빙궈(戴秉国) 외교부 부부장이 방북하여 북한을 설득하자 이를 수용하여 6자회

---

66 통일부, 『2007 통일백서』, p.20.

67 김흥규, "북한 미사일 사태와 중국 외교," 『주요 국제문제 분석』 (외교안보연구원, 2006. 8.26), p.3

68 최용환, 『북한의 핵개발전략분석 및 향후 대응방향』 (경기개발연구원, 2010), p.114.

69 미국의 동북아 전문가인 만수로프는 북한이 3자회담을 개최하는 것에 동의한 것은 북한과 중국 사이의 동맹관계를 재정의하고 북중 관계를 보다 독립적이고 일정 거리를 두고 전체적으로 재정립하는 것을 목표로 하는 복잡하고 비밀스러운 북한과 중국 타협의 산물로 여겨진다고 분석하였다. 오마이뉴스, "북 핵 루비콘을 차분히 건널까," 2003년 4월 25일, http://news.naver.com/main/read. nhn?mode=LSD&mid=sec&sid1=104&oid=047&aid=0000030400 (검색일 : 2013.7.1)

담의 참여를 발표하였다. 제1차(2003.8), 제2차 6자회담(2004.2)이 성과 없이 끝나고 2004년 4월 18일부터 21일까지 김정일은 중국을 방문하여, 6자회담 지속과 중국의 경제지원 확보에 합의하였다. 2003년 북중 간 무역은 10억 불에 이르러 전년 대비 38.6%가 증가하였고, 2004년에는 13억 8천만 불을 기록, 전년 대비 35.4%가 증가했다.[70]

북한의 핵보유 및 6자회담 불참 선언 직후 왕자루이(王家瑞) 중국 공산당 중앙위원회 대외연락부장이 북한을 방문했다. 김정일은 2월 21일 왕자루이 부장을 접견한 후 "앞으로 유관측들의 공동 노력으로 6자회담 조건이 성숙된다면 어느 때든지 회담탁에 나갈 것"이라고 밝혔다. 특히 "미국이 믿을만한 성의를 보이고 행동하기를 기대하고 있다"라고 말했다.[71] 김정일은 북한이 위기 고조를 할 수밖에 없었던 책임을 일단 미국에 돌렸다. 그러나 중국에 대해 하고 싶은 말이 없었을 리 없다. 중국은 대테러전에 적극 협조할 것을 밝히고 이라크전쟁에 대해서도 사실상의 지지로 오해할 만한 입장[72]을 취하기도 하는 등 미국에 기울어져 있다고 보았을 것이다. 북한은 중국을 탓하는 대신 중국이 미국을 설득해야 한다는 점을 강조했을 것으로 보인다. 이때 중요한 것은 북한 편에 서서 그렇게 해야 한다는 것이다.

---

70 허문영·마민호, 『중국의 부상에 대한 북한의 인식과 대응』(통일연구원, 2011), p.193 참조.

71 왕자루이 부장은 후진타오 주석의 메시지를 전달하고 한반도 비핵화 실현과 6자회담 조기 개최를 강조하였다고 한다. 허문영, "북핵보유 선언: 향후 정세 전망과 우리의 정책 방향," KINU 정책연구시리즈 (2005-01, 통일연구원), p.14.

72 장달중 외, 앞의 책, p.107

3. 표적과 청중, 기회의 창

2002년 10월 2차 1단계 핵 위기의 발발은 북한이 사전 충분한 기획을 통한 의도적 위기 조성이라기 보다는 대응적 위기 조성의 성격이 짙다.[73] 미국은, 북한이 HEU 프로그램의 존재를 인정했다고 했지만, 북한은 이를 완강히 부인하였다. 또한 북한의 도발 행위도 미국이 중유 공급을 중단함에 따라 본격적으로 감행되었다. 2002년 12월부터 심화한 북한의 도발은 1993년 1차 핵 위기의 재연 측면이 강했다. 따라서 2차 핵 위기 프로세스에서 본 연구자가 본격 고찰하고자 하는 북한의 의도적 위기 조성 행위는 2003년 4월 자위적 핵무장 필요성을 언급한 이후 이를 공식화한 2005년 2월의 핵보유 선언이라고 할 수 있다.

핵보유 선언의 표적과 주요 청중은 "우리는 이미 부시 행정부의 증대되는 대조선 고립 압살정책에 맞서 핵무기 전파 방지 조약에서 단호히 탈퇴하였고 자위를 위해 핵무기를 만들었다."라고 북한이 2005년 2월 10일 스스로 밝힌 대로 부시 정부의 "대조선 고립 압살 정책"이었다. 부시 정부 출범 이후 북한은 미국의 대북 강경정책을 피부로 느끼고 있었다. 2002년 10월 2차 북핵 위기를 전후한 시기뿐만 아니라 3자회담과 6자회담에서도 미국은 일관되게 선 핵 포기와 CVID를 고수하였다. 2005년 1월 부시 2기 행정부가 출범했지만, 그 정책 방향은 1기와 달라지지 않았음을 느낄 수 있었다. 이러한 상황 전개는 제네바 합의와 같은 제한적 비핵화 대 보상의 협상 틀을 부정하는 정책 기조였으며, 북한식 기회의 창이 닫히는 소리였다.

미국과 함께 북한 내부의 군과 주민도 1차적 청중이었다고 할 수 있다.

---

[73] 최용환은 "사실 2차 핵 위기는 미국이 먼저 문제를 제기하는 방식으로 시작되었다"고 적시하였다. 최용환, 앞의 책, p.105; 물론 북한은 몰래 핵 개발을 계속하면서 제네바 합의를 어기고 있었다.

북한은 2002년 경제 관리개선 조치 실패 이후 경제적 어려움과 내부 불안정이 가중되고 사회불안이 점증하면서 이러한 문제를 헤쳐 나가기 위한 수단으로서 선군정치의 중요성을 강조하고 있었다. 김정일은 군사비 투자를 늘리고 군부대 시찰에 많은 시간을 집중함으로써 군의 사기진작과 절대 충성을 유도[74]하면서 선군정치 10년(2005년)의 성과를 대내외에 보여줄 방안을 궁리하고 있었다.

남한과 중국도 핵보유 선언의 청중으로 고려되었는가. 앞에서 지적했듯이 북한은 남한에 실망했고 남북 당국 간 대화도 끊어진 상태였지만[75] 노무현 정부는 대북 화해 협력 기조를 일관되게 유지했고 민간 교류는 활발하게 진행되었다.

중국도 대테러전 관련 입장, 북핵 중재 외교 과정에서의 북한과 마찰 등이 빚어졌지만 2004년 4월, 3년 만에 김정일의 방중이 성사되어 양국 간 고위급 인사 교류가 다수 이루어지고 있었고 6자회담에서도 북한과 협조 관계를 유지하고 있었다.

종합하면, 북한은 2002년 2차 핵 위기 이후 경수로 공사 중단 등 제네바 합의의 붕괴 과정을 보면서 기회의 창에 생긴 중대한 문제를 인식했고 다자회담에서 그 복원 노력이 성공을 거두지 못하게 되자 핵보유 선언이라는 위기 조성 카드를 꺼내 들었다. 이는 이라크침공 이후 CVID로 대표되는 미국의 위협을 억지하고 제한적 비핵화 대 보상의 협상 틀을 복원할 새로운 기회의 창을 노린 것이라고 할 수 있다. 그러한 기회의 창이 마련되면 거기에서 북한은 증진된 핵 능력을 바탕으로 미국으로부터 체제 인정과 최대한의 경제적 보상을 확보할 수 있을 터였다. 그러나 이러한 설명만으로는 북한이 왜 다른 시기가 아닌 이 시점에 기존의 NCND에서 벗어나 핵보유

---

74 통일연구원, 『통일환경 및 남북한 관계 전망: 2005-2006』 (2005.12.31), p.42.

75 2003년 대북 송금 특검, 2004년 김일성 10주기 조문 문제, 탈북자 남한 송환 등으로 남북 관계가 우여곡절을 겪었다.

선언을 했는지 납득하기 어렵다. 2002년 켈리 특사 방북 시기, 2003년 이라크 침공 시기 등이 오히려 핵보유 선언을 할 유인이 더 크지 않았을까 생각해 볼 수 있다. 북한은 대내적으로 2003년 이후 핵무장 필요성을 비치면서 이러한 목표를 달성하기 위한 내부 여건 조성과 군사비 투자를 한 것으로 추정된다. 또한 6자회담에서 미국과 유관국의 입장을 충분히 들여다 보고, 특히 미국의 입장도 3차 6자회담에서처럼 변할 수 있다는 점을 확인한 다음 부시 행정부 2기 출범 이후 대북정책이 과거로 회귀 될 가능성을 차단함으로써 제한적 비핵화 대 보상이라는 기회의 창을 다시 열기 위해 위기 조성을 진행했다고 보아야 할 것이다.

또한 김정일 선군정치 10년의 성과물을 제시하여 내부의 결속과 동원을 도모할 필요성이 강했기 때문에 이 시점을 택한 것으로 판단된다. 다시 말해 북한의 핵보유 선언은 부시 정부의 "대조선 고립 압살 정책"을 표적으로 제한적 비핵화 대 보상의 협상 틀을 새롭게 창출하고자 하는 외교적 동기 위에 대내 단결과 충성심 동원을 위한 국내적 동기를 동승시킨 결과이다.

2005년 2월 이후 북한은 핵보유국 지위를 기정 사실로 하려고 힘쓰면서 군축 회담을 주장하는 한편,[76] 이를 협상 칩으로 하여 미국과의 협상을 통해 체제 인정을 획득하고 더 많은 경제적 보상과 지원을 확보하는 데 주력하였다. 북한의 핵 포기와 대북 경제협력, 에너지 제공 등 유관국의 상응 조치로 이루어진 9.19 공동성명은 이러한 배경하에서 도출된 것이다.

---

[76] 2005년 3월 31일, 북한 외무성 대변인은, "우리가 당당한 핵무기보유국이 된 지금에 와서 6자회담은 마땅히 참가국들이 평등한 자세에서 문제를 푸는 군축 회담으로 돼야 한다."고 언급했다.

제3절

1차 핵실험

1. 9.19 공동성명 이후 상황

2005년 9.19 공동성명에서 북한은 모든 핵무기와 현존하는 핵 계획을 포기하고 조속한 시일 내에 NPT와 IAEA의 핵 안전조치 협정에 복귀하기로 공약하였다. 대신 유관국들은 북한에 불침공을 약속하고 에너지 지원, 경제협력, 관계 정상화 등 조처를 하기로 하였다. 또한 직접 관련 당사국들이 적절한 별도 포럼을 마련하여 한반도의 영구적 평화 체제에 관한 협상을 갖는다는데 합의하였다.

9.19 성명은 포괄적 합의 내용을 담고 있었으나, 그 내용이 모호한 대목이 있어 당장 성명에 대한 해석상의 문제가 야기되었다. 첫째는 경수로 세공 문제였다. 공동성명 제1조에 따르면, "조선민주주의인민공화국은 핵에너지의 평화적 이용에 관한 권리를 가지고 있다고 밝혔다. 여타 당사국들은 이에 대한 존중을 표명하였고, 적절한 시기에 조선민주주의인민공화국에 대한 경수로 제공 문제에 대해 논의하는 데 동의하였다."라고 합의되었는데, 이에 대한 미국과 북한의 해석은 확연하게 달랐다. 미국은 북한이 "NPT 복귀 후 핵 폐기가 확인되어야 경수로 제공 여부를 검토하겠다"라는 것이었던 반면, 북한 외교부 대변인은 9월 20일 "경수로를 제공받는 즉시 NPT에 복귀하겠다"라고 하여 경수로 제공과 북한의 NPT 복귀의 선후관계에 대해 양국은 완전히 다른 입장을 보인 것이다.[77]

둘째, 9.19 성명의 이행과 관련하여 더 심각한 문제는 미국에 의한 대북 금융제재 문제였다. 미 행정부가 북한이 '미화 100불권 위조지폐'를 제작한 혐의로 북한을 고발한 것이다. 2005년 9월 15일 미 재무부는 북한이 많은 계좌를 가지고 있는 중국 마카오의 '방코델타아시아 은행(BDA)'을 미국의

---

[77] 송민순, 『빙하는 움직인다』(창작과 비평사, 2016), p.193

애국법 제311조에 따라 돈세탁 우려 대상으로 지정하였다. 이에 따라 마카오 금융당국은 9월 28일부터 BDA의 북한 관련 계좌에 예치된 2,500만 불을 동결해 버리게 된다. 미국 재무부는 또한 미국 은행에 북한을 대신하여 돈세탁한 BDA와의 거래에 경고를 발하였다. 이어 미국의 어떤 사람들도 대량살상 무기 확산과 관련된 북한의 기업(8곳)과 거래하는 것을 금지하였다.[78]

북한은 미국과의 협상을 통해 BDA 문제가 해결될 수 있다고 보았으나 미국은 이 문제를 법률적 실무적 문제로 한정하고 북미 양자 대화는 회피하였다. 이렇게 되자 북한은 미국을 압박하기 위한 위협을 고조시키기 시작했다. 2006년 6월 1일 외무성 대변인 담화를 통해 미국에 대해 '초강경 조치'를 경고한 이후 미국 시각 7월 4일 미국의 독립기념일과 우주항공선 발사일에 맞추어 대포동 2호 1기를 포함한 총 7발의 탄도 미사일을 발사하였다. 북한은 보유하고 있는 단·중·장거리 미사일을 모두 발사하여 자신들의 미사일 능력을 최대한 과시하려 했던 것으로 보인다. 유엔은 유엔헌장의 제7장 내용을 삭제한 대북 제재 결의안 제1695호를 통과시켰다.

북한의 이러한 위협이 있었으나, 미국의 금융제재는 지속되었다. 결국 북한은 2006년 10월 3일 외무성 성명을 통해 핵실험 계획을 발표하였고 10월 9일 핵실험을 강행하였다. 이에 대해 유엔안보리는 제1718호 결의안을 통과시켰다.

---

78 미국의 BDA 제재와 관련 상황은 최용환, 앞의 책, pp.126-127 참조

2. 북한의 대내외 정세 인식

1) 미북 관계

북한은 10월 3일 핵시험을 예고하는 외무성 성명에서 "미국의 극단적인 핵전쟁 위협과 제재압력책동은 우리로 하여금 상응한 방어적 대응조치로서 핵 억제력 확보의 필수적인 공정상 요구인 핵시험을 진행하지 않을 수 없게 만들었다"고 선언하였다. 북한은 핵실험 직후에도 외무성 대변인 담화(10.12)에서 "우리가 핵시험을 하지 않으면 안 되게 된 것은 전적으로 미국의 핵 위협과 제재압력책동 때문이다"라고 하였다. 핵실험을 전후하여 북한이 핵실험의 배경으로 공통으로 강조하고 있는 것은 미국의 핵전쟁 위협, 그리고 제재였다.

첫째, 미국의 핵전쟁 위협이란 무엇인가? 미국은 2006년 2월 4년 주기 국방 검토 보고서(Quadrennial Defense Review Report),[79] 3월의 미국 국가안보 전략(The National Security Strategy of the United States of America)[80]에서 폭정이 종식되어야 할 대상으로 북한을 언급하였고, 선제공격의 가능성을 명시한 바 있다. 이와 함께 미국은 대량살상 무기 확산 방지를 위한 검색(PSI), 불법행위 제재 조치(IAI), 인권 개선 압력 조치(HRI) 등 비군사적 수단도 동원하였다.[81] 여기에 6자회담 과정에서 표출된 미국의 CVID는 북한의 정권교체를 전제로 비핵화를 추진하고 있다는 평가를 받을 만큼 북한의

---

[79] US Department of Defense, Quadrennial Defense Review Report (February 6, 2006), p.34.

[80] The White House, National Security Strategy of the United States of America (2006), p.3.

[81] 임동원, 앞의 책, p.707.

굴복을 요구하는 것이었다. 왜냐하면 CVID는 북한 당국의 적극적인 협조 없이는 불가능하기 때문이다.[82] 북한에 새로운 친미 정권이 들어서지 않는 한 CVID에 적극적으로 협조하는 것은 불가능하다. 북한(외무성 대변인)은 "우리의 〈제도전복〉을 노리는 상대와 마주 앉아 제도수호를 위해 만든 핵 억제력(억지력) 포기 문제를 논의한다는 것은 말도 안 된다."라고 반응하였다.[83] 북한은 미국으로부터 직접적 선제공격 위협과 비군사적 방법에 따른 체제전복 위협을 느꼈다고 주장했다.

둘째, 북한이 핵실험을 하게 된 또 다른 요인으로 거론한 것은 제재 압력이었다. 북한이 7월 5일 7발의 미사일을 발사하자 유엔안보리는 대북 제재 결의안 제1695호를 채택하였다. 북한은 7월 16일 외무성 성명을 통해 이를 전면 배격하면서 "우리 공화국은 미국의 극단한 적대행위로 인해 최악의 정세가 도래되고 있는 상황에서 모든 수단과 방법을 다하여 자위적 전쟁 억제력을 백방으로 강화해 나갈 것"이라고 밝혔다. 북한은 이와 같이 UN 제재에 대해 반발하는 모습을 보였지만 북한이 체제 압살의 대표적 형태로 인식한 것은 BDA 문제였다. 5차 6자회담 1단계 회의(2005. 11.9~12)에서 북한은 BDA 문제를 9.19 공동성명 이행의 장애로 간주하면서 이 문제가 해결되기 이전에는 북핵 포기를 위한 논의에 참여하는 것을 거부하겠다는 입장을 강하게 밝혔다.[84] 그러나 미국은 BDA는 북핵 문제와 무관하며, 동

---

82 이에 대해 월츠(Kenneth Waltz)는, "북한에는 핵탄두를 숨기기에 딱 좋은 11,000개의 땅굴이 있다.… 북한은 사찰단이 자기네 국토를 휘젓고 다니도록 허용하지 않을 것이고, 설사 허용한다고 하더라도 핵무기를 숨길만한 장소들을 모두 뒤질 수는 없을 것이다."라고 지적한 바 있다. Kenneth Waltz, "More May be Better," Scott Sagan And Kenneth Waltz, The Spread of Nuclear Weapon : A Debate Renewed (New York : W.W. Norton & Company), p.38.

83 조선중앙통신, 조선민주주의인민공화국 외무성 대변인 담화, 2005년 12월 2일.

84 북한은 2006년 1월 6일 평양방송에서 '미국이 9.19 공동성명에서 합의한 북미 상호 존중 합의를 위반한다며 금융제재 해제를 촉구'하였다. 즉 BDA 제재는 9.19 공동성명 위반이라고 주장한 것이다. 북한의 리근 국장도 "9.19 공동성명에 합의하자마자 미국은 기존 제재의 해제가 아니라 거꾸로 새로운 제재에 즉각 돌입했다"라고 비판하였다. (송민순, 앞의 책, p.206)

은행을 불법 자금 세탁 우려 은행으로 지정한 것은 미 사법당국의 조치라고 대응하였다. 1단계 회의는 이렇게 북미 양국이 대북 금융제재 문제로 대립하면서 실질적인 논의를 진행하지는 못하였다. 회담 이후에 BDA 문제에 대한 북한의 불만은 점점 강도가 높아졌다. 북한은 외무성 대변인 대답을 통해 "지금 미국은 대화를 통한 문제 해결을 표방하고 있지만 실지에 있어서는 고립과 압박을 통한 우리의 〈제도전복〉을 추구하고 있다.… 금융제재 해제는 공동성명 리행을 위한 분위기를 마련하는 데서 근본 문제이며 6자회담의 진전을 위한 필수적인 요구"라고 미국을 비난하며 금융제재 해제를 촉구하였다.[85] 또한 금융제재는 "미국의 대북 적대시 정책의 집중적 표현"이라고 반발하였고,[86] 김계관 수석대표는 "금융은 피와 같은 것이다. 금융이 멎으면 심장이 멎는다"라고 말하기도 하였다.[87] 특히 BDA에 묶인 돈은 김정일의 통치 자금이었기 때문에 북한의 반발 강도는 더욱 강했다. 8월 26일 외무성 대변인 담화에서 "금융제재 해제는 단순히 동결된 얼마간의 자금을 되찾는 실무적 문제가 아니라 6자회담은 물론 9.19 공동성명 리행과 직결된 정치적 문제로서 미국의 대조선 정책변화를 가늠해 볼 수 있게 하는 척도로 된다."라고 금융제재 해제의 의의를 규정하였다. 북한의 반발에도 불구하고 북한에 대한 금융제재는 계속되어 중국 등 세계 24개 금융기관의 대북 거래가 중단되었다.[88]

이러한 미국의 안보 위협과 금융제재는 9.19 공동성명을 통해 열어가고자 했던 북한식 기회의 창을 폐쇄하는 환경변화로 다가왔다. 9.19 공동성명의 성과에 대해 북한은 "미국의 항복서와도 같은 공동성명"[89] "치열하게 벌

---

85 『로동신문』, 조선민주주의인민공화국 외무성 대변인 대답, 2005년 12월 3일, 4면.

86 임동원, 앞의 책, p.707.

87 후나바시, 앞의 책, p.563.

88 최용환, 앞의 책, p.132.

89 『선군태양 김정일 장군 제4부』(평양출판사, 2007), p.559.

어진 조미 핵 대결전에서 련전연승 승전고를 울리는 선군 조선의 위력을 보면서 세계는 선군시대의 위대한 반미투쟁의 기수이시며 천재적 전략가이신 경애하는 김정일 장군님을 모셨기에 그 승리는 확정적이라는 것을 절감하였다"[90]라고 선전하고 있었는데, 북한으로서는 어렵게 열어 놓은 기회의 창이 그대로 닫히는 것을 보고만 있을 수 없다고 판단했을 것이다. 미국으로부터 경제적 보상과 체제인정을 획득하는 것이 북한의 중요한 목표였기 때문에 이러한 내용이 담긴 9.19 공동성명의 성과를 북한에 유리하게 복원하고자 했다. 북한이 미국 측에 평화적 핵 이용권과 그 결과로 경수로 제공을 집요하게 요구했던 것도 그러한 노력의 일환이었다. 2005년 9월 13일 북한의 김계관 부상은 중국의 신화통신과 가진 인터뷰에서 "북한은 평화적 핵 이용 권리가 있으며 이는 다른 측이 부여한 것도 아니고 승인받을 필요도 없는 것"[91]이라고 했고, 9월 20일 외무성 대변인은 "우리는 경수로를 제공하는 즉시 NPT에 복귀하며 IAEA와 담보 협정을 체결하고 이행할 것"인바, "기본에 기본은 미국이 우리의 평화적 핵 활동을 실질적으로 인정하는 증거로 되는 경수로를 하루빨리 제공하는 것"이라고 못 박았다.[92] 그러나 힐 차관보는 9월 19일 "북한의 평화적 이용권을 미리 말하는 것은 사실이 아니라 이론"이라고 주장했고,[93] 라이스 장관은 대북 경수로 제공 논의의 적당한 시점은 "북한의 핵 해체, NPT 복귀, IAEA 안전조치 이행 등이 선행된 이후라고 본다. 그때까지 북한의 평화적 핵 이용은 현존하지 않고 멀리 있는 문제"라고 함으로써,[94] 북한과 정면으로 배치되는 입장을 보

---

90 위의 책, p.561.

91 통일부, 『주간 북한동향 1,000호 기념 CD』, 2005년도, p.1752.

92 중앙방송, 2005년 9월 20일.

93 『한국일보』, 2005년 9월 20일. http://news.hankooki.com/lpage/world/200509/h20050920185 40822470.htm (검색일: 2013.5.12)

94 『The Korea Herald』, 2005. 9.21. http://news.naver.com/main/read.nhn?mode=LSD&mid= sec&sid1=108&oid=044&aid=0000053287 (검색일: 2013.5.12)

였다.

핵실험은 2차 핵 위기를 1차 핵 위기와 구별짓는 대표적인 사건이다. 북한의 핵 위기 조성은 단순한 협상용이 아니라 핵보유라는 목표를 달성하기 위한 수단임이 보다 분명해졌다. 즉 북한이 핵실험을 한 것은 핵보유 목표 하에 추진된 프로그램적 조치였다고 할 수 있다. 1970년에 발효된 NPT가 공식 인정하는 핵보유국은 미국·영국·프랑스·중국·러시아 5개국이며, 인도와 파키스탄은 1998년 핵실험 직후 미국의 경제제재를 받았으나 9.11 테러 사태 이후 핵보유가 묵인되었다. 북한이 핵보유국을 추구하게 된 데에는 '중국 모델'과 '인도 모델'이 영향을 미쳤다고 볼 수 있다.[95] 중국 모델이라고 하는 것은 중국이 허리띠를 강하게 졸라매서라도 원자폭탄과 수소폭탄 그리고 인공위성을 자력으로 개발하려 했던 것을 말한다고 한다. 인도 모델은 처음에는 핵실험을 진행한 것이 국제 사회의 인정을 받지 못하고 심지어 제재받을 수도 있지만 시간이 지나가기만 하면 국제환경의 변화에 따라서 국제 사회의 묵인을 얻게 될 수도 있다는 것이다. 즉 북한은 인도 모델을 따라 국제 사회의 제재에 견뎌 나가면서 핵보유국으로 인정받는 모습을, 중국 모델을 따라 국내적 어려움을 극복하고 핵보유국이 되었을 때 받을 수 있는 혜택을 꿈꾸면서 핵보유를 지속 추진해 가고 있다는 것이다.[96]

이와 같은 핵보유국을 향한 북한의 정책목표는 앞에서 보았듯이 2003년 3월 이후라고 보아야 할 것이다. 아프가니스탄, 이라크전쟁을 목도하면서 북한은 정권 생존의 최후 수단은 대미 전쟁 억제력임을 절감하게 된 것으로 보인다. 제한적 비핵화 vs 보상 틀을 통해 최대한 시간을 벌면서 내부적으로는 핵 개발에 박차를 가했고 2006년에 들어와 핵실험을 할 수 있는 기술적 능력을 갖추게 되었다고 봐야 할 것이다.

---

95 주펑, "제2차 핵실험 이후 북핵 문제 : 중국의 북핵정책과 방향" 배정호 편저, 『오바마 행정부의 출범에 따른 미중 관계의 변화와 한반도』(통일연구원, 2009), p.181.

96 위의 논문, p.181.

2) 북한 내부 상황

핵실험 이전 북한 대내 정세는 경제적 어려움이 지속되는 가운데 후계문제가 현안으로 대두된 상황이었다. 2004년에는 김정일과 고영희 사이에서 태어난 김정철, 김정은의 당내 부상에 걸림돌로 작용할 수 있는 장성택 당 조직지도부 제1부부장이 직무 정지를 당하고 그 주요 측근들이 숙청된 바 있다. 이즈음 김정일은 후계 문제에 대한 논의를 금지하는 한편, 군부대 시찰 시 차남 김정철과 3남 김정은을 대동하고 나타나곤 하였다. 이는 후계 문제에 대한 논의의 금지와 무관하게 향후 이들의 군대 장악을 돕기 위한 것이었다고 해석할 수 있다.[97]

이러한 북한 후계 구축 과정이 북한 핵실험에 직접적 영향을 미친 것은 아니라고 본다. 오히려 김정일의 위대성을 적극 선전함으로써 누가 후계자로 선정되든 위대한 장군님의 결정을 따르게 하려는 정치 동학이 더욱 중요한 요인이었다고 보아야 할 것이다.

김정일의 위대성은 강성 대국 건설 전략과 그 실천 이데올로기인 선군 정치의 성과에 좌우된다고 볼 수 있는데 아래 표의 2006년 경제성장률(-1.1%)에서 알 수 있듯이 북한이 처한 경제적 어려움은 강성 대국 건설의 목표라고 할 수 있는 경제 강국 건설의 전도를 어둡게 하는 것이었다.

〈표 3-8〉 북한의 경제성장률 추이

연도	'99	'00	'01	'02	'03	'04	'05	'06
성장률(%)	6.2	1.3	3.7	1.2	1.8	2.2	3.8	-1.1

* 출처: 한국은행, "보도자료 : 2006년 북한 경제성장률 추정 결과," 2007년 8월.

---

97 정성장, 『현대 북한의 정치: 역사·이념·권력 체계』(한울, 2011) pp.142-143.

2006년의 경제 부진은 여름 집중호우(7.14-16)로 인한 피해, 대북 제재 등이 겹쳐 나타난 것으로써, 북한은 1999년 이후 7년 연속 플러스 성장에서 또다시 감축 성장으로 전환되는 타격을 입게 되었다. 농림어업 생산이 감소한 것이 주요 원인이었다.[98]

북한의 경제적 어려움은 여기에서 그치지 않았다. 2005년 9월 미국의 대북 금융제재는 북한의 대외금융에 타격을 가했다. 북한이 내각을 중심으로 경제 지위와 구조를 재정비하여 경제를 회복시켜 보려고 하는 가운데 대외 결제 창구인 조선 무역은행의 자금줄이 막히게 된 것이다.

둘째는 핵보유 선언 이후 핵 능력 강화에 박차를 가한 결과물을 대내외에 보여주어야 했다. 북한의 한 군인이 말한 대로 "핵무기를 가지고 있다는 선언과 핵실험의 실시는 그것이 담고 있는 내용에 있어서 서로 차원이 다른" 것이다.[99] 북한은 2005년 말부터 2006년까지 수차례에 걸쳐 "미국의 고립 압살 정책이 계속된다면, 핵무기를 포함한 자위적 억제력을 강화할 것"이라고 표현하며 핵 개발에 박차를 가했고 마침내 10월에 이르러 핵실험을 할 수 있는 기술적 수준에 이른 것으로 봐야 한다. 북한은 핵실험 예고 6일 만에 서둘러 핵실험을 했다. 그것은 당 창건 9주년 기념일(10월 10일)에 맞추기 위한 것으로 짐작된다.[100] 이어 북한은 미사일 발사 및 핵실험 이후 평양 김일성 광장에서 평양 시민과 당·군 고위 간부 등 10만여 명이 참석한 가운데 핵실험 성공을 환영하는 평양시 군민대회(10.20)를 가진 데 이어 평안남도, 자강도, 강원도 등지에서 군민대회를 통해 김정일의 위대성을 부

---

98 한국은행, "보도자료 : 2006년 북한 경제성장률 추정 결과," 2007년 8월.

99 『조선신보』, "남을 공격할 의사는 없다," 2006년 10월 17일. 판문점 군인 송정철은 '핵무기는 운반수단에 장착되어야 의미를 가진다. 핵 장착이 가능한지를 명백히 하려면 핵시험을 해야 한다'라고 언급.

100 참고로 김성환 외교부 장관은 20113년 2월 4일 국회에서, 북한의 3차 핵실험 날짜를 전망하면서 북한의 1차 핵실험은 콜럼버스가 미국을 발견한 것을 기념하는 콜럼버스 데이를 노린 것이었다고 해석하였다.

각했다.[101] 북한은 경제적 어려움과 제재로 위축되었을 북한 주민들을 결속시키고 충성심과 노동력을 동원하고자 했다.

요약건대, 북한은 2006년에 들어와 경제가 마이너스 성장으로 돌아서 인민 생활에 타격을 입히고 경제 강국 건설이 멀어지는 상황에 직면했다고 볼 수 있다. 이에 북한 최고지도부로서는 경제난을 겪고 있는 북한 주민들을 다독이고 국제 사회 대북 제재의 부정적 파급효과를 최소화하면서 김정일 중심의 대내 결속을 도모하기 위해 선군정치와 강성 대국의 성과를 실물로 보여주는 이벤트가 필요한 시점이었다. 그러한 성과는 당연히 후계체제 구축 과정이 원만히 진행되는 데도 도움이 된다고 보았을 것이다.

3) 남북 관계

9.19 공동성명 이후 남북 관계는 다시 진전의 계기를 마련했지만, 당시 노무현 정부는 6자회담 레짐 내에서의 남북 관계, 즉 '6자회담보다 반 발짝 뒤처진 남북 관계'라는 입장을 견지하였다.

2006년에 들어와 장관급회담은 2차례 개최되었다. 한국 정부는 북한의 6자회담 복귀와 한반도 비핵화를 토대로 평화와 협력을 제도화하고[102] 이를 위해 북한을 설득하는데 정책의 중점을 두었다. 반면 북한은 남한을 자기 편으로 끌어들임으로써 미국의 대북정책을 견제하는데 무게중심을 두고 있었다. 북한은 이러한 전략하에 먼저 애초 2006년 3월 28일부터 개최될 예정이었던 제18차 장관급회담을, 한미합동군사훈련(RSOI/FE)을 이유로 연

---

101   2006년 10월, 핵실험을 전후하여 군 대대장, 대대 정치 지도원대회를 개최하였다. 김정일이 직접 군 대대장, 대대 정치 지도원대회 참가자들을 만나 축하하고 기념 촬영을 하면서 군심을 다독였다.

102   통일부, 『남북대화』, 2006, p.7.

기를 통보하여 남한의 예봉을 꺾고 초조하게 만들고자 하였다. 장관급회담은 그로부터 20여 일 연기된 4월 21일부터 24일 동안 평양에서 개최되었다.

18차 장관급회담에서 북한은 한미합동군사훈련에 대해 항의하고 불안전한 남북 관계가 외세에 의해 위협당하고 있다고 비판했다. 북한은 모든 합동군사연습 완전 중지, 지역·업종·규모에서 제한 없는 투자와 경제협력 실현, 쌀 50만 톤과 비료 30만 톤 지원 요청, 우리민족끼리 주장을 선전하는 데에 역점을 두었다.[103]

쌍방은 한강하구 골재채취 문제, 공동자원 개발, 철도·도로 개통 문제 등을 경추위에서 협의토록 한다는 것과 납북자, 국군포로 문제를 실질적으로 해결하기 위해 협력한다는 형식적 합의만 하였다.[104]

제19차 남북 장관급회담은 북한의 미사일 발사 직후인 2006년 7월 11일부터 13일까지 부산에서 진행되었다. 남한 측은 북한의 미사일 발사 유감 표명, 6자회담 복귀 문제를 핵심의제로 삼고[105] 이 문제 해결에 모든 노력을 집중한다는 입장으로 회담에 임하였다. 기조 발언을 통해 북한의 미사일 발사에 대한 정부와 국제 사회의 강한 유감과 단호한 입장을 전달하고 북한이 6자회담에 조속히 복귀하여 대화를 통해 문제를 평화적으로 해결해 나갈 것을 촉구하였다.

이에 대해 북한은 정세의 변화에 영향받지 말고 남북 관계 발전과 정세를 위협하는 제반 요인을 제거해 나가자고 하면서 성지·명소·참관지 제한 철폐, 합동군사훈련 완전 중지, 국가보안법 철폐 등 기존 주장을 되풀이하였다. 권호웅 북한 단장은 "선군이 남측의 안정도 도모해 주고 남측의 광범위한 대중이 선군의 덕을 보고 있다"라는 주장도 내놓았다.[106]

---

103 통일부, 『2007 통일백서』, pp.207-210 참조.

104 김형기, 『남북관계 변천사』 (연세대학교 출판부, 2010), p.326.

105 통일부, 『남북대화』, 2006, p.9. 북한은 8개월째 6자회담에 참가하지 않고 있었다.

106 장용훈, "제19차 남북 장관급회담 평가와 전망," 『통일한국』 (2006.8)

양측간 여러 차례의 수석대표 및 실무 대표 접촉을 통해서도 양측의 입장과 주장이 좁혀지지 않자 북한은 회담의 조기 종결을 제의하였고 우리 측도 쌍방의 입장 차이 해소가 사실상 불가능한 상황에서 논쟁만 반복하기보다는 회담을 끝내는 것이 상황에 부합한다고 판단하여, 공동보도문도 없이 회담을 조기 종료하였다.

남한은 북한이 남한과 국제 사회의 거듭된 경고를 듣지 않고 2005년 7월 미사일을 발사한 상황에서 북한에 대해 대규모 지원을 하는 것이 국민적 정서에 맞지 않는다는 점을 감안하여 북한이 요구한 쌀 50만 톤 제공 문제에 대한 논의를 유보하였다.[107] 유엔안보리 결의 1695호를 채택하는 데에도 참여하였다.

북한이 미사일 발사 이후 남북 장관급회담에 나온 것은 무슨 이유였을까? 남한 내부에서는 북한이 미사일을 발사한 마당에 제19차 장관급회담을 해서는 안 된다는 견해가 강력히 제기되었다. 결국 남북 관계의 모멘텀을 유지하기 위해서는 합의된 회담 자체는 계속해야 한다는 이종석 통일부 장관의 주장이 받아들여져 회담은 개최되었으나 회담은 난항을 겪을 수밖에 없었다. 남한은 6자회담 복귀를 내걸었으나 북한은 이에 대답하지 않았다. 북한은 이때 당시 핵실험까지 간다는 로드맵을 가지고 있었음에 틀림없다. 그러면서 북한은 회담에서 대규모 쌀 차관과 경공업 원자재[108]를 제공해 달라고 요청했다. 북한의 이러한 태도를 '북한의 선군으로 남한이 덕을 보고 있다'라는 주장과 연결해 보면 북한은 미사일 발사 등을 통해 미국의 대한반도 위협을 억지하고 평화와 안정을 지켜내고 있으니 남한은 이에 대한 대가로 식량, 지하자원 등 경제지원을 해야 한다는 논리이다. 북한은

---

107 통일부, 『2007 통일백서』, p.23.

108 북한이 관심을 보인 경공업 및 지하자원 개발 협력사업은, 남측이 2006년부터 북측에 경공업 원자재를 유상으로 제공하고 북측은 지하자원 생산물, 개발권, 생산물 처분권 등으로 대가를 상환하는 구조로 되어 있었다. 그 규모는 8,000만 불에 해당하는 것이었다.

이 기간 내내 남북 관계 발전과 함께 민족 공조를 선전함으로써 남한 내 대북지원과 협력 여론을 조성하기 위해 노력하였다. 둘째는 향후 본격적으로 전개할 위기 조성 행위에 앞서 남한이 적대적으로 되지 않도록 최대한 붙들어 놓기 위해서일 것이다. 한미합동군사훈련 중지, 국가보안법 철폐 등을 요구하여 남한에 경고 메시지를 보냄으로써 핵실험 시 남한의 과잉 대응을 견제하기 위한 선수를 쳤다고 볼 수 있다.

4) 북중 관계

북한이 핵실험을 하게 된 중국 측 요인을 고려할 때는 다음 두 가지 사실이 우선으로 중요하다고 본다.

첫째 중국은 북한이 기회의 창을 여는 데 심각한 장애를 조성한다고 인식했던 미국의 BDA 제재에 대해 어떻게 대처했는가 하는 것이다. 2005년 10월, 후진타오 주석은 6자회담 재개라는 의제를 가지고 북한을 방문, 김정일과 정상회담을 가졌다. 이는 2001년 9월 장쩌민 국가주석의 방북 이후 4년 만에, 그리고 후진타오 체제 출범 이후 최초로 북한에서 개최된 북중 정상회담이었다. 북중 정상회담 후 중국은 2005년 11월 초 개최될 5차 6자회담에 북한이 참가할 것이라고 발표하였다. 후진타오 주석은 방북을 통해 중국은 북한의 핵 포기뿐만 아니라 한반도 비핵화 원칙이 준수되어야 한다는 입장을 직접 김정일에게 표시하였다. 이어 2006년 1월 10일부터 18일까지 김정일은 중국을 비공식 방문, 후진타오 주석과의 정상회담을 가지고 북중간 친선 관계 강화를 재천명하고 현안인 6자회담 및 위폐 문제 등을 논의하였다. 이 회담에서 북한은 "한반도 비핵화와 6자회담 지속 입장에는 변화가 없음"을 강조하면서 "6자회담 난관 극복과 회담의 진전 방도를 찾기 위해 중국과 같이 노력할 것"이라고 천명하였다. 중국은 "조선이 자기 나라 실정에 맞는 발전의 길을 모색하는 것을 지지한다"라고 하여 북한식 사회주의 개발 모델지지 입장을 표명하였다.[109] 그러나 북한의 거부로 6자회담은 재개되지 못했다.

당초 애매한 입장을 보이던 중국은 이 시점에 점차 미국 입장으로 기울어지는 모습을 보였다. 북한 위폐 문제를 전담, 조사해 온 미 재무부의 금융 범죄단속반은 2006년 1월 16일 마카오를 방문해 중국 당국과의 협의를 거쳐 BDA 사건을 조사했다.[110] 중국은 2006년 7월경에는 한 걸음 더 나아가 미국과 위폐, 돈세탁, 마약, 테러 등과 관련된 국제범죄에 공동 대처하기로 양해각서를 맺었다.[111] 또한 중국은행(BOC) 마카오지점의 북한 관련 계좌를 동결하는 조처를 했다.[112]

미국에 기울고 있는 중국에게 북한은 미국의 대아시아 정책의 전략적 의미와 중국의 역할, 북한의 전략적 가치를 부각하려고 노력했다. 2006년 3월 노동신문은 국제 사회에서 미국의 일극 세계화를 견제하기 위해서는 중국과 발전도상국의 역할이 중요하다는 점을 강조했다.[113] 2006년 5월 노동신문 사설은 미국의 반동적 아태 전략의 주되는 내용은 북한을 반대하는 전쟁 책동이라고 전제, 아태지역 내 북한의 전략적 위상을 언급하면서, "미국은 이 지역 나라들이 다른 대국들 편으로 기울어지지 못하게" 군사 블록을 구축하고 있다고 주장했다.[114] 여기에서 다른 대국은 물론 중국이다. 따라서 북한과 중국은 미국의 이러한 침략적 의도를 꿰뚫어 보고 함께 단호히 싸워나가야 함을 시사하고 있다. 그러나 앞에서 보았듯이 중국은 미국의 BDA 제재에 협조하고 있었다.

---

109   전현준·김영윤, 『김정일 국방위원장 방중 결산과 향후 한반도 정세 전망』(통일연구원, 2006. 1), p.4.

110   연합뉴스, "미 금융 범죄단속반 방중… 위폐 혐의 주목(종합)," 2006년 1월 20일.

111   허문영·마민호, 앞의 책, p.118

112   연합뉴스, "미 관계자 "중국 인민은행 북 계좌 동결," 2006년 7월 24일.

113   『로동신문』, "세계가 다극화되어 가고 있는 것은 막을 수 없는 추세," 2006년 3월 4일.

114   『로동신문』, "미국의 아시아 태평양 지배 야망의 침략적 본질과 위험성," 2006년 5월 18일.

둘째, 중국이 북 핵실험 이전의 북한 미사일 발사에 대해 어떻게 대처했는가 하는 것이다. 중국 원자바오 총리는 북한의 미사일 시험발사 1주일 전 공식적인 반대 입장을 분명히 밝혔다. 2006년 7월 5일 북한의 미사일 발사 이후 유엔안보리 결의안에도 찬성하였다. 북한의 미사일 발사 실험이 향후 동북아 안정을 훼손할 수 있을 것으로 판단한 것이다. 중국은 7월 10일 중북 우호조약 체결 45주년을 기념하여, 후이량위 당 중앙 정치국 위원 겸 국무원 부총리가 인솔하는 친선 대표단을 평양에 파견, 현지에서 열리는 상호원조조약 체결 45주년 기념행사에 참석도록 했다.[115] 여기에 우다웨이가 급파되어 미사일 발사에 대한 중국의 중대한 우려를 전하는 한편, 추가 미사일 발사 자제, 6자회담 복귀, 9.19 공동성명 존중을 촉구했다. 중국은 미사일 발사에 대한 사전 경고 무시와 통보는 북중 양국의 우호에 반하는 것이라 주장했지만, 북한은 주권 국가로서의 원칙에 바탕한 행동이라며 우호와 원칙을 구분했다.[116] 이때 중국 대표단은 김정일을 면담하지도 못하고 홀대받았다고 한다. 이에 중국은 당초 의장성명 추진에서 결의안 형식을 수용하는 방향으로 입장을 변경했다.[117] 2006년 7월 16일, 북한 미사일 발사에 관한 안보리 결의안(1695호)은 중국을 포함하여 만장일치로 채택되었다. 중국의 안보리 결의안 찬성은 북한에 큰 충격을 주었다. 노동신문은 "유엔을 포함하여 대국들이 북한을 마음대로 하지 못할 것"이라고 발표하여 중국에 대한 강력한 불만을 표시했다.[118]

미사일 발사 실험 이후 북한이 핵실험을 감행할 것이라는 추측 보도가 나오자, 중국은 만약 북한이 지하 핵실험을 감행할 경우 자국의 영향력과

---

115 연합뉴스, 2006년 7월 11일. 지린(吉林)성 출신인 후이 부총리는 농업, 위생, 재해 및 산업 안전 등의 분야를 담당하고 있었다.

116 김태경, "자주와 동맹 사이에서," 『사회과학연구 제28집 1호』(2012), p.17.

117 김하중, 앞의 책, pp.336-337.

118 위의 책. p.338.

위상을 크게 위축시킬 것으로 판단하여 북한의 핵실험을 자제해 줄 것을 강력히 표명하였다. 왕광야 유엔 주재 중국대사는 10월 4일 북한의 핵실험 예고와 관련한 안보리의 비공개 협의가 끝난 후 기자들에게 "북한은 그들이 핵실험을 할 경우 심각한 결과에 직면할 것임을 알아야 한다"고 어느 때보다 강한 메시지를 북한에 보냈다. 중국 정부는 이런 왕 대사의 발언을 통해 북한이 실제로 핵실험을 할 경우 중국으로서도 미국, 일본, 영국, 프랑스 등 서방 국가들의 제재에 동참할 수밖에 없음을 강력하게 경고한 것으로 해석되었다.[119] 이러한 중국의 태도는 북한의 실망을 자아냈다. 북한은 2006년 10월 1일 "창조와 투쟁의 57년 로정"이라는 노동신문 사설을 통해 중화인민공화국창건 57돐을 축하하였는데, 여기에서 연례적으로 표현해 온 '중국이 독립 자주적인 대외정책을 실시했다'라는 구절을 삭제하였다.[120] 북한의 미사일 발사에 대해 UN 안보리 결의안에 동참하는 중국을 향해 '독립 자주적'이라고 칭송하기는 어려웠을 것이다.

북한은 중국과 여러 국가의 만류에도 불구하고 2006년 10월 9일 핵실험을 감행하였다. 중국은 외교부 성명을 통해 북 핵실험에 대해 강력히 반대하였다. 중국은 "북한이 국제 사회의 반대를 무릅쓰고 제멋대로(悍然) 핵실험을 실시했으며, 중국 정부는 단호하게 반대한다."라는 공식성명을 발표하였다. 그리고 유엔의 대북 제재 결의안에 찬성표를 던지는 것으로 대응하였다. 중국은 한반도 비핵화 실현을 위해서는 북한에 대해 외교, 경제적 제재를 가하면서 자국의 강력한 의지를 표현하여야 한다고 판단하였다. 중국은 북한 김정일 정권의 안정도 중요했지만, 그보다는 북한의 핵무장이 향후 한반도와 동북아 안정을 크게 훼손할 수 있다는 우려를 더 중시하여 유

---

119   연합뉴스, 2006년 10월 6일.

120   1998년 이후 중화인민공화국창건기념을 축하하는 노동신문 기사를 검색해 본 결과 1998년, 2006년, 2008년, 2009년을 제외하고는 해마다 중국이 독립 자주적인 대외정책을 실시하였다는 구절이 포함되어 있었다.

엔안보리의 결정과 미국의 입장에 동참하였다.[121]

중국은 북 핵실험이 한반도 비핵화를 정면으로 파괴하는 행위로 간주하여 유엔안보리의 대북 무력 제재를 제외한 외교 및 경제제재를 수용한다는 입장을 나타내었다. 중국의 목표는 두 가지였다. 하나는 무력 사용에 원용될 수 있는 유엔헌장 7장(경제 및 무력 제재 등을 포함한)이 전체로 인용되지 않도록 7장 41조에만 국한하여 북한에 대해 제재하도록 하는 것과 다른 하나는 적절한 제재 조치는 취하지만 전면적인 제재가 되지 않도록 한다는 것이었다.[122]

북한은 유엔의 대북 제재는 북한에 대한 선전포고라고 규정하면서 미국의 자국에 대한 금융제재 문제가 6자회담 복귀의 관건이며 금융제재가 해소되지 않는 한 6자회담에 복귀할 수 없음을 명백히 밝혔다. 이로써 북한이 중국과 군사 협의를 할 가능성은 더욱 적어졌으며, 6자회담에 참가하라는 중국의 중재를 북한이 수용하지도 않을 것임을 예고한 것이다. 이는 중국이 미국을 설득하여 금융제재 문제를 해결하라는 북한의 요구로도 해석할 수 있다.

중국은 한편으로는 유엔안보리 결의에 따른 대북 제재를 서서히 추진하면서 북한의 6자회담 복귀를 위한 미국, 러시아, 북한 설득에 나섰다. 리자오싱 중국 외교부장과 탕자쉬안 국무위원이 움직였다. 중국과 러시아는 유엔안보리 대북 제재 결의안의 시행 기간이 정해져 있지 않지만, 이는 무기한 적용되는 것이 아니라는 데 의견 일치를 보았다. 그러나 중국의 이러한 중재 노력은 빛을 발하지 못했다. 오히려 북한은 국제 사회의 설득을 북한

---

121 허문영·마민호, 앞의 책, pp.116-117.

122 이와 관련, 김하중은 유엔안보리 결의안 채택 후 중국은 "결의안 내용이 각 측의 관심과 우려를 균형적으로 반영했으며 앞으로 결의 이행 과정에서도 이러한 균형을 유지해야 한다"고 말함으로써 자신들이 원하던 내용이었음을 암시했다고 한다. 김하중, 앞의 책, p.341.

에 선전포고한 미국의 각본이라고 반박했다.[123] 중국 외교부 대변인은 중북 관계가 동맹국인지에 대한 질의에 대한 답변에서 중국이 북한의 동맹국이라는 언급에 반대하며, 중북 관계는 국제관계 원칙상 건립된 정상적인 국가 간의 관계라고 답변했고 이어 중국 외교부는 2007년 발표한 2006년도 외교 백서에서 그전까지 중북 관계를 "전통 우호 협력관계"라고 표기하던 것을 "선린우호 관계"로 수정했다.[124] 김정일이 중국의 대북 제재 참가에 대해 중국을 신뢰할 수 없다고 언급하였다면[125] 이러한 북중 관계 흐름에 대한 북한의 강한 불만을 보여주는 것이라고 볼 수 있을 것이다.

3. 표적과 청중, 기회의 창

　북한은 미국의 대북 위협과 미·중간 협조하에 진행되는 BDA 제재에 강한 문제의식을 느끼고 있었다. 이는 북한의 피포위 의식을 일깨웠으며 김정일 통치 자금이 문제 되었기 때문에 북한 내 지배층 사이에는 위기감이 감돌았을 것이다. 2005년 11월 개최된 5차 6자회담 1단계 회의에서 북한은 금융제재 해제를 근본 문제로 설정하고 미국과의 협상을 요구하였으나 미국의 입장을 변화시키지 못했다. 북한은 6자회담 참가 문제를 레버리지화하여 6자회담 참가를 거부하면서도 미국이 제공한 위폐 및 대량살상 무기 관련 기업 제재 문제에 대한 설명회(뉴욕, 2006년 3월 7일), 이어 일본 동경에

123　당시 북중 관계에 대해서는 장공자, "북한의 대중 협상전략과 우리의 대응전략," p.103 참조.

124　김하중, 앞의 책, p.343. 이 책에 따르면, 중국이 중북 관계를 정상적인 국가관계로 발표한 것은 역사상 처음이었다고 한다.

125　이태환, "북한 미사일 발사 후 북중 관계," 『정세와 정책』(2006년 9월호), p.13.

서 개최된 동북아 협력 대화(4월 9-13일)에 참가하여 금융제재 문제를 정치적으로 풀어나가려고 하였으나 이 또한 실패하였다.

이러한 사태 전개는 북한에게 9.19 공동성명 상의 유리한 성과 확보가 점점 더 어려워져 가는 것을 의미했다. 9.19 공동성명을 통해 갖게 된 북한식 기회의 창이 설치되자마자 심각한 문제로 인해 열 수조차 없는 상황이 되어 가고 있는 것이었다. 북한이 관철했다고 생각했던 평화적 핵 활동, 경수로 확보, 체제인정, 평화 체제 구축의 길은 BDA 문제로 인해 첫걸음을 떼기도 전에 좌초될 운명에 처한 것이었다.

북한은 2006년 6월 1일 크리스토퍼 힐을 평양으로 초청하는 북한 외무성 대변인 명의의 담화를 발표했다. 북한은 "핵 포기 문제와 함께 쌍무관계 정상화, 평화공존, 평화협정 체결, 경수로 제공 등 공동성명 초안들을 〈동시 행동〉 원칙에 따라 충분히 론의할 준비가 되어 있다."라고 밝히고, "우리는 미국이 진실로 공동성명을 리행할 정치적 결단을 내렸다면 그에 대하여 6자회담 미국 측 단장이 평양을 방문하여 우리에게 직접 설명하도록 다시금 초청하는 바이다." "미국이 우리를 계속 적대시하면서 압박 도수를 더욱 더 높여나간다면 우리는 자기의 생존권과 자주권을 지키기 위하여 부득불 초강경 조치를 취할 수" 밖에 없다.[126] 라고 협박하였다. 그러나 미국의 힐 국무 차관보는 평양을 방문하지 않았다. 이처럼 9.19 공동성명의 성과 확보를 통한 북한식 기회의 창을 여는 일이 난관에 부딪히자, 북한은 BDA 제재 문제 해결을 압박하면서 자신은 NPT 복귀 및 IAEA 안전조치 이행을 최대한 늦추고(제한적 비핵화), 경수로 등 자신이 받기로 되어 있는 보상을 최대한 확보하기 위해 위기 조성 카드를 빼든 것으로 보인다. 한편 미국의 정책변화를 요구하는 국제 사회의 목소리도 커져 북한의 기대를 높였

---

126 조선중앙통신, 2006년 6월 1일.

다.[127] 11월 7일 미국 중간선거에서 민주당이 승리하면 문제 해결은 더욱 용이해질 것이라는 점도 염두에 두었을 것이다.[128] 즉 북한은 부시 정부의 대북정책을 위기 조성의 표적으로 삼는 동시에 미국 조야를 주요 청중으로 설정하였다.

북한은 내부의 군과 주민도 핵실험의 청중으로 보고 있었음이 분명하였다. 2003년 이후 공개적으로 추구해 왔던 북한의 핵보유국 목표는 점점 더 현실에 가까워지고 있었다. 반면 여름 집중호우(7.14-16)로 인한 피해, 대북 제재 등이 겹쳐 경제가 마이너스 성장으로 돌아서는 등 경제난이 심화하는 가운데 핵보유 선언 이후 진전된 성과물을 통해 군부와 주민의 충성심을 끌어내고 동원하기 위한 필요성은 증대되었다. 김정일의 권위가 훼손되고 체제 결속에 부정적 영향을 줄 수 있는 미국의 대북 제재를 그대로 둘 수 없는 내부 사정도 가세했다. 이에 북한은 핵실험이 핵 억제력을 가지게 된 징표이고, 핵 억제력을 가지게 된 것은 "그 누구도 건드릴 수 없는 불패의 국력을 갈망하여 온 우리 인민의 세기적 숙망을 실현한 민족사적 경사였다."[129] 라고 선전하며, 선군의 논리 아래 인내해야 했던 북한 주민들을 결속시키는 조치의 일환으로 활용하였다.

다음 청중은 미국의 핵 정책에 협조하고 있던 중국이었다. 중국은 미국이 북한에 대해 금융제재를 취하고 있는 상황에서 북한을 적극적으로 옹호하거나 북한과 공동 대응을 취한 것이 아니라 미국의 입장에 동조하는 듯한 제스처를 취해 북한을 자극하였다. 중국은 2006년 7월 중국은행 마카오지점의 북한 관련 계좌를 동결하는 조치를 했다. 또 미국과 위폐, 돈세

---

127 이태섭, "북한의 6자회담 복귀 대 미국의 대북 금융제재 해제 : 과연 누가 먼저 양보할 것인가," 새로운 코리아 구상을 위한 연구원 (2006. 9. 11), p.7

128 남만권, "북 '6자회담 복귀' 결정의 전략적 배경," 『동북아안보정세분석』 (국방연구원, 2006.11.16), p.2.

129 『로동신문』, 신년 공동사설, 2007년 1월 1일.

탁, 마약, 테러 등과 관련된 국제범죄에 공동대처하기로 양해각서를 맺었다. 아울러 2006년 1월 김정일의 중국 방문 과정에서 약속받았던 대규모 지원이 집행되지 않은 상황도 중국에 대한 실망과 불신을 더했을 것으로 보인다.[130] 특히 중국이 미사일 발사 후 대북 제재에 동참한 것은 충격적인 것이었다. 북핵 문제 관련 미중 간의 긴밀한 협조는 북한의 방기 우려를 높이고 있었다.

북한은 남한에 대해서는 가능한 한 적대적으로 만들지 않기 위해 노력한 것으로 보인다. 이를 위해 북한은 미사일 발사를 전후하여 제18차 장관급회담, 제19차 장관급회담에 잇달아 참가, 북한의 위기 조성이 남한을 겨냥한 것이 아니라는 점을 강조하고, 오히려 남한이 '선군의 덕'을 본다고 주장하였다. 또한 식량 등 경제지원을 요청하면서 민족 공조를 강조했다.[131]

종합하면, 북한의 1차 핵실험은 2003년 이후 핵보유국 지위 확보라는 목표를 향해 계속 핵 프로그램을 개발해 왔고 2006년에 와서 핵실험을 할 기술적 여건을 갖춘 상황에서 부시 정부의 대북정책을 표적으로 한 고강도 위기 조성을 통해 대미 협상을 복원하여 대북 제재를 해제하고 제한적 비핵화를 하는 대가로 9.19 공동성명상의 보상물을 노린, 말하자면 북한식 기회의 창을 열기 위한 시도였다.[132] 북한은 핵실험 이후 6자회담 재개에 동의하고 베를린 북미 협상(2007년 1월) 성사, 테러지원국 해제 요구와 함께 2.13 합의를 통해 성과 확보에 나서게 된다. 또한 북한은 중국을 핵실험의

---

130 허문영·마민호, 앞의 책, p.118.

131 남한은 미사일 발사로 북한의 지원 요구에 대해 소극적이었으나 8월 19일 적십자 실무 접촉에서 긴급 수해복구 지원 차원에서 쌀 10만 톤, 복구 자재 장비 등을 북한에 지원하기로 했고, 다음날, 이러한 지원계획을 발표하였다. 북한은 이같은 남한의 입장을 보면서 핵실험을 하더라도 남한이 대북 지원의 끈을 완전히 끊지는 않을 것이라는 기대를 했을 것으로 보인다.

132 북한은 중장기적으로는 핵보유국 지위를 획득한 바탕 위에서 제한적 비핵화의 한 형태인 핵 군축 협상을 노려볼 동기를 가지고 있었을 것이다. 김주삼, "핵실험 이후 북한의 내부 체제 결속과 북미 관계 변화," 『동북아연구』, 조선대 동북아연구소, Vol.21, No.2, p.145.

청중으로 해서 중국의 대북 방기를 억지하고 관심과 지원을 획득하고자 하였다. 위기 조성을 통해 중국으로 하여금 북한의 전략적 의미를 인식하도록 하고 중국을 미국으로부터 떼어 내어 북한 편으로 되돌리고 싶었던 것이다. 나아가 북한 내부적으로 경제난을 겪고 있는 북한 주민들을 다독이고 국제 사회 대북 제재의 부정적 파급효과를 최소화함으로써 체제 결속과 동원을 도모하기 위한 국내적 동기도 고려하였다.

2006년 10월 31일 북한은 중국의 중재로 북·미·중 3자 비공식 회담에 참여하여 '편리한 시기에 6자회담을 조속히 재개'하는 데에 동의하였다. 2006년 11월 미국 중간선거에서 부시의 공화당이 참패하였다. 이에 따라 부시 행정부 내 럼스펠드 국방 장관과 볼턴 유엔대사 등 네오콘들이 물러났다. 부시는 대북 적대 정책에서 포용 정책으로 입장을 급선회하였다. 2006년 12월 18-22일 북경에서 제5차 6자회담 2단계 회의를 거쳐[133] 2007년 1월 16~18일 베를린에서 김계관-힐 회동이 열렸다. 북한은 베를린 회동 종료 다음 날인 2007년 1월 19일 외무성 대변인 기자 답변을 통해 "베를린 회담에서 일정한 합의가 이루어졌으며, 우리는 핵 문제에서 걸린 문제 해결을 위해 조선과 미국이 직접 대화를 진행한 데에 대해 주의를 돌렸다"라는 반응을 보였다.[134]

이 같은 북미 베를린 합의에 따라 제5차 6자회담 3단계 회담이 2007년 2월 8일~13일 북경에서 개최되어 2.13 초기 단계 조치 합의문을 도출하였다. 합의문의 핵심은 ① 북핵 시설 폐쇄·신고·불능화 ② 중유 100만 톤 상당의 대북 에너지 지원 ③ 5개의 W/G 구성 등이다. 이 합의에 따르면 4월에 북한은 불능화 단계에 들어가야 했다. 그러나 북한은 BDA의 동결 자금 문제가 완전히 해결되지 않았다고 하면서 불능화 조치를 지연시켰다.

---

133 제5차 2단계 6자회담에 대해서는 최용환, 앞의 책, p.135 참조.

134 조선중앙통신, 2007년 1월 19일.

이 문제는 결국 러시아까지 관여하여 2007년 6월에 가서야 해결되었다. BDA 문제가 해결됨에 따라 북한은 한국 정부의 중유 제공 시점에 맞추어 5개 핵시설에 대한 폐쇄, 봉인 조치를 개시하였다.

제4절

2차 핵실험

1. 10.3 합의 이후 정세 흐름

2007년 9월 27일~29일, 제6차 6자회담 2단계 회의에서 '9.19 공동성명 이행을 위한 제2단계 조치'(이하 10.3합의)에 대한 합의가 도출되고 10월 3일 6자회담 참가국들에 의해 최종 승인되었다. 10월 2일부터 평양에서는 남북 정상회담이 개최되고 있었다. 북한의 김계관 부상이 평양에서 10.3 합의 내용을 남북의 양 정상에게 브리핑했다. 10.3 합의 가운데 한반도 비핵화와 북한과 관련국 간의 관계 정상화 문제, 대북지원과 관련된 주요 사항은 다음과 같다.

첫째, 북한은 9.19 공동성명과 2.13 합의에 따라 포기하기로 되어 있는 모든 현존하는 핵시설을 불능화하기로 합의하였다. 영변의 5MW 실험용 원자로, 재처리 시설(방사화학실험실) 및 핵 연료봉 제조 시설의 불능화는 2007년 12월 31일까지 완료될 것이다. 둘째, 북한은 2.13합의에 따라 모든 자국의 핵 프로그램에 대해 완전하고 정확한 신고를 2007년 12월 31일까지 하기로 합의하였다. 북한은 핵물질, 기술 또는 노하우를 이전하지 않는다는 공약을 재확인했다. 셋째, 북한과 미국은 양자관계를 개선하고 전면적 외교 관계로 나아간다는 공약을 유지한다. 북한을 테러지원국 명단에서 삭제하기 위한 과정을 개시하고 또 북한에 대한 대적성국교역법 적용을 종료시키기 위한 과정을 진전시켜 나간다. 넷째, 2.13 합의에 따라, 중유 100만t 상당의 경제·에너지·인도적 지원이 북한에 제공될 것이다.

이로써 북한은 제한적 비핵화 vs 보상이라는 북한식 기회의 창을 열기 위한 또 하나의 세부 협상 틀을 마련한 것이다. 이 합의에 따르면 북한은 2007년 12월 말까지 현존하는 핵시설을 불능화하고 모든 핵 프로그램을 정확하게 신고해야 했지만, 북한은 합의 시한을 넘겨 2008년 6월 26일 플루토늄 보유량(37kg) 등을 적시한 핵 신고서를 6자회담 의장국인 중국에 제출하였고 미국은 6월 26일 북한에 대한 적성국 교역법 적용을 종료하였다. 북한은 6월 27일 6자회담 참가국 방송사를 영변으로 초청한 가운데 영변 5MWe 원자로의 냉각탑을 폭파하였다. 그러나 북한은 미국이 테러지원국 해제를 하지 않는다는 이유로 8월 26일 핵 불능화 중단을 선언하였다. 미국이 2008년 10월 11일 북한을 테러지원국에서 해제하면서 협상 국면이 다시 조성되었으나 12월 6자회담 수석대표 회의에서 북핵 검증 의정서 채택에 실패함으로써 북핵 문제는 오바마 행정부로 넘어가게 되었다.

북한은 오바마 행정부에 대한 관계 개선의 기대감을 가졌으나 정책 재검토의 시간을 기다리지 못하고 곧바로 대미 강경 태도로 전환하였다. 북한은 2009년 2월부터 로켓 발사 움직임을 대외에 시위하기 시작한 것이다. 북한은 2월 7일, "평화적 우주의 이용권은 누구나 갖고 있다"라고 말하고 "우리나라도 국제 사회의 일원으로서 우주 진출의 선택권, 우주 과학기술 경쟁에 착수하는 권리가 있다"라고 말했다.[135] 이어서 2월 24일 인공위성 발사계획을 공표했다.[136] 이러한 가운데 북한은 오바마 미국 대통령이 프라하에서 '핵 없는 세상' 구상을 발표하던 4월 5일 장거리 로켓(광명성 2호)을 발사하였다. UN 안보리는 4월 13일 북한의 탄도 미사일 발사에 대한 비난과 함께 이것이 2006년의 핵실험 후에 채택된 탄도 미사일 개발 중지를 요구한 안보리 결의 1718호에 위반한다고 명기한 의장성명을 채택하였다.

그러나 북한은 4월 14일 안보리 의장성명을 비난하는 외무성 성명을 발표, 6자회담을 거부하고 미사일 발사를 계속하겠으며 불능화되었던 핵시설을 원상 복구함과 아울러 "자위적 핵 억제력을 백방으로 강화해 나갈 것"이라고 밝혔다. 4월 29일에는 외무성 대변인 성명을 통해 유엔안보리가 의장성명에 따라 "우리의 자주권행사인 평화적 위성 발사"를 걸어 "반공화국 제재"를 감행하였다고 비난하면서 안보리가 "즉시 사죄하지 않는 경우 우리는 첫째로 공화국의 최고 리익을 지키기 위하여 부득불 추가적인 자위

---

135 『로동신문』, 2009년 2월 7일.

136 『로동신문』, 조선우주공간기술위원회 대변인 담화, 2009년 2월 25일.

적 조치들을 취하지 않을 수 없게 될 것이다. 여기에는 핵시험과 대륙간 탄도미싸일 발사 시험들이 포함되게 될 것이다."라고 경고하였다.[137] 5월 8일 외무성 대변인은 오바마 행정부의 대북정책이 부시 정부와 다를 바 없다고 비난하면서 "이미 밝힌 대로 핵 억제력을 더욱 강화해 나갈 것"이라고 밝혔다.[138] 마침내 5월 25일 오전에 함경북도 길주군 풍계리에서 핵실험을 했다. 2006년 10월 9일 1차 실험을 한 후 2년 7개월 만이었다.

북한은 조선중앙통신 보도를 통해서 "이번 핵시험은 폭발력과 조종 기술에 있어서 새로운 높은 단계에서 안전하게 진행되었으며 시험 결과 핵무기의 위력을 더욱 높이고 핵기술을 끊임없이 발전시켜 나갈 수 있는 과학 기술적 문제들을 원만히 해결하게 되었다. 이번 핵시험의 성공은 강성 대국의 대문을 열어제끼기 위한 새로운 혁명적 대고조의 불길을 세차게 지펴 올리며 150일 전투에 한 사람같이 떨쳐나선 우리 군대와 인민을 크게 고무하고 있다."라고 선언했다.[139]

북한의 핵실험에 대해 유엔안보리는 6월 12일 제1874호 결의안을 통과시켰다. 1874호 결의안에서는 북한의 핵실험에 대하여 2006년의 1718호 결의안보다 비난의 수위를 높여 "가장 강력하게" 규탄한다고 명시하였다. 또 내용도 제1718호보다 무기 금수, 화물검색, 금융제재 분야에 걸쳐 제재를 대폭 강화하였다.[140]

---

137 『로동신문』, 조선민주주의인민공화국 외무성 대변인 성명, 2009년 4월 30일.

138 『로동신문』, 조선민주주의인민공화국 외무성 대변인 대답, 2009년 5월 9일.

139 『로동신문』, 2009년 5월 26일.

140 무기 금수 대상은 소형 무기를 제외한 모든 품목이며 기국의 동의하에 금수 품목 수송 의심 선박에 대해 공해상에서 검색을 명시하였다. 금수 품목 발견 시 압류 및 처분 조치를 가능하게 하였다. 금융제재와 관련하여 미사일개발에 도움이 될 수 있는 금융 또는 기타 자산 및 자원의 이전 동결을 포함한 금융거래를 차단하도록 규정했다. 모든 회원국은 인도주의와 개발 목적을 제외하고는 새로운 공여나 금융지원, 양허성 차관을 제공하지 말 것을 촉구한다고 명시하고 있다.

2. 북한의 대내외 정세 인식

1) 미북 관계

북한의 대미 인식을 분석하기 위해 오바마 행정부 출범을 전후하여 북한이 미국과의 관계에서 열고자 했던 북한식 기회의 창이 어떤 상태에 놓여 있었는지 알아볼 필요가 있다. 그 기회의 창은 10.3 합의상의 제한적 비핵화 대 보상의 협상 구도라고 앞에서 언급한 바 있다. 10.3 합의 이행 과정에서 관건은 북한이 제출한 신고서에 대한 검증문제였다.[141] 즉 미국은 핵 신고서에 명시된 대상은 물론 그 밖의 의혹 시설, 지역에 대한 불시 검증과 시료 채취 등 과학적 검증 방법을 요구했지만, 북한은 고강도 검증을 최대한 완화하고자 한 것이다.

북한이 2008년 6월에 제출한 핵 신고서 내용에 대한 평가 및 검증 방안 등을 논의하기 위해 2008년 7월 10일에서 12일까지 베이징에서 6자회담 수석대표 회의가 개최되었다. 이 회의에서 합의한 검증 관련 내용을 보면, 9.19 공동성명에 따라 한반도 비핵화 검증을 위한 검증 체제를 수립기로 하고, 검증단은 6자의 전문가로 구성, 비핵화 실무그룹에 보고하도록 규정하였으며, 검증 방법으로는 시설 방문, 문서 검토, 인터뷰 및 6자가 만장일치로 합의한 기타 조치를 포함하기로 하였다. 또한 검증 과정에 IAEA의 자문, 지원 역할 제공을 환영하였으며, 검증의 구체적인 계획과 이행은 전원 합의의 원칙에 따라 비핵화 실무그룹에서 결정토록 하였다.[142] 이 회의

---

[141] 10.3 합의에는 북한의 핵 프로그램 신고 내용에 대한 검증 방법이 명시되어 있지 않았다.

[142] 외교통상부 홈페이지, 제6차 6자회담 수석대표회의 언론 발표문 (2008. 7. 12). http://www. mofa.go.kr/webmodule/htsboard/template/read/korboardread.jsp?typeID=6&boardid=247&seqno=314461&c=&t=&tableName=TYPE_DATABOARD&px=&dc=&wc=&lu=&vu=&iu=&du (검색일: 2013. 4.22)

에서도 '검증 체제 수립'이라는 원칙적 합의 이외에는 구체적 진전을 이루지 못한 것이다.

이러한 상황이 이어지자, 미국은 8월 11일 예정된 테러지원국 해제 발효를 보류하였다. 북한은 2008년 8월 26일 영변 핵시설 불능화 조치를 중단할 것임을 선언하고[143] 불능화 조치가 진행 중이던 영변 핵시설 복구작업을 개시하였다. 다급한 상황에서 10월 1일부터 3일까지 힐 미 국무부 차관보가 방북, 북한과 협의를 갖고 차기 6자회담 시 6자간 합의를 전제로 한 검증 관련 잠정 합의에 도달하였다. 즉 미국은 북한의 신고서를 중심으로 검증 작업을 하고 이어 우라늄 농축 프로그램(UEP)이나 미신고시설 문제 등은 북한의 동의를 전제로 순차적으로 검증한다는 원칙에 합의한 것이다.[144] 이에 따라 미국은 10월 11일 북한에 대한 테러지원국 지정 해제 조치를 발효시켰다. 이와 함께 미국과 6자회담 참여국들은 검증과 관련 시료 채취 등을 더 포함한 문건을 채택할 것을 요구하였다. 이에 대해 북한은 "검증 대상은 영변 핵시설, 검증 방법은 현장 방문, 문건 확인, 기술자들과의 인터뷰로 한정되며 검증 시기는 10.3 합의에 따른 경제 보상이 완전무결하게 완료된 이후로 한다"고 주장하여 미국 등의 요구를 일축하였다.[145]

---

143 조선중앙통신, 2008. 8. 26 "9.19 공동성명 리행의 두 번째 단계 행동 조치들을 규제한 10.3 합의에는 우리가 핵 신고서를 제출하고 미국은 우리 나라를 〈테러지원국〉 명단에서 삭제할 의무가 포함되어 있다. 우리는 지난 6월 26일 핵 신고서를 제출함으로써 자기 의무를 리행하였다. 그런데 미국은 우리 핵 신고서에 대한 검증 의정서가 합의되지 않았다는 〈리유〉로 약속된 기일 안에 우리를 〈테러지원국〉 명단에서 삭제하지 않았다. 이것은 합의에 대한 명백한 위반이다. … 첫째, 10.3 합의에 따라 진행 중에 있던 우리 핵시설 무력화 작업을 즉시 중단하기로 하였다. 이 조치는 지난 14일 효력이 발생되었으며 이미 유관측들에 통지되었다. 둘째, 우리 해당 기관들의 강력한 요구에 따라 녕변 핵시설들을 곧 원상대로 복구하는 조치를 고려하게 될 것이다."

144 미 국무부는 시료 채취(sampling) 절차를 이용하는 데 합의했다고 발표했으나 11월 11일, 북한은 문서로 된 검증합의서에는 시료 채취에 관한 합의가 없었다고 주장하였다.

145 조선중앙통신, "10.3 합의 이행이 지체되고 있는 책임을 우리에게 넘겨씌우려는 세력들 비난 담화," 2008년 11월 12일.

2008년 12월 8일~10일 열린 6자 수석대표 회의에서는 검증 의정서 채택 문제, 비핵화 2단계 마무리를 위한 불능화 및 경제 에너지 제공 이행 문제, 동북아 평화, 안보 지도 원칙안 등에 대해 논의하였으나 북한은 시료 채취를 포함한 과학적 검증 절차를 거부, 검증 의정서가 체결되지 못하였다. 2009년 2월에 들어와 북한 총참모부 대변인은 검증문제는 "비핵화가 최종적으로 실현되는 단계에 가서 조선 반도 전체에 대한 검증이 동시에 진행되어야 한다."[146]는 입장을 밝혔다. 북한은 검증 없이 불능화 단계를 끝내고 싶었던 것으로 보이는데 이는 제한적 비핵화를 원하는 북한의 속내를 잘 보여주는 대목이다. 경제 에너지 제공 이행도 더 이상 진행되지 못하였다.[147] 결국 9.19 프로세스[148]는 '10.3 조치'의 마지막 관문인 '검증' 문제의 고비를 넘지 못하고 다시 중단되었고, 대북 에너지 제공 등 북한이 바라는 보상도 끊기게 되었다. 이는 북한식 기회의 창이 닫히게 됨을 의미했다.

둘째, 오바마 정부의 대북정책에 대한 북한의 선부른 기대가 실망으로 전환되었다. 특히 북한으로서는 김정일의 건강 악화 이후 시간이 부족하다고 인식하고 있었기 때문에 새로 출범하는 오바마 정부와 협상을 통해 조속한 시일 내에 기회의 창을 복원하기를 기대했다. 2009년 1월, 오바마 대통령은 취임사(1.20)에서 '핵 위협' 해소를 천명하였다. 미국이 직면하고 있던 핵 위협은 핵보유 강대국 간의 핵전쟁의 가능성으로부터 오는 위협이 아니라 오히려 '불량국가'의 핵 프로그램 개발 추진과 더불어, 테러리스트가 핵무기 또는 핵물질을 확보할 경우 초래될 수 있는 재앙에서 오는 위협이었다. 이에 오바마 행정부는 '핵무기 없는 세계'의 비전속에서 북한과 이

---

146 조선중앙통신, "이 대통령 비난 중통 기자와 회견," 2009년 2월 2일.

147 통일부에 따르면 2008년 12월까지 우리 정부는 우리가 부담하기로 한 20만 톤 가운데 초기 단계 5만 톤, 그다음 단계 중유 9.5만 톤 상당의 에너지 관련 설비 자재를 제공하는 데 그쳤다. (통일부, 『2009 통일백서』, 2009년 6월 26일), p.37

148 9.19 프로세스란 9.19 공동성명과 그 후속 조치 합의들인 2.13 합의 및 10.3 합의를 통칭하는 개념으로 사용한 장달중 외의 주장에 따른다. 장달중 외, 앞의 책, p.37.

란으로의 핵확산 방지를 외교 안보 분야의 국정 최우선 과제로 삼고 있었다. 이를 위해 NPT 체제 강화, 핵확산 방지 구상(PSI) 강화, 그리고 러시아 및 핵보유국의 핵 감축 실현을 추진한다는 계획을 내세웠다. 즉, 이란과 북한의 핵 문제 해결에 우선적으로 집중하여 핵확산을 방지하면서 러시아와의 협력을 통해 궁극적으로 '핵무기 없는 세계'를 추구하겠다는 입장이었다.[149]

이러한 핵 정책을 바탕으로 오바마 행정부는 "터프하면서 직접적인 외교"를 천명하여 북핵 협상에 적극적으로 나설 뜻을 분명히 밝혔다.[150]

힐리리 클린턴 미 국무장관은 2월 13일 뉴욕 아시아 소사이어티에서 연설을 통해, "북한 당국은 모든 핵무기를 포기하고 핵확산금지조약 체제(NPT)의 조기 복귀를 약속했다. 우리는 북한에게 그러한 약속을 지키도록 계속 요구할 것이다."라고 하면서 "북한이 진정으로 완전히 그리고 검증할 수 있게 핵무기 프로그램을 폐기할 준비가 되어 있다면, 오바마 행정부는 양국 관계를 정상화하고 한반도의 오랜 휴전협정을 항구적인 평화협정으로 대체하며 그리고 북한 주민들의 에너지 및 여타 경제적 요구를 충족하기 위해 지원할 용의가 있다."[151]는 입장을 밝혔다. 클린턴 국무장관이 제시한 대북 협상의 기본구도는 그동안 오바마 행정부 주변에서 논의되었던 포괄적 협상 방안을 제시한 것으로, 북한이 미국에게 요구한 근본 문제를 비롯한 경제지원까지 과감히 수용한 '패키지딜' 방식이다.[152] 이는 북한이 좀 더 전향적인 태도로 핵을 포기할 준비를 보인다면 미국도 적극적으로 미북 관계 정상화를 추진할 수 있다는 메시지로써 '북한의 핵 완전 포기'를

---

149 조민, "오바마 행정부와 북한 핵 문제: 대타협이냐, 대파국이냐," 통일연구원, 『북핵 문제 해결 방향과 북한 체제의 변화 전망』(KINU 학술회의 총서 09-01, 통일연구원), pp.8-10.

150 The Obama-Biden Transition Team, "The Obama-Biden Plan" (2008.11.18.) http://change.gov/agenda/foreign_policy_agenda 에서 검색(검색일: 2013. 4. 21)

151 http://www.state.gov/secretary/rm/2009a/02/117333.htm(검색일: 2013. 4.21)

152 최용환, 앞의 책, p.159.

전제로 미북 관계 정상화 등을 추진할 수 있다는 기존의 '선 핵 포기' 입장과는 다르다고 볼 수 있다. 클린턴의 '2·13 제의'는 2005년의 '9·19 공동성명'과 2007년의 '2·13합의'의 합의 사항을 상기시킨다. '9·19 공동성명'에서 이미 관계 정상화, 경제협력, 평화 체제 협상 등이 합의된 바 있고 2007년의 '2·13 합의'를 통해 핵시설 불능화 합의를 도출했었다. 클린턴의 동 제의는 북한이 미국에 대해 오랫동안 주장해 온 요구 사항을 패키지로 묶어서 미국 국무장관이 직접 제의하였다는 점에서 의미가 크다.[153]

오바마 행정부는 이러한 의제를 논의할 협의의 포맷으로 6자회담을 고려하고 있음을 밝혔다. 6자회담은 부시 행정부 기간에 고안된 다자 틀이었다.[154] 북핵 문제와 관련하여 오바마 대통령은 취임 후 이명박 대통령과의 첫 통화에서 6자회담에 대한 긍정적 입장을 표명했다.[155] 힐러리 클린턴 국무장관은 "북한과의 6자회담은 필수적" "6자회담 내에 (북미) 양자 회담이 있었다"라고 하여 북핵 문제 해결을 위해 6자회담의 토대 위에 북미 양자 회담을 적극적으로 활용할 수도 있음을 시사했다.[156] 이처럼 오바마 정부는 북핵 문제 해결을 위해 6자회담의 기본적인 틀을 유지하면서 미북 간 양자 회담을 활용하겠다는 뜻을 밝힌 것이었다.[157]

북한은 이러한 오바마 정부의 대북정책에 대해 어떠한 기대를 갖고 있었을까. 첫째, 6자회담, 북미 협상은 조만간 재개될 수 있다고 파악했을 수 있다. 왜냐하면 앞에서 보았듯이 오바마 대통령과 클린턴 국무장관이 일관되

153　조민, 앞의 논문, pp.14-16.

154　부시 행정부 후반기에 6자회담은 북·미 양자 회담에 종속되어, 북·미 협상 내용을 추인하는 역할을 주로 수행하였다.

155　청와대 대변인브리핑, "李 대통령, 오바마 美 대통령과 전화 통화," 2009년 2월 3일.

156　미국 힐러리 국무장관은 상원 외교위원회 인준 청문회(2009. 1.13)에서 "북한의 핵 개발 계획을 완전하고 검증 가능한 방식으로 제거하기 위해 6자회담과 양자 간 직접 외교 추구" 입장을 천명하였다.

157　조민, 앞의 논문, pp.16-17.

게 6자회담의 개최, 양자 회담을 공약하고 있었기 때문이다. 둘째, 6자회담, 양자 협상이 개시되면 여기에서 미국과 포괄적 협상을 벌일 수 있을 것으로 기대했을 것이다. 클린턴이 아시아를 순방하면서 포괄적 패키지 딜을 제시했기 때문이다. 이러한 관점에서 북한은 2009년 1월 중순에 벌써 대미 협상의 우위를 점하기 위한 선제적 입장 표명을 하기도 하였다. "미국의 핵 위협이 제거되고 남조선에 대한 미국의 핵우산이 없어질 때 가서는 우리도 핵무기가 필요 없게 될 것이다. 이것이 바로 조선 반도 비핵화이며 우리의 변함없는 립장이다. … 적대 관계를 그대로 두고 핵 문제를 풀려면 모든 핵 보유국이 모여 앉아 동시에 핵 군축을 실현하는 길밖에 없다"[158]며 이제는 핵 군축 회담을 해야 한다는 호기를 부렸다. "미국과의 관계 정상화가 없이는 살아갈 수 있어도 핵 억제력이 없이는 살아갈 수 없는 것이 조선 반도의 현실이다. 우리는 미국과의 관계 정상화가 없이도 수십 년을 살아왔으며 지금도 끄떡없이 살아가고 있다. 관계 정상화와 핵 문제는 철두철미 별개의 문제이다. 우리가 갈망하는 것이 있다면 조미 관계 정상화가 아니라 우리 민족의 안전을 더욱 믿음직하게 지키기 위한 핵 억제력을 백방으로 강화하는 것이다."라고 하면서[159] 핵을 쉽게 포기하지 않을 것임을 대외에 과시하였다. 이 언급에서 주목할 대목은 직설적으로 '핵 억제력을 백방으로 강화하는 것이다'라고 하지 않고 굳이 '우리가 갈망하는 것이 있다면 조미 관계 정상화가 아니라'라는 말을 앞에 덧붙였다는 점이다. 핵 억제력 강화라는 목표를 강조하기 위한 어법일 수도 있지만 조미 관계 정상화를 위한 협상을 강력히 원한다는 속내를 무의식중에 드러낸 것일 수도 있다. 셋째, 북한은 미국 조야에서 흘러나오는 핵보유국 인정 발언을 들으면서 추가적인 핵실험을 통해 핵보유국 지위를 확실히 받아야 하겠다고 판단했을 수 있다. 오바마 정부 출범 초기 미국 정부의 국방 및 안보 관련 부서에서

---

[158] 외무성 대변인 성명, 2009년 1월 13일.

[159] 외무성 대변인 성명, 2009년 1월 17일.

여러 차례 북한을 '핵보유국'으로 언급한 적이 있었는데, 이에 대해 북한은 "최근 발표된 미 국방성 년례보고서는 아시아 대륙에 이미 5개의 핵무기보유국이 있다고 하면서 중국, 인디아, 파키스탄, 조선, 로씨아를 차례로 밝혔다. 미국이 정부 보고서에서 조선민주주의인민공화국을 핵무기보유국으로 공식 인정하고 발표한 것은 이번이 처음으로 된다"라고 하였으며[160] "얼마 전 미 국방성이 우리나라를 아시아 대륙의 5대 핵무기보유국의 하나로 명기한 보고서를 발표한 데 이어 미 국방장관도 최근 한 출판물에 기고한 론문에서 〈조선은 여러 개의 핵폭탄을 만들었다〉고 밝혔다. 한편 미 국가정보위원회도 최근에 발표한 〈세계 추세 2025〉라는 전망보고서에서 우리나라를 〈핵무기보유국〉으로 표기하였다. 세계의 많은 나라 통신, 신문, 방송들은 이에 대하여 〈미 국방정책을 총괄하는 국방 장관이 조선의 핵폭탄 제조를 기정 사실화하여 언급한 것은 이번이 처음〉, 〈(단순한 실수)가 아니라 미군 당국의 종합적이고 철저한 분석에 따른 결론일 수 있다〉 등으로 광범히 보도하면서 미국은 조선민주주의인민공화국이 절대로 핵무기를 포기하지 않을 것이라는 판단 밑에 핵무기를 가진 조선과 공존하기로 정책변화를 한 것 같다고 평하였다."라고 소개하였다.[161]

　미 국방·안보 관련 기관의 북한 '핵보유국' 언급 내지 보고는 기술적, 안보 전략적, 군사 전술적 차원에서의 현실적 평가를 반영한 것으로 이해할 수 있다.[162] 말하자면 북한을 '핵보유국'으로 공식적으로 인정하는 것이 아니라, 기술적 측면에서 현재 보유한 플루토늄 추정량에 근거하여 복수의 핵무기를 보유한 상태로 파악해야 한다는 입장이다. 물론 핵보유의 '실체'

160　『로동신문』, "미국이 우리나라를 핵무기보유국으로 발표," 2008년 12월 11일.

161　조선중앙통신, 2008년 12월 17일. 2009년 1월 23일에도 "그 보고서가 우리나라를 비공식적인 핵무기보유국으로 인정받고 있는 인디아와 파키스탄과 같은 범주에 포함시킨 것으로 된다고 평하였다"라며 외신들의 반응을 소개.

162　박영호, "미 안보기관 '북 핵무기 보유' 언급 6가지 이유 있다." 2009년 2월 12일. http://www.dailynk.com/korean/index.php

와 핵보유의 '인정'은 다르다. 미국을 비롯한 국제 사회는 북한을 핵보유국으로 인정하지 않고 있다. 이와는 조금 다른 각도에서 미국 정부 일각에서 나온 북한의 핵보유론은 북한의 능력을 인정하겠다는 의미가 아니라 북한과의 협상 무용론, 북한의 핵 불포기론을 강조하는 언급이라는 분석도 있다.[163]

그러나 북한이 오바마 정부 초기에 가졌던 기대와 평가는 시간이 가면서 어긋나기 시작하였다. 오바마 행정부는 아직 대북정책을 검토하고 있는 단계였으며, 북한의 연이은 도발로 북한과의 대화에 나서기 어려운 사정을 안고 있었다. 북한은 오바마 행정부에 대해서 초조감과 불만을 표시하기 시작했다. 3월 6일 중앙통신은 "미군이 침략전쟁 연습 계획을 철회하지 않는 한 북 인민군은 미국의 적대시 정책이 변하지 않았다고 판단할 것"이라고 하였고, 4월에는 백악관에 몇 가지 위협을 담은 메시지를 보냈다. △핵폭탄 폭발 △미국에 도달할 수 있는 대륙간탄도미사일 개발 △경수로형 원자로 개발을 위한 우라늄 농축 등이 주요 내용이었다.[164] 북한은 곧바로 이러한 내용을 외무성 대변인 성명(4월 29일)을 통해 밝혔다. 5월 8일 외무성 대변인 회견에서는 "오바마 행정부 출범 후 100일을 지켜본 데 의하면 대북 적대시 정책에는 조금도 변화가 없다는 것이 명백"해졌다고 실망감을 표출하고 있다. 사실 오바마 정부의 대북정책이 대통령으로 선출된 후 보수화된 것은 북한의 도발적 행위에서 비롯된 것이었다. 오바마가 대통령으로 취임하고 겨우 1개월이 지난 2월 24일 북한은 인공위성 로켓 발사를 예고하였는데 이는 오바마 정부를 주춤거리게 하기에 충분했다. 오바마는 대선 운동 기간에 약속했던 김정일과의 정상회담을 포기하고 임기 내내 이에 대

---

163 장달중 외, 『북미 대립-탈냉전 속의 냉전 대립』(서울대학교 출판문화원, 2011), p. 280.

164 연합뉴스, "베이더 회고록... 2009년 핵, 미사일 위기 비화 소개," 2012년 3월 9일.

해 한 번도 언급하지 않았다.[165]

오바마 행정부가 북한에 대해 단기간에 유화적 반응을 보일 가능성은 낮아지는 가운데 4월 5일 북한의 미사일 발사에 대한 대북 제재 등 단호한 대응은 가중되어 북한의 불만을 고조시키고 있었다. 핵실험 이후 북한 외무성 대변인이 "우리의 이번 핵시험은 천추에 용납될 수 없는 유엔안전보장 리사회의 강도적 행위에 대처하여 우리가 세상에 공개한 데 따라 취한 자위적 조치의 일환이다"라고 하며 유엔안보리의 강도적 행위, 즉 대북 제재를 핵실험의 원인으로 거론한[166] 것은 이러한 배경에서 비롯된 것이다. 북한의 장거리 로켓 발사 후 미국과 일본은 안보리 결의안 채택을 추진하였고 중국과 러시아의 반대에 부딪혀 결의안 채택에는 실패하였지만, 강력한 의장성명에 합의하였다. 동 성명은 대량살상 무기 프로그램 관련 품목과 일부 재래식 무기, 사치품에 대한 수출통제와 대량살상 무기 관련 자금과 금융자산의 동결 및 관련 인사의 여행 제한을 명시한 유엔 결의안 1718호 8항의 시행을 촉구하였다.

미국은 로켓 발사 전에는 북한의 의도가 미국의 관심을 끌려는 것으로 파악하고 차분히 대응하였다. 로버트 게이츠(Robert Gates) 국방부 장관은 3월 29일 북한의 미사일 사거리가 아직 알래스카에 미칠 능력이 안 된다고 평가하며 이를 요격할 계획이 없음을 밝혔다. 발사 이틀 전 보스워스(Stephen Bosworth) 특별대표는 "압박이 가장 생산적인 접근법은 아니며 인센티브가 결합해야 한다"라고 하면서 북한과의 대화 의지를 표명하였다. 그러나 북한의 로켓 발사 후 미국의 반응은 예상보다 훨씬 강하였다. 미국이 강경한 태도를 보인 것은 미국 국내 정치적 요인도 있었지만, 기본적으로

---

165 백학순, 『오바마 정부 시기의 북미 관계 2009-2012』 (세종연구소, 2012), pp.21-24. 이 책에 따르면, 북한은 로켓 발사를 저지하기 위한 미국 등의 노력을 비웃으며 4월 5일 전 세계 사람들이 오바마의 '핵무기 없는 세상 만들기' 연설을 듣기 위해 기다리고 있는 동안 로켓 발사를 함으로써 만인이 지켜보고 있는 가운데 오바마에게 모욕을 주었다고 하였다.

166 조선중앙통신, 외무성 대변인 담화, 2009년 5월 29일.

미사일 발사에 대한 한국과 일본의 단호한 태도에 호응한 측면도 있었다. 발사 이틀 전 개최된 한·미 정상회담에서 미국은 한미 공조를 공언하였고, 유엔안보리 의장성명 채택과정에서는 일본과의 긴밀한 협력을 과시하였다.[167]

2) 북한 내부 상황

이 시기 북한은 갑작스러운 김정일의 건강 이상 속에 후계 체제가 구축되지 않은 정치 상황에 처해 있었다. 김정일은 2008년 8월 중순 무렵 '뇌졸중' 증세 이후 50여 일간 두문불출했다. 이와 관련 2008년 하반기 내내 국내외적으로 김정일 '와병'과 관련해서 '사망설'부터 '중병설'까지 다양한 분석이 등장하였다. 이후 김정일은 이러한 외부의 시선을 의식, 그의 건재를 과시하기 위하여 무리한 현지 지도를 계속하였다. 9월을 제외하고 10월 2회, 11월 8회, 12월 13회의 현지 지도를 실시, 2008년 한 해 동안 총 95회의 외부 활동을 벌인 것으로 집계돼 2007년 86회, 2006년 99회와 비슷한 수준을 보였다.[168]

2009년에 들어와 북한은 후계 구도 정착 과정을 원활하게 관리하기 위한 노력을 강화하였다. 2009년 3월 8일 북한은 최고인민회의 제12기 대의원 선거를 하여 687명의 대의원을 새로 선출하고 4월 9일 최고인민회의 제12기 제1차 회의에서 김정일을 국방위원회 위원장으로 재추대하고 주요 인사를 단행했으며 헌법을 수정하였다. 헌법 수정의 주요 내용은 선군사상을 주체사상과 함께 통치 이념으로 명문화했고 국방위원장 및 국방위원회의

---

167 유엔안보리의 제재와 북한의 반응에 대해서는 최진욱, "유엔안보리 의장성명과 북한의 반응," 『통일연구원 Online Series』(통일연구원, 2009), pp.1-2; 정성장 앞의 책, p.150 참조.

168 임순희 외, "2008년 하반기 북한 정세분석('08년 7월~12월)," (통일연구원, 2009.1), p.3.

권한을 강화한 점이다. 국방위원회에도 중요 정책 수립권, 국가기관 감독 통제권을 새로 부여하여 국방위원회 중심의 국정 운영체제를 강화했다. 이에 앞서 군 수뇌부 인사를 단행하여 인민무력부장에 김영춘을, 총참모장에 대장 이영호를 임명했다. 김영춘과 이영호의 임명은 후계 체제 구축 및 군조직 일신, 내부 정비 차원에서 단행된 것으로 보였다.[169] 2009년 봄, 김정일 건강 문제로 인한 내부 분위기를 일신하고 후계 구도에 정당성을 부여하기 위해서는 무언가 군과 주민을 설득할 수 있는 가시적 성과가 필요하였다. 그것은 또한 북한이 1998년부터 선전해 온 강성 대국이라는 목표에 부합해야 했다. 그러한 의미에서 미사일 발사와 핵실험은 김정일이 최고인민회의에서 국방위원장으로 재추대되고 최고 영도자로 규정되는 행사에 걸맞은 이벤트였다.

북한은 김정일의 건강 문제에서 비롯된 정치 일정 때문에도 조바심이 들었지만 동시에 북한이 공개적으로 설정한 강성 대국의 로드맵으로부터도 시간 압박을 받고 있었다. 북한은 2007년 말 국내 정책의 방향과 관련하여 중요한 정책 결정을 대내외에 알렸다. 2007년 12월 전국 지식인대회에서 북한은 "김일성 탄생 100돌에 강성 대국 대문을 열자"는 구호를 내건 것이다.[170] 강성 대국 건설의 목표시한을 처음 공개적으로 제시한 것이다. 이어 2008년 신년 공동 사설에서 "2012년에는 강성 대국의 대문을 활짝 열어 놓으려는 것이 우리 당의 결심이고 의지"라고 선전하였다. 2008년 12월 24일 김정일은 평안남도 천리마제강연합기업소를 시찰하고, "2012년까지 강성 대국의 대문을 활짝 열어제끼려는 것은 당과 인민의 확고한 결심이고 의지" "강성 대국 대문을 열 기간은 이제 불과 4년밖에 남지 않았고, 또 허다

---

169   2009년 북한 정치 동향은 통일연구원, 『통일환경 및 남북한 관계: 2009-2010』 (통일연구원, 2010), pp.55-58 참조.

170   『로동신문』, "축하문 : 전국 지식인대회 참가자들에게" "전체 지식인들은 위대한 수령 김일성 동지의 탄생 100돐을 계기로 강성 대국의 대문을 열어제끼려는 당의 웅대한 구상을 높이 받들고," 2007년 12월 1일.

한 난관과 시련을 이겨내야 하지만 인민의 창조력과 새 기술로 장비된 주체 공업의 뒷받침이 있는 한 승리는 확정적"이라며 "고난의 행군, 강행군의 나날에 더욱 억세진 자력갱생의 위용을 발휘해 강성대국 건설을 앞당겨야 한다."라고 강조하였다.

이른바 김정일의 "주체적인 강성 대국 건설 방식"은 "사상의 강국을 만드는 것부터 시작하여 군대를 혁명의 기둥으로 튼튼히 세우고 그 위력으로 경제건설의 눈부신 비약을 일으키는 것"이다. 사상, 군사 강국을 우선 건설하는 방식은 선군정치의 정당성을 강화하였다. 북한은 미사일 발사, 핵실험 등 무기 개발에 더욱 자원을 투입할 수 있게 되고 어느 정도 성과를 거두었다고 주장할 수도 있었다. 그러나 거기까지였다. 사상 강국, 군사 강국으로의 발돋움이 경제 강국에 순기능적으로 작동하지 않았기 때문이다. 개혁개방 없이 사회주의 정치, 경제체제를 유지하면서 경제 강국을 건설한다는 것은 불가능하다. 더욱이 북한은 국제 사회와의 협력을 거부하고 핵무기 개발과 도발을 일삼음으로서 유엔안보리 등 국제 사회의 촘촘한 제재를 받고 있어 경제건설에 필요한 자원과 재원을 마련할 수 없는 상황이었다. 남은 방법은 사상의 선차적 측면과 핵, 미사일 등 군사 부문에서의 성과를 강조함으로써 북한 주민들의 자발성과 노동력을 동원하는 수밖에 없다. 이러한 맥락에서 2010년 북한의 신년 공동 사설은 미사일 발사와 핵실험에 대해 "우리가 자체의 힘과 기술로 인공지구위성 광명성 2호를 성과적으로 발사하고 제2차 지하 핵시험을 성공적으로 진행한 것은 강성 대국 건설에서 장쾌한 승리의 첫 포성을 울린 역사적 사변"이고 "강성 대국의 대문을 두드리는 놀라운 사변"이라고 의미를 부여하였다.

이렇게 주민들에게 자긍심을 부여한 바탕 위에서 북한은 150일 전투에 주민들을 동원하기 위해 애썼다. 북한은 2차 핵실험을 처음 보도한 조선중앙통신사 보도 때부터 이번 핵실험이 강성 대국의 대문을 열기 위한 새로운 혁명의 불길을 세차게 지펴 올리고 150일 전투에 나선 인민을 고무하고 있다고 강조하였다. 핵실험 바로 다음 날에는 핵실험 성공을 경축하는 평양시 군중대회를 성대히 진행하였다. 150일 전투는 2009년 봄에 "모든 부문, 모든 단위에서 생산을 정상화하고 최고 생산년도 수준을 돌파하기 위한 투쟁을 힘 있게 벌려 대혁신, 대비약을 일으키기" 위해 전개되었다.[171] 이를 통해 북한 주민들에 대한 국가의 통제력을 강화하고 국가가 동원할 수 있는 내부 자원의 규모를 극대화하여 건설, 식량 생산 등 부문에서 강성 대국 건설의 가시적 성과를 보여주고자 한 것이다.[172]

150일 전투는 북한 핵실험이 후계 구축과 연결되는 고리였다. 왜냐하면 150일 전투는 북한 내부 노력 동원의 캠페인인 동시에 후계자 김정은의 주도하에 이루어지고 있었기 때문이다. 북한의 핵실험을 후계 구축과 연계하여 보면서도 조금 다른 각도에서 설명하는 연구도 있다. 즉 북한 정권은 2차 핵실험을 하면 국제 사회가 북한에 엄청난 비난과 제재를 가할 것이라는 점을 예상했으면서도 도발을 감행했는데, 그 이유는 김정일이 자신의 미래 계승자인 아들 김정은에게 풍성한 유산을 남겨 주기를 원했기 때문이라는 것이다.[173] 즉, 핵 능력을 추구하면서 반드시 부담하게 될 국제적 위험이 모두 김정은에게 누적되는 것을 피했다는 것이다. 악역을 모두 김정일 자신이 담당함으로써 김정은이 계승했을 때 상대적으로 안정된, 그리고 북한이 이미 핵을 보유한 상황에서 미국의 직접적 군사 공격을 피할 수 있는 해결책을 가지게 된 여건에서 각종 외교 대화와 협상을 처리할 수 있을 것으로 기대하였다는 것이다.

---

171 2009년 5월 4일 노동신문은 "혁명적 대고조의 불길 드높이 150일 전투를 벌여 올해를 강성 대국 건설 역사에 특기할 만한 해로 되게 하자"고 촉구하였다. 150일 전투와 관련 2009년 1월 1일 신년 사설에서도 김정일의 발언을 인용, "전후 천리마 대고조를 일으키던 그때처럼 온 나라 전체 인민이 당의 두리에 한마음 한뜻으로 굳게 뭉쳐 강성 대국의 대문을 열기 위한 진군의 나팔을 불며 총공격전을 과감히 벌려 나가야 합니다"고 하여 노력 동원을 예고한 바 있다.

172 김종수, "북한 대중운동 연구 : 권력승계 측면에서 비교한 '150일 전투'와 '70일 전투'를 중심으로," 『사회과학연구』제18집 1호 (서강대학교 사회과학연구소, 2010년 2월), p.167.

173 주펑, 앞의 논문, pp.180-181.

북한의 핵실험은 북한의 후계자 구도와도 직접적인 상관이 없고 북한의 핵보유 전략에 따른 것이라는 반론도 있다.[174] 2006년 10월에 1차 핵실험을 했으므로 군사 기술적 관점에서 더욱 정밀도 높은 핵탄두를 만들기 위해 다시 한번 핵실험을 하는 것은 필수 불가결하였다. 특히 1차 핵실험은 사실상 실패한 핵실험으로 이를 근거로 핵보유국 지위를 주장할 수는 없었다. 따라서 보완 핵실험을 통해 핵무기 설계와 성능을 확인하고 그 성공을 배경으로 핵보유국 지위 확보를 더욱 강력하게 주장하려고 했다는 것이다.[175] 그러나 2차 핵실험을 통한 북한의 핵보유 추구 전략이 당시 후계 구도와 직접적 관련성이 있는지는 단정하기 어렵지만, 김정은이 주도한 150일 전투 등을 통해 북한 내부를 관리하고 주민을 동원할 수 있는 효과적 방법으로 작동된 것은 분명하다 하겠다.

3) 남북 관계

2008년 2월 출범한 이명박 정부는 북핵 문제가 한반도 평화를 위협하고 남북 관계 진전을 가로막는 가장 근본 요인이라고 인식한 바탕 위에서[176] 비핵·개방·3000 구상을 내세우며 북한에 대한 포용보다는 보편적 원칙의 확립에 초점을 맞추고 있었다. 북한은 비핵·개방·3000 구상에 대해 선핵

---

174 조민, "북한 핵실험과 동북아 전략 구도," 『통일연구원 Online series』 (2009.5.26.), p.3

175 전봉근, "북핵 협상 20년의 평가와 교훈," 『한국과 국제정치』 제27권 제1호 (2011년 통권 72호), p.201.

176 이명박 대통령은 2008년 2월 26일 통일부 업무보고에서 "가장 중요한 남북한 정신은 1991년에 체결된 기본 합의서"라며 "기본 합의서에는 한반도의 핵에 관한 것들이 들어 있는데 북한도 한반도 비핵화를 위해 이미 비핵화 정신에 합의한 바 있다"라고 지적했다. 이 대통령이 6.15와 10.4선언 대신 기본 합의서의 중요성을 강조한 것은 6.15와 10.4 선언을 사실상 부정한 것으로 해석되었다. 노컷뉴스, 2008. 3.27 http://www.nocutnews.co.kr/show.asp?idx=785916

포기론, 시대 매국론, 북침 전쟁론으로 비난하였다.[177] 이러한 가운데 이명박 대통령은 2009년 3.1절 기념사에서도 선 핵 문제 해결을 재차 강조하였다.[178]

이러한 이명박 정부의 대북 기조와 북핵 기조에 대해 북한은 남한 정부가 6.15 및 10.4 선언을 부정한다고 생각하고 적대 의식을 거리낌없이 표출하였다. 당국 간 대화는 끊겼고 금강산관광 사업은 중단되었으며 2008년 12.1 조치로 민간 교류 협력 또한 크게 위축되었다. 남북 간 대화와 협력의 접점을 찾을 수 없는 상황이 지속되었다. 이어 2009년 1월 30일에는 조평통 대변인이 "민간 단체들의 전단 살포, 급변 사태론, 선제공격론 등 북남 합의 사항들을 무참히 파괴 유린한 형편에서 정치·군사적 대결상태 해소와 관련한 북남 합의는 아무런 의미도 없게 되었으므로 우리는 그 합의들이 전면 무효화 되었다는 것을 정식 선포한다"라며 남북한 간의 정치·군사적 합의의 무효화를 선언하는가 하면 연평도 인근으로 1,000여 발 이상 해안포 실사격 훈련을 하면서 무력시위를 하였다. 2월 2일 조선인민군 총참모부는 대변인 대답을 통해 이명박 정부가 "미국의 대조선 적대시 정책과 핵 위협의 근원적인 청산이 없는 한 100년이 가도 핵무기를 내놓지 않는다는 우리의 원칙적 립장에 대하여 함부로 헐뜯고 있는 것"을 비난했다.[179] 이어 북한은 3월 9일부터 20일까지 실시되었던 한미 '키리졸브' 군사훈련을 비난하며, "동해상 북한 영공 주변을 통과하는 남조선 민용 항공기들의 항공 안전을 담보할 수 없음"을 선포하고, 동서해 지구 남북 관리구역 군 통신선 9회선을 완전 차단함으로써 남북 간 군사적 충돌 가능성을 고조시켰다. 또한 북한은 훈련기간 동안 세 차례에 걸쳐 개성공단 육로 통행을 제한(3월 9일, 3월 13~15일, 3월 20일)하였다.

---

177 통일부, 『주간 북한동향』(2009. 2. 2), p.11

178 북한의 기념사 비난은 조선중앙통신, 2009년 3월 2일 참조

179 『조선중앙연감 2010』, p.655.

북한은 이명박 정부가 남북 관계뿐만 아니라 6자회담에서도 미북 협상의 진전에 장애를 조성하고 있다는 인식을 가지게 되었다. 조선신보는 3월 31일, "6자회담 합의가 이행 국면에 들어서고 미국의 대조선 적대시 정책의 전환 문제가 상정되는 마당에 이르렀는데 이명박 정권은 선행 정권을 부정한다면서 북남의 반목과 대립을 격화시킬 수 있는 언동을 일삼고 있다"라며 "그것은 결과적으로 6자회담이 재개된 이래의 긍정적인 정세 발전에 제동을 거는 걸림돌로 될 수 있다"라고 주장하였다. 이러한 보도는 남북 관계 악화에 대한 경고인 동시에 이명박 정부가 비핵·개방·3000정책을 전환하지 않는 한 6자회담에도 악영향을 미칠 수 있다는 위협인 것이다.

둘째, 이명박 정부는 10.3 합의 이행의 관건이었던 북핵 검증과 관련 어떻게 대처했고, 북한은 이를 어떻게 인식했는가? 2008년 12월 10일 끝난 6자 수석대표 회담에서 한국 측은 대북 경제·에너지 지원과 검증 의정서 채택이 포괄적으로 연계돼 있다는 입장을 내놓았다.[180] 시료 채취를 포함한 구체적 검증 방안을 담은 검증 의정서 채택에 북한이 동의하지 않을 때는 북한에 제공키로 한 중유 100만t 상당의 에너지·설비 자재 가운데 아직 미집행 상태인 45만t 분량의 지원을 연기할 수 있다는 뜻을 밝힌 것이다. 북한은 한국이 제시한 에너지 지원과 검증 의정서 채택의 연계 방안에 대해서 강한 불만을 표시한 것으로 알려졌다. 조선신보는 남한이 경제·에너지 대북지원과 검증 의정서를 연계하는 안을 주장한 것과 관련, "10·3 합의의 완결을 저해하고 조미(북미) 관계 개선과 연계된 비핵화 과정이 더 이상 진전하지 않도록 빗장을 지르는 것과 같다"라며 남한이 "훼방꾼으로 전락했다"라고 맹비난했다. "과거 6자회담에서 남조선 외교관들은 '중재자' 역할을 자부했다. 북측 외교관들과 동족의 입장에서 흉금을 털어놓고 말

---

180 MBN 뉴스, "북-미, 대북 중유 지원 놓고 대립… 중단 가능성 제기," 2008년 12월 13일. http://mbn.mk.co.kr/pages/news/newsView.php?news_seq_no=396348&category =mbn00003 (검색일: 2013. 4.22)

할 수 있는 자기들이 '동맹국' 미국과도 보조를 맞추어 북과 미국의 의사소통과 견해 일치를 보장하는 창조적 역할을 수행하겠다는 자세"이었으나 이명박 정부에 들어와 남한은 "미국의 의향도 무시하고 6자회담이 파탄되는 한이 있어도 자기주장을 끝까지 관철하겠다는 것인지 혼돈을 불러올 수 있는 외교 수법"을 구사하고 있다고 비난했다.[181]

2009년 1월 21일 노동신문은 핵 문제 관련 남한에 대한 불편한 심기를 다시 한번 직설적으로 드러내었다. "(이 대통령이) 얼마나 이성을 잃고 핵 문제를 짓궂게 입에 올리었으면 외신들까지 이명박이 미국보다 더 〈강경한 태도〉를 보였다고 혀를 찼겠는가" "역적 패당은 그 무슨 〈완전하고 정확한 핵 신고〉와 〈시료 채취〉에 대해 떠드는 방법으로 6자회담의 진전을 각방으로 방해하였다. 얼마 전에 있은 6자회담 단장 회의에서 〈검증〉 문제를 놓고 미국, 일본 상전과 작당하여 제일 못되게 놀아댄 것이 바로 이명박 패당이다"라고 비난하였다.

셋째, 북한은 장거리 미사일 발사와 유엔 제재에 대한 이명박 정부의 대응을 어떻게 인식하였는가? 2009년 3월 30일 조평통 대변인 담화에서 북한은 "(남한이) 우리의 인공위성 발사 문제를 걸고 대량살상무기확산방지구상 전면 참가를 떠들며 분주탕을 피우고 있는 것과 관련하여 이명박 패당이 현실을 망각하고 대량살상무기확산방지구상에 참가한다면 그것은 곧 우리에 대한 선전포고로서 우리는 즉시 단호한 대응조치를 취하게 될 것이라고 경고"했고,[182] 4월 18일 조선인민군 총참모부는 대변인 대답을 통해, "(남한이) 우리의 평화적인 위성 발사를 걸고 더욱 못되게 놀아대고 있는 것과 관련하여 이를 우리에 대한 로골적인 대결 포고, 선전포고로 단죄"했으며,[183] 5월 18일 조평통 대변인도 담화를 통해, 유엔안전보장리사회 의장성

---

181   조선신보, "6자 단장 회담(6자회담 수석대표회의) 허물어진 북남 공조," 2008년 12월 10일.

182   『조선중앙연감 2010』, p.656.

183   위의 책, p.657.

명에 대한 북한의 대응조치를 남한이 악랄하게 헐뜯으면서 반공화국 대결 책동에 광분하고 있다고 비난했다.[184] 북한의 이러한 대남 비난과 위협은 핵실험 이후에도 이어졌다.

북한의 2차 핵실험은 이와 같이 이명박 정부의 선 북핵 문제 해결 기조가 확고하게 추진되고 이에 대한 북한의 반발로 인해 남북 관계가 최악으로 치닫는 가운데 이루어졌다. 핵실험 전 북한은 대남 비난과 위협을 통해 북핵 문제에 대해 '미국보다 더 단호한 입장을 취했던' 이명박 정부[185]에 대한 강한 불만을 품고 있었다.

4) 북중 관계

2009년은 북중 수교 60주년이었다. 양국은 상호 관계를 더욱 발전시키는 데 합의하여 2009년을 '북중 우호의 해'로 지정하고 교류와 협력을 확대해 나갔다. 북한 김영일 총리는 3월 17일에서 21일까지 중국을 방문하여, '북중 우호의 해' 개막식에 참석하고 중국과 무역 투자, 에너지 개발, 사회간접자본시설 투자 등 공동 발전을 위한 협력 강화, 6자회담 적극 추진, 고위층 교류에 합의하였다. 북한과 중국 간의 경제, 무역 협력관계 또한 지속되었다. 2008년도 북중 간 교역은 27.8억 불에 달하여 역대 최고치를 기록하였다.[186]

중국은 6자회담에서 어떤 입장을 취하고 있었는가, 그리고 10.3 합의 이

---

184 위의 책, p.658.

185 라몬 파체코 파르도 교수는 2008년 남한의 대북정책은 2차 북한 핵 위기 도중 처음으로 미국의 대북정책과 비교하여 보다 강경해졌다고 평가하였다. 라몬 파체코 파르도 엮음, 권영근·임상순 옮김, 『북한 핵 위기와 북·미 관계』, (서울: 연경문화사, 2016.10), p.172.

186 허문영 외, 앞의 책, p.106.

행의 관건이었던 검증문제에 대해서는 북한의 입장을 어떻게 고려했는가? 2008년 6자회담이 난항을 겪고 있는 가운데 중국은 6자회담 의장국으로서 한반도 비핵화를 위한 외교적 노력을 지속하고 있었다. 중국 외교부는 11월 14일 "핵 검증 체계와 관련된 문서(검증 이행계획서) 채택과정에서도 중국은 각 당사국과 밀접한 소통과 협조를 유지해 나갈 것"이라고 강조하였다. 중국은 북한의 검증 의정서가 6자회담에서 채택되지 않았음에도 불구하고 미국의 대북 에너지 지원 불가 입장과는 달리 대북 경제·에너지 지원은 핵 불능의 대가"라고 밝혀 중유 지원을 계속할 것임을 표명하였다.[187]

중국은 북한의 미사일 발사에 대해 어떤 입장을 취했는가? 중국은 2009년 4월 장거리 로켓 발사 시 북한의 국제관례(IMO 및 미·중·러에 통보) 준수를 근거로 정상적인 인공위성 발사로 인식하고 있었고 북한의 평화적 우주 이용권 주장에 암묵적으로 동조하고 있었다. 중국은 긴장을 야기하는 북한의 행위를 환영하지 않았지만, 북한 체제의 붕괴나 북한의 제2차 긴장 고조 행위를 유발할 수 있는 대북 제재에도 신중한 입장이었다.[188] 이런 인식하에 중국은 6자 간 대화 국면을 조성하려는 입장을 갖고 러시아와 협조해 안보리 의장성명의 채택을 유도하였다. 북한의 미사일 발사 직후 양제츠 외교부장은 6자회담 당사국 외교부 장관과 전화 협의를 통해 정세 악화 및 긴장 조성 행위에 반대하고 대화와 협상을 통한 비핵화 실현, 장기적 접근 등을 주장하였다.[189]

그러나 큰 틀에서 보면 중국 정부는 2006년 10월 북한의 1차 핵실험 이후 북한의 핵 프로그램 등 대량살상 무기의 개발은 북한의 생존에 필요하

187　통일연구원, 『통일환경 및 남북한 관계 전망 : 2009-2010』 (2010), pp.81-83 참조.

188　전병곤, "중국의 동북아전략과 대북 전략," 배정호 외, 『오바마 행정부 출범 이후 동북아전략환경의 변화와 한국의 동북아 4국 통일 외교 전략』, (통일연구원, 2012). p.148.

189　전병곤, 앞의 논문, 2012, p.149. 이러한 기조로 중국은 4월 25일부터 29일까지 방중한 박의춘 북한 외상에게도 북중 양국 관계 협력 강화와 북한의 6자회담 복귀를 촉구하였다.

지도 않으면서 역내 군비경쟁을 촉발하고 한반도 정세를 위태롭게 만든다고 생각하여 일관되게 반대 입장을 취해 왔다. 즉 미국과 협조하여 한반도 비핵화를 추진하되, 대북 제재 수위는 낮추는 중국 정부의 북핵 기조는 2차 핵실험 이전까지 이어졌다고 할 수 있다. 북한은 중국의 이러한 대미 협조 정책에 노골적인 불만을 표시하였다. 미사일 발사 직전, 3월 24일 북한 외무성 대변인은 담화를 통해, "미국과 그의 일부 추종 세력들이 우리의 평화적인 시험 통신 위성 광명성 2호의 발사를 막아보려고 일대 깜빠니야를 벌리고 있는 것과 관련하여 우주의 평화적 리용 권리를 부정하고 자주권을 침해하려는 적대행위가 유엔안전보장리사회의 이름으로 감행된다면 그것은 곧 리사회 자체가 9.19 공동성명을 부정하는 것으로 될 것이라는 데 대하여 엄중히 경고"했다.[190] 이어 북한은 핵실험 이후에도 외무성 대변인 담화에서, "사태가 여기까지 오게 된 책임은 전적으로 우리의 평화적 위성 발사를 유엔에 끌고 가 비난 놀음을 벌린 미국과 그에 아부, 추종한 세력들에게 있다"라고 하였다.[191] 여기에서 말하는 '그에 아부, 추종한 세력'이란 누구인가? 남한, EU, 중국 등 유엔에서 대북 결의안에 찬성한 모든 나라를 지칭한다고 볼 수 있다. 그런데 북한은 이어서 "이런 나라들이 우리 앞에서는 위성 발사가 주권 국가의 자주적 권리라고 말해놓고 정작 위성이 발사된 후에는 유엔에서 그를 규탄하는 책동을 벌였다. 이런 나라들이 키 리졸브, 독수리 합동군사연습과 같은 대규모 핵전쟁 연습이 조선 반도의 중심 깊이에서 감행되고 있을 때는 침묵하고 있다가 우리가 부득이한 자위적 조치로 실시한 핵시험에 대해서는 〈지역의 평화와 안정에 대한 위협〉이라고 입을 모아 떠들고 있다"라고 하여 그 아부, 추종 세력의 핵심이 중국

---

190 『조선중앙연감 2010』, p.656.

191 조선중앙통신, 외무성 대변인 담화, 2009년 5월 29일; 2006년 미사일 발사 후에도 북한 외무성 대변인은 같은 논조의 비난을 내놓았는데 당시에는 "우리가 미사일을 발사한 이후 미국과 그에 추종하는 일본과 같은 일부 나라들"이라고 표현한 바 있다. 『조선중앙연감 2007』, p.587.

임을 강력히 시사하고 있다. 중국을 제외한 그 어떤 나라도 북한 앞에서 위성 발사가 주권 국가의 자주적 권리라고 말한 나라가 없었을 것이기 때문이다.

또한 북한은 '인공위성 발사국에 더하여 핵을 보유함으로써 대국들 틈에서 어깨를 펴고 살 수 있게 되었다'[192]며 미국과 중국을 겨냥한 핵보유국 지위 확보 의도를 숨기지 않았다.

3. 표적과 청중, 기회의 창

그럼, 앞에서 짚어본 정세 변화를 염두에 두면서 2009년 북한이 품고 있었던 북한식 기회의 창에 생긴 변화 동향을 살펴보자. 북한은 2007년 10.3 합의의 성과를 확보하기 위한 관건인 검증문제를 놓고 부시 정부와 대립했으나 이를 해결하지 못하고 오바마 정부를 맞이했다. 출범 초기 오바마와 클린턴 국무장관의 입을 통해 나왔던 북핵 양자 협상, 관계 정상화 추진 언급은 북한이 오바마 정부와 제한적 비핵화 대 최대 보상의 포괄적 협상 구도를 열어 갈 수 있다는 전망을 제공했다. 김정일의 건강 악화로 시간이 부족했기 때문에 오바마 정부에 대한 기대는 클 수밖에 없었다. 그런데 국내 경제위기 해결에 우선순위를 두고 있었던 오바마 정부가 북한의 미사일 발사 징후 등으로 인해 선뜻 북한과의 대화에 나서지 못하고 있었던 데다가 북핵 검증 관련 입장에도 변화를 보이지 않자, 갈 길이 바쁜 북한으로서는 기회의 창이 다시 닫히고 있다는 것을 인식하지 않을 수 없게 되었으며

---

192 리동찬, "김정일 동지의 혁명 유산" 『노동신문』 2011.12.28; 장용석, "북한의 자주-의존의 딜레마와 헤징 전략," 이수형 외, 『중국의 부상과 동아시아』 (백산서당, 2012) p.289에서 재인용.

위기 조성 카드를 만지작거리게 되었다.

둘째 김정일이 2008년 8월 뇌졸중으로 쓰러진 사건도 북한의 정세 인식에 중대한 영향을 미쳤다고 볼 수 있다. 아직 후계 구도가 정착되지도 않고 있었다는 점을 감안하면, 북한 지도부로서는 조바심이 드는 매우 엄중한 내부 위기 상황에 처해 있었을 것이다. 김정일은 김일성 주석 사망 시까지 20여 년 후계자 수업을 했으나 김정은에게는 그러한 시간도 경험도 없었다. 이러한 여건에서 김정일에게 유고가 발생하면 북한 유일 지배 체계의 앞날은 가늠하기 힘들게 되는 상황으로 빠질 수 있었다.

셋째는 남한 이명박 정부의 선 핵 문제 해결 기조가 변화의 기미를 보이지 않고 있었다는 점이다. 북한 정권은 남한 정부의 대북정책이 선 핵 문제 해결을 앞세우며 민족 공조를 부정한다고 인식하였다. 남한 정부로부터 대규모 대북 지원은 기대할 수 없게 되었으며, 도리어 남한 정부가 흡수통일을 도모하지 않을까 경계심이 커졌다. 핵 문제와 6자회담에서도 이명박 정부가 미북 직접 협상을 방해하고 6자회담을 훼방 놓고 있다고 보았고, 미사일 발사에 대해서도 앞장서서 반북 여론을 조성하면서 기회의 창에 장애를 조성하는 존재로 인식하고 있었다.

넷째 북핵 문제 관련 중국의 대미 협조 정책이 지속되어 북한의 운신 폭을 좁히고 있었다.

이러한 상황에서 북한은 부시 정부 때와 조금도 변화가 없는 오바마 정부의 "대북 적대시 정책"[193]과 "유엔안보리의 강도적 행위"[194] 즉 대북 제재를 이끈 미국 정부를 표적과 주요 청중으로 설정하고 위기 조성을 통해 대미 '기회의 창'을 열어 가고자 한 것으로 분석된다. 북한은 2차 핵실험을 통해 북미 평화협정 체결, 미국의 대북 적대시 정책 철회 등이 우선 논의되어야 한다고 주장하였는데, 이는 북한이 핵실험을 통해 추구하는 보상이 무

193　북한 외무성 대변인 회견, 2009.5.8.

194　북한 외무성 대변인 담화, 2009.5.29.

엇인지를 잘 보여주는 것이다. 김정일은 2009년 10월 5일 원자바오 중국 총리 면담 시 '북미 적대 관계는 반드시 평화적 관계로 전환되어야 한다.'고 강조하였다. 10월 14일 노동신문에서도 "북한을 핵 억제력 보유로 떠민 것은 다름 아닌 미국이며, 따라서 한반도 핵 문제의 책임은 전적으로 미국에 있다"라고 하면서 "한반도 핵 문제가 해결되려면 북미 사이에 평화협정을 체결해야 한다."고 강력히 주장하였다. 이어 11월 17일 자 조선신보에서도 "북한은 양자 회담을 통하여 북미 간 적대 관계는 반드시 평화적인 관계로 전환되어야 한다는 영도자의 판단을 절대적 기준점으로 삼고 미국과의 직접 대화에 임하고 있다"라고 보도하였다. 즉 북한은 미국으로부터 받아내야 할 보상 목록 가운데 평화협정 체결을 우선 제시한 것이다.

중국학자들은 2009년 미사일 및 핵실험을 실시한 중요한 원인 중의 하나는 한국 정부의 급진적 대북정책 전환 때문이라고 판단하면서 남한을 주요 청중으로 포함하고 있다.[195] 앞에서 보았듯이 북한은 2006년과 달리 2009년 미사일 및 핵실험을 전후하여 미사일 및 핵과 관련한 대남 비난을 강화하였다. 이러한 북한의 조치는 '핵 위협은 곧 대미용'이라는 기존 관례에서 어느 정도 벗어나는 양상이라고 볼 수 있다. 2006년과 2009년 상황을 조선중앙연감을 통해 비교해 보면 핵 및 미사일과 관련하여 2006년 1건의 대남 비난 발표가 있었으나, 2009년에는 대남 비난을 10여 건으로 늘렸다. 북한이 남한에 전하고자 했던 메시지는 비핵·개방·3000정책을 폐기하고 대북정책을 유화적으로 전환하는 길로 나서라는 것으로 보인다.

중국은 여전히 대미 협조 기조를 유지하고 있었기 때문에 중국 또한 '미국에 아부, 추종한 세력'으로 핵실험의 청중이었다. 북한의 기대를 높여 준 것은 미사일 및 북핵 문제와 관련한 중국의 입장이 점차 완화되고 있었던

---

195 박형중 외, 『북한 핵보유 고수 전략의 도전과 대응』 (통일연구원, 2010), p.116.

점이었다. 중국은 여전히 북 핵실험을 단호히 반대했지만 "제멋대로"라는 표현은 더 이상 등장하지 않았다.

북한 내부 또한 주요 청중이었다. "이번 핵시험의 성공은 강성 대국의 대문을 열어제끼기 위한 새로운 혁명적 대고조의 불길을 세차게 지펴 올리며 150일 전투에 한 사람같이 떨쳐나선 우리 군대와 인민을 크게 고무하고 있다"[196]라고 하면서 내부의 군과 주민을 청중으로 설정하고 있음을 내보였다.

요약하자면, 북한은 출범 초기 오바마 정부의 대북정책을 자국에 유리한 방향으로 정립하기 위하여 핵실험을 감행한 것으로 볼 수 있다. 즉 제한적 비핵화 vs 보상 틀을 복원하고 북한이 하기로 되어 있는 제한적 비핵화 관련 검증의 벽을 우회하고, 반면 북한이 받게 되어 있는 9.19 프로세스의 경제지원과 북미 평화협정 체결 등을 최대한 확보함으로써 북한식 기회의 창을 열고자 한 것으로 보인다. 또한 핵실험은 핵보유국이 되기 위한 필수 절차이고 핵실험을 통한 핵 능력 강화는 북한식 기회의 창을 보다 확실히 열기 위한 수단이 될 터였다. 남한, 중국도 핵실험의 청중으로 삼아 양국의 정책 전환을 압박하기 위한 메시지를 전달하였다. 거기에다 김정일 건강 악화 이후 북한의 대내 정치·경제적 위기의식을 극복하는 동기를 추가하였다. 북 내부를 청중으로 하여 동원 및 체제 결속을 강화하여 후계 체제의 안정적 구축이라는 중대 과제를 달성하는 기반을 조성하고자 했다.

북한의 핵실험 타이밍과 관련하여 부가하고 싶은 것이 있다. 오바마 정부가 신속히 대북 대화에 나서지 않은 것은 맞지만 미국이 대화의 문을 닫았다고 할 수는 없었고 통상 신정부의 정책 검토에 시간이 걸린다는 점은 북한도 알고 있었다고 한다면 북한은 왜 이렇게 성급하게 위기 조성 카드를 흔들었을까? 거기에는 뭐니 뭐니 해도 김정일의 건강 악화, 권력승계 문제 등 내부 사정으로 인한 북한의 조바심이 큰 자리를 차지하고 있었다고 할

196　조선중앙통신사 보도, 2009년 5월 25일.

수 있다.

북한 핵실험 결과는 북한식 기회의 창을 여는 데 기여하였는가. 결론부터 말하면 그렇지 못했다는 것이다. 첫째, 북한의 핵실험은 미국의 대북정책을 북한이 바라는 방향으로 변화시키지 못했다. 미국은 2차 핵실험 이후 대북 제재를 더 강화했다. 5월 26일 유엔안보리는 긴급회의를 소집하여 북한의 핵실험을 안보리 결의 1718호 위반으로 규정하고 북한의 핵실험을 규탄하였으며, 대북 제재 논의에 착수하였다. 6월 13일 유엔안보리는 화물 검색, 무기 관련 물품 수출 통제, 사치품 반출 제한 및 제재 대상 북한 단체와의 거래 금지 등을 골자로 하는 유엔안보리 대북 제재 결의 1874호를 만장일치로 채택하였다. 북한의 미국인 석방 등 조치에도 북한이 바라는 정책적 화답은 없었다. 그해 12월 8일 보스워스 대표가 평양을 방문, 오바마 행정부 출범 이래 처음으로 공식적인 미북 협상을 가졌으나,[197] 북한은 2010년에 와서도 계속해서 핵 억제력을 강화해 나가겠다고 공언하고 천안함 도발을 감행함으로써 미북 관계는 개선되지 못했다. 둘째, 남한의 대북정책 또한 변하지 않았다. 북한이 핵실험 이후 일련의 유화조치를 취했지만[198] 남한의 대북정책 원칙과 기조는 그대로 유지되었다. 남한은 핵실험 직후 대량살상 무기 및 미사일 확산이 세계 평화와 안보에 미치는 심각한 위협에 대처하고자 5월 26일 대량살상무기확산방지구상(PSI)에 참여하기로 발표하였다. 현대 현정은 회장의 방북 이후 남한 정부가 적십자 회담을 제의, 이산가족 상봉 행사가 진행되었지만, 북한이 바라던 금강산관광은 재개되지 않았다. 셋째 대내적으로도 150일 전투는 성공하지 못했다. 화폐개혁 실패로 인해 북한 경제는 더욱 어려워진 것으로 평가된다.

---

197 이 협상에서 미국과 북한은 9.19 공동성명의 이행 지속과 6자회담 재개 필요성에 대한 공감을 형성하였다.

198 2009년 8월에 들어와 북한은 클린턴 대통령 방북 후 미국인을 풀어주었고(8.5) 개성공단 억류 근로자도 돌려보냈다(8.13). 이어 김대중 전대통령 서거를 맞아 조문사절단을 한국을 보냈다(8.21).

가장 큰 성과는 중국의 대북정책 변화였다. 중국은 북한의 제2차 핵실험으로 크게 당혹해하였다. 중국 외교부는 북 핵실험 후 "(북한은) 국제 사회의 보편적 반대를 무시하고, 재차 핵실험을 단행했으며, 중국 정부는 이에 단호히 반대한다. 한반도 비핵화, 핵확산 반대, 동북아 평화와 안정 유지는 중국 정부의 일관된 입장이다."라는 공식 논평을 냈다.[199] 2009년 6월 12일 유엔에서 북한의 2차 핵실험을 제재하는 1874호 결의를 통과시키는 문제에 대해서 중국은 북한에 대해 더 엄격한 제재를 취하는 것에는 동의하였지만 유엔헌장 56조를 직접적으로 원용하여 필요시에 군사적인 행동으로 무력 진압을 하는 것에는 반대하였다. 북한의 핵보유는 당시 중국의 동북아 전략 구도 자체에 부담스러운 사안이었기 때문에 '단호히 반대'하는 입장을 취한 채, 핵실험 직후 주중 북한대사에게 항의하는 한편, 천즈리 전인대 부위원장의 방북을 취소하는 등 북한과의 교류를 잠정 중단하였다. 그러나 그 이후 중국 내부에서는 대북정책에 대한 치열한 논쟁이 벌어졌고 결국 후진타오 지도부 초기 대북정책이었던 북핵 문제 해결 과정에 대한 적극적 개입과 그를 위한 미중 협력 기조로부터 북한의 지정학적 가치에 입각한 전통적 우호 관계 유지, 정권 안정을 통한 한반도 불안정 관리에 초점을 맞추었다. 즉 내부 논의 결과 ① 한반도 평화와 안정 유지 ② 김정일 정권의 생존 지원 ③ 한반도 비핵화 원칙 추진의 순서가 재정립되었다. 10월 4일 원자바오 총리가 북한을 방문, 이러한 바뀐 대북 기조를 북한에 확인시켜 주었고[200] 2,000만 달러의 무상원조를 포함한 대북 지원을 결정하면서 안보리 대북 제재는 사실상 효력을 상실하게 되었다.[201]

제2차 핵실험을 1차 핵실험과 비교하여 북한의 위기 조성 전략 가운데 수정된 부분이 있는지를 살펴보면 다음과 같다. 첫째 북한은 미사일 발사

---

199 "馬朝旭例行記者會上答12個'朝鮮問題'," 「人民網」 (2009. 5.26).

200 김태경, 앞의 논문, pp.293-294.

201 장달중 외, 「북미대립」 (서울대학교 출판문화원, 2011), pp.163-164.

후 핵실험까지의 기간을 대폭 줄이면서 위기 조성의 강도를 높였다. 위기 조성의 강도가 높으면 높을수록 판은 커질 수 있다고 보았을 것이다. 둘째 분명한 핵실험 예고를 하지 않았다. 1차 실험 때에는 미국의 반응을 보기 위하여 공식 예고를 했으나 이번에는 그럴 필요가 없었을 것이다. 이미 레드라인을 한번 넘어 본 적이 있었기 때문이다. 이 또한 위기 조성의 강도를 높이려는 의도와 관련이 있다. 셋째 북한은 앞에서 보았듯이 북미 평화협정 체결, 미국의 대북 적대시 정책 철회 등이 우선 논의되어야 한다고 주장하였다. 이는 1차 실험 당시 BDA 문제 해결과 대북 제재 해제를 우선 요구한 것과 대비되는 점이다. 이러한 북한의 태도는 1차 실험 시 미북 협상이 곧바로 진전됨으로써[202] 대북 제재 1718호의 본격 집행이 무산되고 BDA 제재는 해제된 성공적 경험에 기반을 둔 것으로 분석된다. 즉 북한이 다시 핵실험을 하여 국제 사회가 제재하더라도 미북 협상을 통해 그러한 대북 제재를 무력화시킬 수 있다고 판단했을 것이다. 그리고 1차 실험 당시 미북 평화협정 논의가 본격화되지 못했던 만큼 이번에는 협상 초기부터 이러한 논의를 본격적으로 의제화하려는 의도를 내포하고 있었던 것으로 판단된다. 넷째 북한은 핵보유국이 되려는 의도를 더욱 강하게 노정하였다. 다섯째 북한은 핵실험의 시기를 설정하는 데 있어 이번에는 오바마 행정부 임기 초반을 택하였다. 북한은 1차 핵실험으로 인해 금융제재 해제, 2.13 합의 도출 등을 이룰 수 있었지만, 그때 당시는 부시 2기가 중간으로 접어들고 있던 시기였다. 이번에는 오바마 행정부 출범 3개월 만에 핵실험 도발을 감행, 충분한 여유를 갖고 미국에 대한 기회의 창을 열어가고자 했던 것으로 분석된다.

---

[202]　2006년의 경우 10월 9일 핵실험 이후 10월 31일, 11월 28일에 미·북·중 접촉이 이루어졌다.

제4장

군사 도발을 통한 위기 조성 사례 분석

제1절

제1 · 제2 연평해전

1. 남북간 해전 배경과 상황

1998년~1999년 초 사이에 민간교류를 중심으로 한 남북 관계 개선 흐름에 역행하여 발생한 것이 제1 연평해전이다.[1] 북한은 1999년 6월 4일부터 매일 5, 6척의 북한 해군 경비정들이 NLL을 침범하여 꽃게잡이 어선단을 남단에서 보호하며 어로작업을 강행하고 있었다.[2] 6월 11일부터는 남한 해군이 무력 사용 자제를 위하여 설정해 놓은 완충구역의 1km 남짓한 거리까지 침범해 왔다. 남한도 초계함 투입 등 대응 태세를 강화해 나갔다. 6월 15일 아침 9시 30분경, 남한 측 해군이 북한 함정들에 대해 '밀어내기 작전'을 강행하자 북한 함정들이 먼저 사격을 가해왔다. 이런 사태에 대비하고 있던 남한 함정들이 즉각 대응 사격을 함으로써 이후 14분 동안 치열한 포격전이 벌어지게 된 것이다. 이 사건으로 북한 어뢰정 1척이 침몰하고 경비정 1척은 반 침몰 상태로 도주하는 등 북한 측에서는 여러 척이 피해를 보고 수십 명의 사상자가 발생했다. 그에 비해 남한 측 피해는 경미한 것으로 보고되었다.[3]

북한은 교전 사태 발생 직후 개최된 판문점 장성급 회담, 조평통 대변인 성명(6.16), 해군사령부 대변인 성명(6.19) 등에서 이번 교전 사태를 남한 측

---

1 1999년 6월 16일 조평통 대변인 성명에서도 "우리는 북남 사이에 화해와 협력의 기운이 무르익어가고 당국 사이의 대화가 눈앞에 박두하고 있는 때에 남조선 통치배들이 갑자기 서해상에서 전쟁의 불씨를 튕기고 있는 데 대하여 특별히 주목하지 않을 수 없다"고 했는데, 연평해전이 정세의 흐름과 다르게 '갑자기' 발생했다고 인식하고 있다. 『로동신문』, 1999년 6월 17일.

2 이전에도 6월이면 북한 어선들이 꽃게잡이를 위해 을 침범했다가 남한 고속정이 접근하면 철수하는 일이 빈번했었다. 그러나 1999년 6월에는 북한 경비정의 보호 아래 이러한 일이 일어나고 있었고 남한 경비정이 경고해도 순응하지 않고 계속하여 고의로 침범 행위를 되풀이하는 등 이전과는 다른 행태를 보였다. 임동원, 『피스메이커』(중앙북스, 2008), p.450.

3 서해교전의 발생 및 경과에 대해서는 임동원, 앞의 책, pp.450-453; 김기령, 『남북 화해기 북한의 대남 군사 도발 연구』(고려대 석사학위논문, 2009), pp.71-72 참조

의 고의적·계획적인 도발 책동으로 비난하면서 책임 추궁과 사죄를 요구하는 한편, 이번 사태를 '군사 정전협정에 대한 난폭한 유린'으로 규정하였다.

2. 북한의 대내외 인식

제1연평해전 이전 북한의 대내외 인식을 살펴보면, 내부적으로는 정치·경제문제가 여전히 어려운 상황에 처해 있는 가운데 지속해서 선군정치를 강조하며 체제 결속을 도모하고 있었다. 남한의 대북지원과 남북교류협력은 경제적으로는 유익했지만, 폐쇄적 북한 사회를 뒤흔들 수 있는 위험이 도사리고 있다고 보면서 경계심을 놓지 않았다. 그렇지만 5.12~6.3에 김보현 특보와 전금철 아태평화위원회 부위원장 간 비공개 회담을 통해 비료 지원에 합의하는 등 남한을 향한 기회의 창을 만들고자 시도하였다. 미국과도 4자 회담(4.24-27), 금창리 지하 시설 사찰(5.20-24), 페리 국방장관 방북(5.25-28) 등을 통해 새로운 북미 관계를 맺기 위하여 분주히 움직이고 있었다.

3. 표적과 청중, 기회의 창

당시 북한이 모색하고 있었던 기회의 창 가운데 가장 손쉽게 열 수 있을 것으로 보였던 것은 남한을 향한 창이었다. 김대중 정부는 출범하자마자 대북정책을 큰 폭으로 전환하겠다고 선언했고 교류협력과 대북 지원에 적극성을 보였기 때문이다. 그런데 1998년 4월 남북 차관급 회담의 결렬로 북한은 빈손으로 돌아가야 했고, 1999년 회담에서도 남한 정부의 대북정책은 그리 호락호락해 보이지 않았다. 1998년 회담 당시 북측이 상정하고 있었던 대남 인식은 북측 전금철 단장의 기자회견 발언에서 충분히 짐작할 수 있다. "남측에서 할 수 있는 것은 먼저 실천하겠다. 우리는 이런 전제를 믿고 여기 나왔습니다. 종전 문민정부 때보다는 좀 다르구나 (싶었습니다)."[4] 그러나 막상 회담에 나와보니 북측 입장에서 남측의 변화는 그다지 커 보이지 않았다. 북측이 염두에 두었던 '제한적 화해 vs 대가'라는 기회의 창에서 북한이 회담에 나온 것은 북한이 줄 수 있는 '제한적 화해'의 큰 부분인 데 비해 남측의 대가는 북한의 기대에 차지 않았다. 북측의 제1연평해전 도발은 문민정부와 비교했을 때 그다지 달라지지 않은 것처럼 보이는 남한 정부의 대북정책을 흔들기 위한 포석이었다고 할 수 있다.

따라서 북한 위기 조성의 표적은 남한 정부였다 1999년 6월 11일 교전 사태 나흘 전, 남한 군 당국이 함정 간 밀어붙이기식 충돌을 통해 북한 함정들의 NLL 이북으로의 복귀를 유도한 직후 북한은 다음과 같은 조선인민군 판문점 대표부 대변인 성명을 발표하였다.[5] ① 남조선은 전투함정을 즉시 철수시켜야 한다. ② 남조선은 영해 침범 행위를 사죄하고 여론을 오도하는 놀음을 당장 걷어치워야 한다. ③ 남조선은 조성된 후과에 대해 전적으로 책임을 져야 한다. 이 성명에서 알 수 있는 것은 북한은 연평해전의 표적으로 남조선을 콕 집어 경고하고 있다는 사실이다. 이어 연평해전 직후(6.22) 개최된 장성급 회담에서도 북한 이찬복 대표는[6] 이번 사태가 남조선군에 의해 촉발되고 확대되었으며, 문제의 수역은 명백히 북한의 영역이

---

4 https://imnews.imbc.com/replay/1998/nwdesk/article/1976582_30723.html 남북 차관급 회담 수석대표 간 기자회견 설전 주요 내용, 1998.4.15

5 통일부, 『주간 북한동향』 제438호 (1999. 6.14), pp.19-21.

6 금기연, 『북한의 군사협상형태와 결정요인: 유엔사-북한군간 장성급회담 사례 연구』 (경남대학교 대학원 박사학위논문, 2010), p.100.

고, 그래서 매해 성어기마다 북한 어선들이 정상적인 어로작업을 해 왔으며 북한 함정은 어선을 보호하며 자위적인 순찰 활동만 해왔다고 주장하면서 연평해전이 남북 해군 간의 교전임을 분명히 밝혔다.

그렇다면 미국도 표적이었던가? 당시 북한은 미국으로부터 체제인정 및 경제적 지원을 획득하기 위한 미북 협상과 4자회담에 적극 참여하고 있었다. 북한은 금창리 사찰 대가로 식량을 요구하였고 미사일 협상 시에도 미사일 수출 중단의 대가로 연 10억 불을 요구하였다. 북한은 연평해전 50여 일 전에 개최된 5차 4자회담(4.24-27)에서 북미 평화협정 체결을 주장하였고 연평해전 이후 개최된 6차 4자회담에서도 이러한 주장을 되풀이했다. 이와 같이 NLL 무효화를 통한 평화협정 체결 여건 조성은 미사일 협상이나 4자회담을 통해 논의의 장이 펼쳐져 있었기 때문에 굳이 연평해전을 통해 그러한 계기를 만들어야 할 절박성은 낮았다고 볼 수 있다.[7] 또한 연평해전 직후 북한의 반응과 해전을 전후한 상황[8]을 종합해 보면, 미국은 연평해전의 표적이기보다는 청중으로 설정되어 있었던 것으로 보인다. 즉 NLL에서의 위기 조성은 미국으로부터의 경제적 지원 확보와 북미 평화협정 체결과 같은 북한의 주장을 관철하기 위한 분위기 조성 수준의 의도가 내포되어 있었다고 보는 것이 적절하다.

한편, 북한 내부도 1차적 청중이었다고 볼 수 있다. 남한으로부터 경제지원을 받아 식량난을 극복하고 갓 출범한 김정일 정권의 위신을 제고하면서

---

7 북한은 5차 4자회담에서 북미 평화협정 당사자 문제를 제기하면서 남한을 배제하고 미국과 평화협정을 체결해야 한다고 주장하였다. 연평해전이 이러한 주장의 연장선상에서 감행되었다면 남한을 당사자 문제에 끌어들일 수 있는 남한 경비정과의 교전을 선택했을까 의문이다.

8 북한은 연평해전 직후 장성급 회담에서 NLL 문제를 정면 거론하였고 이어 북경에서 개최된 북미 고위급 회담에서도 이 문제를 거론하였지만, 이 회담의 주 의제는 금창리 조사 결과, 북한 미사일 재발사 문제 등이었다. 한편, 조평통 대변인 성명(6.16)에서는 "괴뢰들의 이 엄중한 군사적 도발은 미제가 북침 전쟁 각본인 '작전계획 5027'을 더욱 호전적으로 개정 완성하고 조선 반도 유사시를 가상하여 유고슬라비아에서 그 실현을 위한 예비 전쟁, 시험 전쟁을 결속한 것과 때를 같이 하고 있다"라고 하면서 미국을 한 번 언급하는 선에서 그쳤다.

선군정치 중심의 내부 결속을 도모하였다고 보아야 한다.

1999년에 들어와 북중 관계는 점차 개선되고 있었고 양국 간 뚜렷한 위기 요인을 찾아보기 어려웠으며, 특히 연평해전 열흘 전에 김영남 상임위원장이 김일철 등 군부 인사와 함께 우호적 분위기 속에 중국을 방문하였다는 점을 감안한다면 연평해전을 중국과 연결해 분석할 여지는 크지 않다고 할 수 있다.

이제 남은 문제는 대남 메시지이다. 왜 북한은 제1 연평해전 이후에 열린 남북 차관급 회담을 결렬시키고 그토록 원하던 비료를 포기했을까 하는 의문이 제기되는 것이다. 앞에서 보았듯이 남북은 6.3 합의에서 남한은 1999년 7월까지 비료 20만 톤을 북한에 제공하며, 그중 6월 20일까지 10만 톤을 전달하고 6월 21일부터 남북 차관급 회담을 개최하기로 하였다. 그러나 연평해전으로 회담 분위기는 이미 냉각되어 버렸다. 예정일보다 하루 지연된 1차 남북 차관급 회담이 베이징에서 개최되었는데 북한은 회담 의제였던 이산가족 문제에 대해서는 언급하지 않은 채, 서해사태에 대한 남한의 사과, 해명을 요구하였다. 6월 26일 재개된 회담에서도 북한은 서해사태에 대한 기존의 자세를 바꾸지 않았다. 이렇게 해서 7월 3일 수석대표 회의를 끝으로 차관급 회담은 결렬되었다. 북한의 이러한 태도는 연평해전을 통한 위기 조성 행위의 의도와 일견 모순으로 보인다. 그러나 이 모순은 연평해전에서 북한이 승전했더라면 어떻게 되었을까 생각해 보면 자연스럽게 해소된다. 북한은 훨씬 더 우월적 입장에서 남한의 대북 지원을 압박할 수 있었을 것이다. 그러나 연평해전의 결과는 북한 측의 패배로 끝이 났다. 북한 측의 패배는 북한으로서는 사전에 전혀 예상하지 못한 것이었음이 틀림없다. 북한으로서는 살기등등한 북한 군부의 입장을 고려할 수밖에 없는 상황이었다. 그래서 비료도 급하였지만, 이번에는 10만 톤으로 만족할 수밖에 없었다. 그리고 북한은 이번 연평해전을 통해 남측의 대북정책을 순치시켰다고 생각했기에 이번 회담에서 나머지 비료를 못 얻어 가더라도 남한 당국으로부터 추가 지원을 확보하는 것은 시간문제라고 판단했을 것이다. 북한은 9월 13일 중앙방송을 통해 쌍무적 다무적 남북대화에 대해 언급하였고 백남순 외무상은 미 외교 관계 협회(CFR) 연설(9.27)에서 "남한이 7.4 공동성명 3대 원칙을 존중하고 북한의 협상 제의에 응한다면, 정상회담도 진행될 수 있다"라고 언급하였다.[9]

종합하여 보면, 연평해전은 남한 정부의 대북정책을 표적으로 삼은 위기 조성으로써 남한의 상호주의를 최대한 순치시켜 남북당국회담 기간 중 남한으로부터의 경제적 지원 확보, 특히 식량 및 비료 지원을 대량으로 받아냄으로써 북한식 기회의 창을 열어가는 데 유리한 여건을 만들려는 의도가 있었다고 볼 수 있다. 여기에 선군정치 중심의 국내 결속을 위한 국내적 동기가 추가되었고 평화협정 관련 대미 협상력 강화라는 측면도 고려하였다.

그로부터 3년이 지난 2002년 6월 29일[10] 오전, 연평도 서방 해상에서 남북 해군간 교전이 발생하였다.[11] 교전 결과 북한 측은 경비정 1척이 대파되고 30여 명이 사상된 것으로 추정되었고 남한 측은 고속정 1척이 침몰하고 전사 6명, 부상 18명의 심각한 피해를 입었다.[12]

임동원 전 장관은 제2 연평해전을 우발적 사건으로 보았다. 임동원 전 장관에 의하면 북한은 사건 이튿날 아침 일찍 핫라인을 통해 "이 사건은 계획적이거나 고의성을 띤 것이 아니라 순전히 현지 아랫사람들끼리 우발적으로 발생시킨 사고였음이 확인되었다"라며 "이에 대하여 매우 유감스럽게 생각한다"라는 내용의 긴급 통지문을 보내왔다. 그리고 "다시는 이러한

---

9 통일연구원, 『통일환경과 남북한 관계: 1999-2000』 (1999), pp.86-88.

10 이날은 한국과 일본이 공동 개최한 월드컵대회 폐막식을 하루 앞두고 있었는데 온 국민의 관심이 월드컵으로 향해 있었다.

11 제2 연평해전의 경과에 대해서는 임동원, 앞의 책, pp.636-638 참조.

12 조선인민군 해군사령부 대변인은 "남조선 군 당국자들이 군사적 도발을 감행한 것은 남조선 인민들에게서 세차게 일어나고 있는 북남 화해와 통일 열기에 찬물을 끼얹고 우리의 국제적 권위를 훼손시키려는 데 그 목적이 있다."라고 하면서 "남조선 군 당국자들은 이른바 북방한계선의 비법성부터 인정해야 한다."고 강조하였다. 조선중앙통신, 2002년 6월 30일.

사고가 재발하지 않도록 노력하자"라고 덧붙였다고 한다. 며칠 후 한미연합 사령관은 "제 8전대 이상의 상급 부대에서 도발을 지시했다는 징후는 전혀 발견할 수 없었다"라는 정보판단을 공식 통보해 왔다.[13]

임동원 전 장관이 여러 정황을 근거로 제2 연평해전의 우발성에 무게를 두고 있지만 북한과 같은 유일 독재 체제하에서 남북 관계 흐름에 중대한 영향을 미칠 수 있는 이러한 도발이 김정일의 허가 없이 일어났다고 보는 것이 가능한가 하는 문제 제기[14]와 함께 그 후 2차 연평해전이 사전 치밀하게 계획된 북한의 도발이었다는 증거와 증언도 나오고 있는 점을 주목해야 할 것이다. 당시 해군 작전을 총괄하는 해군작전사령부 작전처장이었던 최윤희 전 해군 참모총장은 2차 연평해전을 보름 정도 앞두고 있었던 6월 13일과 6월 27일 두 차례에 걸쳐 "발포 명령만 내리면 바로 발포하겠다"라고 하는 SI(Special Intellignece 특수정보)를 감청하였다고 증언하였다. 이는 북한의 사전 도발 계획이 있었음을 말해 주는 정보라고 할 수 있다. 그는 이어 2차 연평해전이 6월 29일 갑작스럽게 발생한 것이 아니라, '6월 27일쯤부터 북한 경비정이 NLL을 넘어왔다. 처음에는 1마일 정도 내려오더니 28일부터 2마일 이상 내려왔다. 29일에는 북한 경비정이 노골적으로 계속 내려왔다. 이에 남한 해군이 시위 기동을 했다'라고 하면서 당시 상황을 보다 상세히 증언하였다.[15]

2차 연평해전을 북한의 의도된 위기 조성으로 본다면 그 의도는 무엇일

---

13 임동원, 앞의 책, p.637.

14 고유환은 "이번 사태는 북한 군부가 치밀하게 준비했다는 느낌이 든다. 우발적인 것으로 보이지 않는다. 북한 군부는 지난 99년 연평해전에서 참패한 후 명예 회복 차원에서 상황을 지켜봐 오다가 이번 사태를 일으킨 것으로 보인다"라고 분석했고, 류길재도 "지난 99년 연평해전에 대한 북한 군부의 보복성 공격으로 보인다. 꽃게잡이 때문이라고 한다지만 사태가 발생한 정황으로 미뤄 계획적인 공격인 것 같다"라고 평가했다. 『매일경제』, "남북 관계 교착상태 상당 기간 지속될 듯," 2002년 6월 29일. http://news.naver.com/main/read.nhn?mode=LSD&mid=sec&sid1 =100&oid=009&aid=0000219821(2013.3.14 검색)

15 http://news.chosun.com, 2002년 6월 19일. (검색일: 2013. 6.21)

까? 북한의 도발이 외교적 전략과 조율된 군사력의 사용이라고 할 수 있는 가? 당시 상황을 분석해 보면, 2002년 2월 하순, 부시는 한국을 방문해 대북 불 침공 의사를 밝혔고, 4월에는 임동원 특사가 북한을 방문하여 김정일을 면담하여 남북 관계는 6.15 선언 이행의 계기가 마련되었다. 7월 미북 양자 회담도 합의되어 있었다. 말하자면 북한 입장에서는 위기보다도 기회의 창을 만들 수 있는 여지가 넓어지고 있었다. 사건 이후 북한이 취한 조치를 보면, 7월 25일 통일부 장관 앞으로 보낸 전통문을 통해 서해교전 사건에 대해 "유감스럽게 생각한다"라면서 사과의 뜻을 공개 표명했다. 8월에는 제7차 남북 장관급회담이 개최되었고, 이어서 남북 체육 회담, 제2차 경추위가 열렸다. 또한 서울에서 민간 차원의 8.15 민족 통일 대회가 개최되었다. 이 행사에 참석하기 위해 북한에서 110여 명이 서울을 방문했다. 9월 18일에 철도·도로 착공식이 개최되었고, 북측 선수단과 약 300명에 이르는 여성응원단 등 총 630여 명이 부산 아시안게임에 참여하였다. 5차 이산가족 상봉(9.13-18), 경제 고찰단의 방한(10.26-11.3)이 뒤따랐다.

선군정치를 지속 표방하고 있던 북한 내부 관점에서 보면 1999년 제1 연평해전 패배는 선군정치에 부정적 영향을 미쳤을 것으로 추론할 수 있다. 북한군으로서는 보복을 통한 명예 회복이 필요했을 것이다. 다시 말해 제2 연평해전의 표적은 남한군이었다. 북한이 미국을 비난하는 것은 7월에 들어와서인데, 미국이 연평해전 도발 책임을 북한으로 돌린 데 따른 대응적 조치의 성격이 강했다.[16]

북한이 청중으로 설정한 것은 1차적으로 내부 인민군이었다. 북한군이

---

[16] 북한은 7월 1일 외무성 대변인을 통해 '미국은 지난 6.29 서해 해상에서 있은 무장 충돌 사건을 평양 측의 무장 도발 행위라고 하면서 함부로 우리를 걸고 들었다'라고 비난하면서 '이번 사건은 남조선의 군 통수권을 쥐고 있는 미국의 비호 밑에 일어난 것으로서 북남 관계에 제동을 걸어 온 미국이 북남 관계에 쐐기를 치기 위하여 만들어 낸 결과물'이며 '북방한계선이라는 것은 정전협정에도 없는 것으로서 미국이 협정 체결 이후 그 어떤 합의도 없이 우리 수역에 제멋대로 그어 놓은 비법적인 유령선이다'라고 강조하였다. 조선중앙통신, 외무성 대변인, 조선중앙통신 기자와의 회견, 2002년 7월 1일.

제1 연평해전에 대한 보복을 김정일에게 건의했고 김정일은 군부의 사기를 고려, 이를 허가했을 것이다.

표적인 남한 군도 청중으로 설정되었다고 볼 수 있다. 그 메시지는 NLL 쟁점화라는 오랜 도발 전략과 함께 지난 1차 연평해전의 보복을 통해 남한에 군사력 균형을 시위했다고 볼 수 있다.

즉 북한은 제2 연평해전을 기회의 창을 여는 전략적 차원이 아니라 남한군을 표적으로 제1 연평해전의 패배를 설욕하고 내부적으로 군부의 사기 증진이라는 전술적 차원의 동인을 가지고 도발한 것으로 판단된다. 다만 구체적 도발 타이밍을 이 시기로 잡은 의도는 선명하지 않다.

제2절

연평도 포격

1. 연평도 포격 전후 상황

서해 NLL 문제는 1999년 연평해전 이후 새로운 국면을 맞고 있었는데, 북한은 1999년 7월 21일 판문점 장성급 회담에서 정전협정과 국제해양법에 입각한 새로운 해상 경계선으로서 남북 등거리 점과 대중국 중간 점을 연결한 선을 제시하고 그 이북을 자신들의 해상 군사통제수역으로 주장한 것이다.[17] 이어 1999년 9월 2일에는 총참모부 특별보도를 통해 북방한계선은 무효라고 주장하면서 소위 조선 서해 해상 군사분계선을 선포하였다. 즉 북한은 해상 군사분계선을 '황해도와 경기도의 도 경계선에서 시작하여 등산곶(북한)-굴업도(남한), 옹도(북한)-서격렬비도, 소엽도(남한) 사이의 등거리 점에서 남한과 중국과의 경계선까지 연결한 선'으로 주장하였다.[18] 이 후속 조치의 하나로 북한은 2000년 3월 23일 서해 5개 섬 통항 질서를 공포, 이 구역에 출입하는 모든 미군 함정과 민간 선박은 북한 측이 지정한 2개의 수로만을 이용하여 출입항 하라고 요구하였다. 2002년 10월 26일 남북 군사 실무 접촉 시에는 '경비계선' 개념을 제시하였다. 2006년 3월 2일 제3차 남북 장성급 군사 회담에서는 NLL을 부정하면서 남북기본합의서에 따라 서해 해상 군사분계선 확정 문제를 협의하자고 주장하였다. 제4차 (2006.5), 제5차(2007.5), 제6차(2007.6) 남북 장성급 군사 회담에서도 북한은 NLL이 불법적인 선이라고 하면서 새로운 서해 해상경계선이 설정되어야 한

---

[17] 『로동신문』, "미국과 남조선 괴뢰들은 우리가 제기한 서해 해상 경계선을 받아들여야 한다," 1999년 7월 22일.

[18] 『로동신문』, 1999년 9월 3일.

다는 입장을 표명하였다.[19]

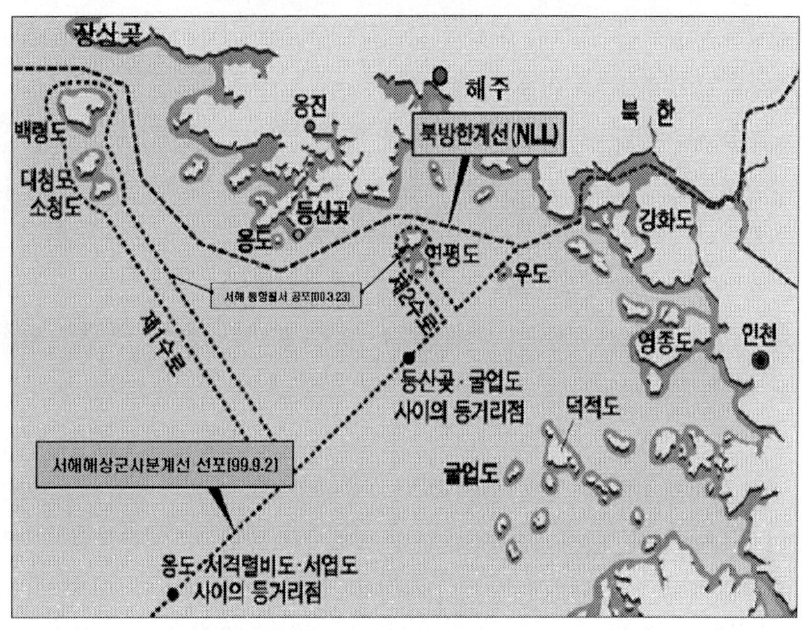

〈그림 4-1〉 북방한계선과 북한의 주장

* 출처 : 통일부, "최근 남북 관계의 이해," (www.unikorea.go.kr, 2009. 6), p.29.

그러다가 2007년 남북 정상회담에서 "남과 북은 해주 지역과 주변 해역을 포괄하는 서해 평화 협력 특별지대를 설치하고 공동어로구역과 평화수

---

19 이에 반해 남한의 입장은 북방한계선은 정전협정의 안정적 관리를 위해 설정된 선으로서 현재까지 남한이 실효적으로 관할해 왔고 해상 군사분계선의 기능과 역할을 해 왔기 때문에 남북 간의 실질적인 해상 경계선이라는 것이다. 따라서 정전협정 및 남북기본합의서에 따라 새로운 해상 불가침 경계선이 합의되기 전까지는 북방한계선은 남북 쌍방 간에 반드시 준수되어야 한다. 북방한계선은 정전협정 목적에 부합할 뿐만 아니라 현재까지 남한이 실효적으로 관할해 오고 있는 실질적인 해상 경계선이라고 보는 것이다. 국방부, 『개정판 북방한계선(NLL)에 대한 우리의 입장』(2007.1.2) pp.24-31 참조.

역 설정, 경제특구 건설과 해주항 활용, 민간 선박의 해주 직항로 통과, 한강하구 공동이용 등을 적극 추진해 나가기로 하였다."라고 합의하였다. 노무현 대통령은 이 합의에 대해 'NLL 해결은 뒤로 미루고 실용적인 경협 문제부터 먼저 풀어나가서 이 지역의 평화 질서를 형성'하기 위한 방안이라고 설명하였다.[20] 이어서 제2차 남북 국방장관 회담(2007.11)에서 후속 조치를 논의하였으나 진전을 이루지 못하였다.[21]

2008년 이명박 정부 출범 이후 남북 관계는 냉각되기 시작하였는데, 설상가상으로 그해 7월 11일 남한의 금강산 관광객이 북한군의 총격으로 사망하는 사건이 발생하였고, 남한 정부는 즉시 금강산관광을 중단하였다.

2008년 8월 이후 김정일의 건강 이상설이 제기된 가운데 북한은 대남 군사적 위협을 더욱 강화하기 시작하였다. 2008년 11월 12일에는 남북 장성급 회담 북측 대표가 전화통지문을 보내 "12월 1일부터 군사분계선을 통한 모든 육로 통행을 엄격히 제한 차단"한다는 12.1 조치를 통보하였다. 2009년에 와서도 대남 위협은 계속되었다. 1월 17일 조선인민군 총참모부 대변인 성명을 통해 '전면 대결 태세 진입' 경고, 1월 30일 조국평화통일위원회 성명을 통해 남북한의 모든 합의 사항 및 북방한계선 무효화를 선언하였다. 3월 30일에는 개성공단 남한 근로자를 억류하였다.[22]

4월 5일에는 대포동 2호 미사일을 발사하였다. 그리고 예고한 대로 5월 25

---

20 대통령 자문 정책기획 위원회, 『남북 관계 발전: 남북 간 신뢰 조성을 통한 한반도 평화 증진』, (2008), p.141.

21 국방장관 회담 합의문은 다음과 같다. "쌍방은 전쟁을 반대하고 불가침 의무를 확고히 준수하기 위한 군사적 조치들을 취하기로 하였다. ① 쌍방은 지금까지 관할하여 온 불가침 경계선과 구역을 철저히 준수하기로 하였다. ② 쌍방은 해상 불가침 경계선 문제와 군사적 신뢰 구축 조치를 남북 군사 공동위원회를 구성·운영하여 협의·해결해 나가기로 하였다." 새로운 내용은 없었다.

22 북한 체제를 비판하고 개성공단에서 일하는 북한 여성의 탈북을 유도했다는 것이 이유였다. 『동아일보』, 2009년 3월 31일, http://news.donga.com/3/all/20090331/8714187/1 (검색일: 2013. 4.26)

일 핵실험을 강행하였음은 이미 본 바와 같다. 이어 북한은 5월 27일 조선인민군 판문점 대표부 성명을 통해 한국의 확산 방지구상(PSI) 참여를 비난하며, "남측 5개 섬(백령도, 대청도, 소청도, 연평도, 우도)의 법적 지위와 그 주변 수역에서 행동하는 미제 침략군과 괴뢰 해군 함선 및 일반 선박의 안전 항해를 담보할 수 없게 될 것"이라고 밝혔다. 7월 30일에는 연안호를 나포하였다.

이러한 북한의 대남 공세는 2009년 8월부터 유화적으로 바뀌게 된다. 8월 5일 미국 여기자 석방에 이어 8월 13일 개성공단 직원을 석방하였다. 8월 17일 현정은-김정일 면담에서 금강산, 개성 관광 및 이산가족 상봉 재개가 합의되었다. 이어 북한은 12.1 조치를 해제하였고 8월 21일~23일 김대중 대통령 서거 시 조문단을 파견하였으며 조문단의 김기남, 김양건은 이명박 대통령을 예방하였다. 그 뒤 정상회담을 논의한 남북간 비밀 접촉이 진행되기도 했다. 그러나 이러한 유화 국면은 오래 가지 못했다. 2009년 11월 10일 서해 북방한계선 부근인 대청도 동쪽 약 9km 지점에서 남북 해군 간 충돌이 발생하였다. 이른바 대청해전으로 제2연평해전이 발생한 지 7년 만에 남과 북은 또다시 서해 북방한계선(NLL) 대청도 해상에서 부딪힌 것이다. 11월 10일 오전 11시 27분쯤 북한 경비정 한 척이 갑자기 서해 대청도 동방 11.3km 지점의 NLL 해상을 2.2km 가로질러 침범했고, 이에 남한 해군이 대응, 약 2~3분 간의 교전이 벌어졌다. 북한 경비정은 함포와 기관포 파괴로 교전이 불가능해지자, 반파된 상태에서 NLL을 통과해 북상했다. 이 과정에서 남한 측에는 사상자가 발생하지 않았으나 북한군은 많은 사상자가 발생한 것으로 알려졌다.[23] 한편, 북한은 조선인민군 최고사령부 보도를 통해, "우리 영해에 침입한 불명 목표를 확인하기 위하여" 조선인민군 경비정을 기동시켰고 이 경비정이 귀대하는 중, 남한 함대가 뒤따르며

---

23 정성장, "천안함 사태와 한국의 대북정책," 『전남대 세계한상문화연구단 국내학술회의 자료집』(2010. 6), p.21.

발포했다고 주장하였다.[24] 이후 북한은 다시 대남 강경 입장으로 선회하였다. 11월 13일 군사 회담 북측 단장은 대남 통지문을 통해 "무자비한 군사적 조치가 취해질 것"임을 천명하였고[25] 12월 21일 북한 해군사령부는 대변인 성명을 통해 북측이 주장하는 서해 해상 군사분계선 이북 수역을 평시 해상 사격 구역으로 선포하였다.[26]

북한은 2010년에 들어와 신년 사설을 통해 6.15 및 10.4선언 이행을 강조하면서 남한 정부의 정책 전환을 다시 한번 촉구하였다. 그런데 그해 1월 14일 문화일보가 이명박 정부의 급변 대비 계획이라고 하면서 '부흥 계획'에 대해 보도하는 사건이 발생하였다. 북한은 그다음 날 국방위원회 대변인 명의의 성명을 발표하며 강력히 반발하였다.[27]

이어 2010년 3월 26일에는 백령도 근처 해상에서 남한 해군의 초계함인 PCC-772 천안함이 침몰하여 남한 해군 40명이 사망하고 6명이 실종되는, 이른바 천안함 피격 사건이 발생하였다. 천안함 사태는 UN 안보리에 회부되었고 UN 안보리에서는 천안함 침몰을 초래한 공격 행위를 "규탄(condemn)한다"라는 의장성명을 채택했다. 북한은 남한 정부의 사건 조사 결과에 대해 허위 조작에 의한 날조극이라고 비방하면서 물증 확인을 위하여 국방위원회 검열단을 보내겠다는 식의 맞불 작전을 펴면서 자신들의 소행이 아니라고 정면으로 반박했다.[28]

북한은 천안함 사건으로 국제적 비난을 받던 상황에서도 NLL 해역에 해안포를 발사하고 핵 개발을 하는 등 한반도에 긴장을 불러일으켰다. 또한 나포된 대승호 선원과 선박 송환, 이산가족 상봉 행사 개최, 금강산관광 재

---

24 통일부, 『2009 11 월간 북한동향』, p.24.

25 통일부, 『2009 11 월간 북한동향』, p.25.

26 통일부, 『2009 12 월간 북한동향』, p.48.

27 통일부, 『2010 01 월간 북한동향』, p.33.

28 대한민국 정부, 『천안함 피격 사건 백서』 (2011), pp.240-241.

개 관련 협의를 제안하는가 하면, 내부적으로는 2010년 9월 28일 30년 만에 개최되는 당대표자회의에서 3대 세습 체제를 공식화하였다. 김정일은 2010년 5월과 8월 2차례나 중국을 방문하여 중국의 정치·경제적 지지를 확보하고자 하였다.[29]

한편, 북한은 11월 12일 미국의 핵 전문가인 해커 스탠퍼드대 국제 안보 협력 센터 소장을 통해 북한 핵시설을 공개하였다. 해커에 의하면 초현대식 시설에 설치된 원심분리기 수백 개가 가동 중에 있었다는 것이다.[30]

이러한 정세 속에서 북한은 11월 23일 오후 2시 34분부터 3시 41분까지 2차례에 걸쳐 연평도와 인근 해상으로 170여 발 이상의 포사격을 함으로써 도발을 감행하였다. 북한의 도발 양상을 시간대별로 보면 북한은 11월 23일 8시 20분에 남한 측에 호국 훈련 사격 중단을 요청하는 전통문을 발송하였다. 하지만 남한은 호국 훈련은 1996년 11월부터 실시된 연례적인 훈련일 뿐이라며 북한의 요청을 거절하고 예정대로 훈련을 진행, 10시부터 사격훈련을 개시하였다. 북한군은 1차 공격으로 14시 34분부터 14시 46분까지 무도와 개머리 진지에서 해안포와 122밀리 방사포로 150여 발을 집중적으로 발사하였다. 이어 15시 12분부터 15시 29분까지 해안포 및 방사포로 2차 공격을 감행하였다. 이에 남한 군은 포병 공격을 당한 후 13분 후인 14시 47분부터 무도 포진지에 50발, 개머리 포진지에 30발의 대응 사격을 하였다. 15시 50분에 한국 측은 북한 장성급 회담 대표에게 사격 중지를 촉구하는 전통문을 발송하였다.[31]

---

29 통일부, 『2010. 10. 월간 북한동향』, pp.71-74.

30 연합뉴스, "북, 미 전문가에 원심분리기 수백 개 공개(종합)," 2010년 11월 21일. http://news.naver.com/main/read.nhn?mode=LSD&mid=sec&sid1=100&oid=001&aid=0004777588 (검색일 : 2013. 6.21); 북한은 해커 박사의 전언과 관련, "현재 우리나라에서는 경수로 건설이 활발히 벌어지고 있으며 그 연료 보장을 위해 수천 대 규모의 원심분리기를 갖춘 현대적인 우라늄 농축공장이 돌아가고 있다."라고 주장하였다. 『로동신문』, 2010년 11월 30일.

31 옹진군, 『연평도 포격 사건 백서』 (2012), pp.73-77; 정경영, "연평도 사태 평가와 북한 도발 시나리오 그리고 한국의 안보태세," 『군사논단』 제66호 (2011년 여름), pp.134-135.

북한의 포격으로 남한 해병 2명이 즉사하고 민간인 2명이 사망하였으며, 해병대원 16명이 중경상을 입고 민간인 다수가 부상을 했다. 북한의 포격으로 민간인 사망 2인을 비롯한 사상자가 발생했다는 점, 북한군이 민간인 거주지역에 대해서도 직접적으로 포격을 가하여 인명을 살상하였다는 점 등에서 고강도 도발이라 할 것이다.[32]

2. 북한의 대내외 인식

북한이 연평도 포격이라는 전례 없는 고강도의 위기 조성을 감행하기까지 고려한 대내외 중요한 인식변화는 무엇이었는지를 검토하다 보면 다음 두 가지 질문이 제기된다.

첫째, 왜 북한은 천안함 폭침, 우라늄 농축시설 공개, 연평도 포격이라는 세 가지 도발을 연달아 전개했을까 하는 것이다. 이와 관련 북한이 세 가지 도발을 사전에 기획하고 했을까 하는 점부터 생각해 보아야 한다. 본 연구자는 그렇지 않다고 추정한다. 왜냐하면 북한의 연평도 도발은 천안함 폭침의 결과를 다각도로 분석한 바탕 위에서 이루어진 것으로 보는 것이 합리적이다. 더군다나 천안함 피격과 연평도 도발 사이에는 북한의 유화공세 등 남북 관계의 부침이 있었으며, 미국과 중국의 반응이 얽히면서 복잡한 정세가 전개되었다. 북한이 연초에 이 모든 경우의 수를 고려해서 3가지 도발을 사전 기획했다고 보기는 어렵다. 다만 우라늄 농축시설 공개와 연평도 포격은 거의 열흘 간격으로 일어났기 때문에 북한 최고지도부에

서 면밀한 계산하에 연속적으로 위기 조성을 기획했을 가능성이 높다.

따라서 보다 합리적인 질문은 북한은 어떠한 인식 아래 천안함 도발 후 불과 8개월도 안 되어 또다시 우라늄 농축시설을 공개하고 연평도 포격을 감행했는가 하는 것이 될 것이다.

둘째, 천안함 폭침은 우라늄 농축시설 공개, 연평도 포격과는 달리 비공개 도발이었기 때문에 북한이 대내외적으로 말하고 싶은 메시지 내용이나 선전적 요소가 불충분했을 수 있다는 관점에서 보면, 천안함 폭침에도 불구하고 달성되지 못했다고 인식한 또 다른 북한의 목표와 선전적 내용은 무엇인가 하는 질문을 던질 수 있다. 그것은 우라늄 농축시설 공개, 연평도 포격의 의도를 파악하는 데 핵심적 질문이 될 것이다.

상기 질문에 답하기 위해서 먼저 천안함 폭침과 연평도 포격 사이에 벌어졌던 대내외 상황 변화를 분석해 볼 필요가 있다. 먼저 대내적 차원에서 가장 중요한 일은 2010년 9월 28일 당 대표자대회였을 것이다. 김정은이 대장으로 진급했고 당 중앙군사위원회 부위원장이 되었다. 정치적 측면에서는 권력승계 절차의 마무리가 시급하였던 것이다. 경제적 측면에서는 2009년 화폐개혁으로 인한 문제점이 드러났다.

대외적 측면에서는 당 대표자 회의 이전 김정일이 2회에 걸쳐 중국을 방문했으나 성과가 미진하였다. 천안함 이후에도 미국의 전략적 인내 정책과 그에 따른 대북 압박이 지속되면서 북한을 초조하게 만들고 있었다.

대남 차원에서는 5.24 조치로 인한 압박이 가해지고 있었다. 남한 정부는 북한 선박의 남한 해역 운행을 불허하고 남북교역을 중단하였으며, 남한 국민의 방북을 불허하였다. 또한 북한에 대한 신규 투자를 불허하기로 하였으며, 취약계층을 제외한 대북 지원 사업을 보류하였다. 그럼에도 하반기 이후 북한의 대남 대화 공세가 전개된 점도 주의 깊게 볼 대목이다. 7월 남북 간 비공개 접촉에서 쌀 지원을 카드로 사용했던 북한은 9월 4일 북한 적십자사를 통해 한적에 쌀과 중장비, 시멘트 지원을 요청했다. 이어 9월 7일에는 그동안 억류하였던 대승호 선원을 석방했고 9월 10일 조선적십자회를 통해 추석 이산가족 상봉을 제안, 10월 30일부터 11월 5일까지 금강산에서 이산가족 상봉 행사가 진행되었다.

이 가운데 북한은 무엇이 북한식 기회의 창에 문제를 야기한다고 인식했는가? 2008년 8월 이후 북한의 정세 인식의 특징은 조바심에 기초한 것이라는 데에 있다. 말하자면 후계 구축 준비가 제대로 되지 않은 상황에서 김정일의 건강에 문제가 생길 가능성이 급속히 증가하고 대외환경이 악화한 것이다. 이러한 관점에서 당시 상황을 들여다보면 미국의 전략적 인내 정책, 남한의 원칙에 입각한 대북정책, 내부 후계 준비 불충분 등이 가장 문제 상황이었다고 할 수 있다. 중국의 인색한 지원 및 정책간섭은 그다음이었다. 중국의 경우는 안보 위협이라기보다는 기대에 못 미치는 지원과 과도한 정책간섭에 따른 불만이라고 보는 것이 적절하므로 북한 내부와 한미로부터 오는 문제 상황보다 컸다고 할 수는 없다.

먼저 대남 측면을 보면, 천안함 이후 북한의 반발이 컸던 것은 남한의 5.24 조치였다. 북한은 5.24 조치 직전인 5월 20일 국방위원회 대변인 성명을 통해 대북 제재에 전면전쟁을 포함한 강경 조치로 대응하겠다고 발표했다. 5월 24일 당일에는 전선 중부지구 사령관 공개 경고장에서 대북 심리전 재개 시 직접 조준사격을 가하겠다고 발표했다. 그리고 5월 25일에는 조평통을 통해 5.24 조치에 반발하면서 남한과의 모든 관계를 단절하겠다고 협박하였다. 5월 27일에는 인민군 총참모부가 7개 항의 조치를 발표했다. 남북 협력 교류와 군사적 보장조치 전면 철회, 남한군부가 재개하는 반북 심리전 책동에 무자비한 대응, 서해 해상 우발적 충돌 방지 쌍방 합의 완전 무효화, 서해 북측 해상 분계선 침범 시 즉시 물리적 타격, 영해·영공·영토를 통한 남한의 함선·비행기·기타 기동수단들의 통과 전면 불허, 남 당국자 북한 출입 엄금 등이다. 6월 12일에는 서울의 불바다까지 내다본 무자비한 군사적 타격이라는 발언도 서슴지 않았다.[33]

---

33 통일부, 『통일백서 2010』 (2010) p.45.

북한이 5.24 조치로 인해 바로 고통받았다고 볼 수는 없다. 왜냐하면 이명박 정부 들어 남북 교류 협력이 이미 급격한 감소 추세에 있었고 북한의 현금 원 중의 하나인 금강산관광도 5.24 이전에 이미 중단되어 있었으며, 개성공단은 5.24 조치에도 불구하고 정상 가동되도록 했기 때문이다. 그러나 5.24 조치의 효과는 하반기로 가면서 그 위력을 발휘하기 시작했다. 2010년 일반교역과 위탁가공교역은 2009년에 비해 35%가 급감했고 2011년에는 거의 중단되기에 이른 것이다.

북한은 이명박 정부 대북정책을 비난하면서 요구했던 데에서 드러났듯이 2000년 정상회담 이후 남북 관계에서 펼쳐진 제한적 화해 vs 대가 구도에서 북한이 남한으로부터 받을 수 있는 대가를 통해 북한식 기회의 창을 열어 갈 수 있다고 보았다. 그런데 이명박 정부의 대북정책, 5.24 조치 등이 이러한 기회의 창을 막고 있다고 판단하였다. 북한이 기대한 대가는 우리 민족끼리에 기초한 대북 지원, 금강산관광 사업, 개성공단 사업 등이었다. 북한이 5.24 조치에 강력히 반발하다가도 하반기 이후 유화 공세로 돌아섰고 각종 대화를 제안했으며 대화에 나와서는 대북 지원과 금강산관광 사업 재개를 일관되게 요구했던 것도 이러한 북한의 인식에 따른 것이다. 이와 관련 조총련 기관지 조선신보의 10월 16일 자 기사를 주목할 필요가 있다. "조선이 항상 놓칠 수 없는 과제로 간주해 온 것이 북남 관계 발전… 9월 이후의 화해 공세는 고도의 정책적 판단에 따라 이뤄졌다고 보는 것이 타당하다.… 북남 관계 개선의 돌파구도 2012년을 향한 노정도 위에 또렷이 내다보고 있는 듯하다"라고 강조했다. 즉 북한은 2012년 강성 대국 건설의 문을 열기 위한 큰 그림을 그리고 남한 정부의 대북 지원 및 남북경협 확대 등도 그 하위 요소로 포함해 놓았던 것으로 분석할 수 있다. 이러한 관점에서 북한은 이산가족 상봉 및 적십자 회담에 호응해 나왔고 금강산관광 사업의 재개와 대북 지원을 적극 요구하고 나섰다. 노동신문은 "금강산관광에 대한 입장과 태도는 북남 관계 개선을 바라는가, 바라지 않는가를 판가름하는 시금석"이라면서 남북 당국 간 실무 회담의 조속한 개최를 촉구했다. 또한 "남조선 당국이 진정으로 관계 개선을 바란다면 무엇보다 금강산관광 재개를 위한 대화와 협상에 성실하게, 적극적으로 나서 의지를 보여야 한다"라고 지적했다.[34] 이어서 북한은 10월 적십자 실무 접촉(10.26~27)에 나와서 이산가족 상봉 대가로 식량 50만 톤과 비료 30만 톤 지원을 요구했다. 이산가족 상봉이 북한에 대한 대북 지원과 연계되어 있다는 것은 남북 관계의 관례처럼 되어 있었기 때문에[35] 북한은 요구한 식량의 전부는 아니라도 상당량의 지원을 확보할 수 있을 것으로 기대했음에 틀림없다. 그러나 남한은 북한에 "천안함 피격 사건을 포함한 남북 관계에 대한 결자해지의 태도"와 "비핵화를 향한 북한의 정치적 결단"을 요구하고, 그것이 "남북 관계의 정상화를 향한 새로운 시작"이 될 것이라는 입장을 견지하며[36] 북한의 요구에 응하지 않았다.

이에 북한은 "남이 금강산면회소 정상화와 인도주의 협력사업을 활성화하는 문제에 대해 부당한 구실을 내대며 거부하였다"라고 비난하고, 금강산관광 재개 관련 실무 회담에 남한 측이 제대로 응하지 않으면 핵전쟁의 위험도 가실 수 없다고 주장했다.[37] 북한에 금강산관광 사업은 "6.15의 옥동자"[38]였기 때문에 금강산관광 재개 요구가 거부되고 대북 지원 확보에 실패한 상황은 대남 관계에서 기회의 창이 부인되는 위협이었다.

다음 대내 측면을 보도록 하자. 북한은 연평도 포격을 통해 후계 체제

---

34 『로동신문』, 2010년 10월 18일.

35 대표적인 사례로 2002년 임동원 특사 방북 시 공동 보도문이 있다. 동 보도문에는 제4차 이산가족방문단 교환 사업과 동포애와 인도주의, 상부상조의 원칙에서 서로 협력한다는 문항이 동시에 합의되어 4월 25일부터 비료 20만 톤 지원이 시작되었고 이산가족 상봉은 4월 28일부터 진행되었다. 탈북자 강철환은 이를 두고 이산가족 상봉이 대북 지원 대가로 전락했다고 지적하였다. 강철환, "대북 지원 대가로 전락한 이산가족 상봉" http://blog.naver.com/sol6915?Redirect=Log&logNo=20034888280 (검색일 : 2013. 6.14)

36 통일부, 「민족 통일 협의회」 상생과 공영을 위한 통일포럼 장관 축사 (2010. 10. 21)

37 조선중앙통신, 2010년 10월 27일.

38 『로동신문』, "북남 선언들의 기치따라 나라의 평화와 자주통일을 실현하자," 2010년 10월 4일.

구축에 유리한 환경을 조성할 수 있다고 보았다. 북한은 내부적으로 포병 대장 김정은의 업적을 선전하는데 열을 올리고 있었다. 마이니치신문이 2009년 10월에 보도한 '존경하는 김정은 대장 동지의 위대성 교양 자료'에도 김정은의 '포병 부문에서의 수완'을 강조하고 있다.[39] 이처럼 포격을 김정은과 불가결한 이미지로서 북한 주민에게 가르치고 있었기 때문에 연평도 포격에서 성공을 거두게 되면 이를 후계자로서 김정은의 선군 업적으로 선전할 수 있다고 보았다. 만약 천안함 폭침, 우라늄 농축시설 공개, 연평도 포격을 한 묶음으로 보게 되면 이러한 국내 정치적 동인 또한 간과하기 쉽다. 왜냐하면 국내 정치적 목적을 위해 군이 세 가지 대형 '도발'을 연달아 전개해야만 했던 충분한 이유를 발견하기 어렵기 때문이다. 그러나 천안함 도발은 비공개 도발이었기 때문에 이를 선전적 요소로 활용하기 어려웠는데 반해, 김정은은 군 경험이 없다는 점에서 선군정치의 후계자로서 군사 분야 업적을 쌓아 이를 내부적으로 선전할 수요는 매우 컸다는 점에서 연평도 포격의 국내 정치 동인을 추론해 볼 수 있는 것이다.

미국은 새 대북 제재 행정명령(13551호), 한미 합동군사훈련 등으로 북한에 위협을 가하였고, 북한의 협상 요구에 전략적 인내로 대응함으로써 북한의 조바심을 돋우었다. 그럼에도 후계 체제 구축을 위해서는 미국으로부터 핵무기보유국의 지위를 인정받고 그것을 바탕으로 미국과 평화협정을 맺고 정식 외교 관계를 수립하는 것은 무엇보다 중요했다. 북한은 앞에서 보았듯이 이른바 인도 모델과 중국 모델을 염두에 두고 대미 접근을 계속해 나갔다. 당국 간 협상뿐만 아니라 민간인 초청, 학술회의 등 다양한 형식을 취했으며 필요하다면 위기 조성도 불사해야 했다. 미국 내 대북정책의 우선순위를 높이고 협상 재개와 대북 제재 해제를 압박했던 것으로 분석할 수 있다. 그러나 이러한 대미 메시지 전달의 수단은 2010년 11월 우라늄 농축시

---

39 DailyNK, 2009년 10월 6일, http://www.dailynk.com/korean/read.php?catald
=nk00100&num =77192

설 공개였다고 보아야 할 것이다. UEP는 플루토늄보다 은닉이 쉽고 소형 핵
폭탄 제조에 적합하므로 확산도 용이하다. 따라서 이를 공개한 것은 미국
에 협상에 나오지 않으면 안 된다는 강력한 신호를 주고 싶었던 것으로 해
석된다.[40] 물론 연평도 포격도 그러한 대미 메시지 전달의 한 수단이었지만
앞에서 보았듯이 연평도 포격은 어디까지나 남한 영토를 타격한 도발이었
기 때문에 미국에 대한 메시지 전달이 핵심 의도는 아니었다고 보인다.

북한은 중국의 미지근한 지원과 과도한 정책 간섭이라는 위협에 직면하
여 서해에 긴장을 조성함으로써 중국으로 하여금 북한의 지정학적 중요성
을 인식시켜 군사적, 경제적 지원을 더 얻어내고자 하였다. 사실 김정일은
중국에 후계 체제를 인정받고 대북 지원을 요구하기 위해 불편한 몸을 이
끌고 직접 2차례나 중국을 방문했다. 그러나 중국으로부터 돌아온 것은 개
혁개방 요구였다. 김정일이 5월 방중 기간 중 홍루몽을 관람하지 않고 귀
로에 오른 것은[41] 중북 간 갈등의 정점이었다.[42] 천안함 사태는 중국이 심
혈을 기울여 상하이 엑스포를 준비하던 상황에서 바로 근해에 해당하는
서해에서 발생했다. 연평도 포격 역시 중국이 새로운 이미지 쇄신을 목표
로 야심 차게 준비한 광저우 아시안게임의 진행 중에 발생했다.[43] 천안함
이후 한반도 주변 정세에 조성된 군사적 긴장은 미국의 개입을 불러왔고

---

40 연평도 포격 직전 북한을 방문한 리언 시걸에게도 북한은 미국이 협상에 응하지 않으면 새로
공개한 우라늄 농축 프로그램 외에 불능화한 플루토늄 시설도 재가동할 것이라고 위협하였
다. 즉 북한은 미국에 대해서는 핵으로 위협했다. 뉴시스, "북 '북미 코뮤니케 존중하면 핵 개
발 중단," 2010년 11월 23일.

41 연합뉴스, 2010년 5월 6일. 당초 김정일은 후진타오 중국 국가주석과 함께 6일 저녁 중국 베
이징에서 시작하는 홍루몽을 함께 관람할 것으로 관측됐다.
http://news.naver.com/main/read.nhn?mode=LSD&mid=sec&sid1=100&oid=001&a
id=0003263887 (검색일 : 2013. 4.28)

42 김정일이 홍루몽을 관람하지 않은 것을 일정상의 문제나 김정일의 건강 이상으로 여기는 시
각이 있으나 한 정부 고위 관계자는 이를 북중 간의 갈등으로 단정했다.

43 조한범, "북한이 간과한 연평도 도발의 영향," 『통일연구원 Online Series』 CO 10-45
(2010.11.29).

일본 군비확장의 명분을 제공했다. 경제성장에 집중하려는 중국에 이러한 상황은 결코 원하던 바가 아니었다. 이런 관점에서 보면 북한은 중국을 상대로 치밀하게 계산된 모험주의(calculated military adventurism) 전략을 추구했다고 볼 수 있다.[44] 중국이 당 고위층 인사의 방북을 통해 북한에 유리한 방향으로 외교적 중재를 하고 북한에 대한 간섭은 줄이면서 지원의 규모를 늘린다면 북한의 위기 조성은 소기의 목적을 달성하는 셈이다. 사실 6자회담 참여국 중에 북한의 위기 조성에 대해서 가장 발 빠른 대응과 해결 노력을 보이는 나라는 다름 아닌 중국이었다.

NLL 문제는 연평도 포격의 직접적 요인이었다기보다는 배경적 요소라고 보는 것이 적절하다. NLL을 무력화시키기 위해 연평도를 포격했다고 보기보다는 NLL이 비법적이라고 보는 북한의 인식, NLL 주변에서 이루어지는 한미 군사 훈련으로 인한 북한의 위협감, NLL을 둘러싼 주변국의 복잡한 이해관계 등의 요소가 앞에서 본 대남, 대미, 대중 요인들과 결합해 연평도 포격으로 나타났다고 보아야 한다.

3. 표적과 청중, 기회의 창

이상의 상황을 종합해 볼 때 연평도 포격은 이명박 정부의 5.24 조치 등 강경 정책으로 인해 2000년 이후 북한이 열려고 했던 제한적 화해 vs 대가 구도를 통한 기회의 창이 부인되는 상황을 깨뜨리려는 도발적 시도였다고

---

[44] 조민, "북한의 '전쟁 비즈니스'와 중국의 선택," 『통일연구원 Online Series』 CO 10-46, (2010.12. 1). 물론 이러한 전략 자체는 1960년대 말 북한의 군사모험주의에서도 시도된 바 있는 것으로서 결코 새로운 것은 아니다.

할 수 있다. 다시 말해 북한의 위기 조성의 표적은 5.24 조치 등 이명박 정부의 "반공화국 대결 정책"이었고 연평도 포격이라는 위기 조성을 통해 이러한 정책의 전환을 압박한 것이며 북한 내부, 미국, 중국도 청중으로 설정되어 있었다. 북한은 무엇보다도 남한의 5.24 조치 해제를 압박하는 한편, 대북 지원 및 금강산관광 사업 재개 등 자신에게 유리한 사업 이행을 강제함으로써 기회의 창을 복원하고자 하였다. 여기에 2010년 9월 후계자로 공식 옹립된 김정은의 선군 업적을 선전하기 위한 국내적 동기가 부가되었다. NLL을 매개로 미국을 협상테이블로 불러내고 중국의 정치, 경제적 지원을 확보하기 위한 동기도 내재해 있었다고 보아야 한다.

그렇다면 다음 질문은 북한은 왜 그렇게 고강도의 위기를 조성한 것일까 하는 것이다. 그것은 김정일의 건강이 좋지 않은 가운데 시급히 후계 체제 구축 여건을 조성해야 한다는 조바심과 그에 따른 과도한 기대 때문이었다. 2008년 출범 이후 온갖 강경 조치에도 흔들리지 않는 이명박 정권의 대북정책을 전환하고 오바마 정부의 일관된 전략적 인내를 바꾸기 위해서는 기존의 위기와 차원이 다른 시도가 필요했다. 또한 점증하는 중국의 간섭을 뿌리치고 원만한 후계 구축 프로세스에 필요한 조건 없는 지원을 확보하기 위해서는 연평도 포격이라는 고강도의 위기를 통해 중국이 중시하는 한반도 안정을 위협함으로써 중국의 양보를 받아내고자 했다고 분석할 수 있다.[45]

또한 북한은 1970년대 서해 사태, 1999년, 2002년 연평해전, 2009년 대청해전 등의 경험을 통해 서해에서의 긴장이 곧바로 전쟁으로 이어지지 않

---

45 그러나 중국과 끝까지 각을 세우는 것은 결코 북한에 이롭지 않다. 이제 중국을 한번 쳤으니까, 북한의 안보에 큰 문제가 없는 사안에 대해서는 중국의 입장을 배려해 줄 필요가 있었다. 때마침 2011년 1월 19일 미국 오바마 대통령과 중국 후진타오 주석은 워싱턴에서 회담을 갖고 남북한이 성실하고 건설적인 대화를 시작하는 것이 대단히 중요한 첫걸음이라는 의견을 모았다. 북한은 미중 정상회담 결과에 따라 1월 20일, 김영춘 인민무력부장 명의의 통지문을 한국의 김관진 국방부 장관에게 보내 한반도의 긴장 상태를 완화하기 위한 남북 고위급 군사 회담의 개최를 제안했다.

는다는 것을 잘 알고 있었을 것이다. 서해 NLL 인근은 남북뿐만 아니라 미국, 중국의 국익이 밀접하게 연관되고 부딪히는 곳이다. 따라서 서해에서의 긴장 고조는 국제전으로 비화할 가능성이 높으므로 남북의 독자적 선택 영역이 넓지 않고 반드시 주변 강대국들의 동의가 필요하다. 그뿐만 아니라 한국 내부적으로도 국회와 국민의 지지를 얻어야만 하는 문제점 때문에 전쟁으로 현실화할 가능성이 낮다고 할 수 있다.[46] 따라서 북한에 서해 군사 도발은 국지적 차원으로 제한되고 종결될 수 있는 매우 유용한 강압 수단이 될 수 있었다.[47] 그러나 더욱 중요한 것은 북한의 핵무기 개발 진전에서 비롯된 자신감의 작용이다. 앞에서 보았듯이 북한은 2009년 5월 2차 핵실험을 통해 스스로 핵보유국으로 자리매김하였다. 남한의 영토를 기습적으로 도발하더라도 핵무기를 갖고 있다고 의심되는 북한에 대해 남한이 전면전으로 대응하지는 못할 것이라는 생각을 하고 있었을 것이다.

연평도 포격 이후 북한은 2011년 1월 8일 조평통을 통해 당국 간 회담 개최를 제의하였다.[48] 이와 함께 적십자 회담, 금강산관광 재개 회담, 개성 공업지구 회담도 재개하자고 하였다. 북한의 의도는 연평도 포격을 통해 노렸던 남북 관계 성과물을 챙기는 데 있음을 보여준 것이다. 남한이 이를 사실상 거부하자 북한은 1월 20일 모든 군사적 현안 논의를 위한 고위급 군사 회담을 제안하고 3월 17일에는 백두산화산 공동연구를 제의하는 등 여건을 조성하고자 하였다. 4월 7일에는 우다웨이-김계관 회담을 통해 남북대화 → 북미대화 → 6자회담 구도도 수용했으며, 5월 9일 남북 비공개

---

46 Van Jackson은 연평도 도발과 관련, 남북 간 적대적 관계, 서로 실행되지 않은 위협을 주고받은 역사적 경험, 북한의 도발 시 남한이 물러섰던 사례 등을 통해 연평도 사건의 배경을 분석하였다. Jackson, Van, Rival reputation : coercion and credibility in US-North Korea relations (Cambridge University Press, 2016), pp.187-190

47 박대광, "북한의 서해 무력 도발: 배경, 전략적 계산, 결과," 『동북아안보정세분석』, (2010.12.16), p.3.

48 조선중앙통신, 2011년 1월 8일.

접촉에 호응해 나왔다. 북한은 연평도 포격의 결실을 거두고 북한식 기회의 창을 복원하기 위한 전술적 움직임을 보였다.

제5장

김정은 시기 위기 조성 전략

지금까지 김정일 집권기 북한 위기 조성 전략의 배경과 대상, 동인을 고찰해 보았다. 이러한 연구 성과를 바탕으로 필자는 김정은 총비서(이하 김정은) 집권기 북한의 위기 조성 전략을 간략히 살펴보고자 한다. 2011년 12월 김정일이 사망하고 김정은이 집권하였다. 권력을 세습한 김정은이 아버지 김정일로부터 물려받은 유산은 2차례의 핵실험에 따른 핵 능력, 미북 관계 및 남북 관계 악화, 고위급 교류는 회복했지만, 여전히 대북 제재에 동참하고 있는 껄끄러운 대중국 관계, 내부 경제난의 지속 등이었다. 이러한 위기 요인과 기회 요인을 토대로 그는 군사 강국과 경제 강국의 건설을 목표로 대외정책을 끌고 갔다.

김정은 또한 김정일과 같이 이러한 대외정책을 달성하는 데 있어 미국과 한국을 위협인 동시에 기회의 상대로 인식하였다. 특히 미국은 안보적인 측면에서 체제 생존을 위협할 수 있는 존재인 동시에 경제적 측면에서 대북 제재 해제, 국제 사회의 대북 협력 등을 좌지우지할 수 있는 유일한 나라였기에 김정은은 집권 초부터 2025년 현재까지 미국 정부를 표적으로 한 위기 조성 전략에 매달리고 있다는 것이 필자의 분석이다. 2012년 4월, 김정은은 미북 간 2.29 합의를 파기하고 장거리 로켓을 쏘아 올렸고 이후 4차례의 핵실험을 감행하면서 핵 능력 고도화에 전력을 기울이고 있다. 그 또한 핵 군사력 강화를 통해 대외 위협의 억지만을 추구하지는 않았고 이른바 북한식 기회의 창을 만들고자 하였다. 필자는 그가 만들고자 했던 기회의 창을 2017년 말에서 2019년 초까지 전개된 북한의 대외정책에서 발견할 수 있다고 본다. 김정은은 네 차례의 핵실험과 여러 차례의 미사일 시험 발사 이후 2017년 11월 핵 무력 완성을 선언하고 2018~2019년 2월까지 세 차례 남북 정상회담, 네 차례 북중 정상회담, 세 차례 미북 정상회담에 나섰

는데, 그 시기에 행한 북한의 전략 전술을 분석하면 그가 가졌던 기회의
창을 유추해 볼 수 있다고 본다.

제1절

2013년 3차 핵실험

김정은이 집권 후 북미 관계에서 처음 맞닥뜨린 사건은 2012년 2.29 합의와 그 파기라고 할 수 있다. 2.29 합의의 주요 내용은 ①장거리 미사일 발사 유예와 핵실험 중단 ②우라늄 농축시설 포함 영변에서의 핵 활동 중단 ③영변에 대한 IAEA 사찰 수용 ④정전협정 준수 의지 표명 ⑤9.19 공동성명 이행 의지 재확인 ⑥미국은 북한에 대해 24만 톤의 영양제를 지원하는 것이었다.[1]

그런데 북한은 김일성 생일을 이틀 앞둔 2012년 4월 13일 장거리 로켓을 발사하여 2.29 합의를 깨뜨려 버리는 도발을 감행하였다. 비록 발사 직후 로켓이 공중에서 폭발했지만, 이는 북미 간 회담이 진행되는 동안 미사일 발사 등을 동결하기로 한 2.29 합의에 정면으로 배치되는 것이었다. 북미 관계의 급속한 냉각이 뒤따랐다.

그렇다면 왜 북한은 영양제 등 보상도 받지 않은 시점에 2.29 합의를 파기했을까? 북한이 장거리 미사일을 발사한 4월 13일, 북한은 헌법에 '핵보유국'임을 명시하였다. 그렇다면 북한은 애초부터 2.29 합의 이행 의지가 없었던 것이 아닌지 의심해 볼 수 있다.[2] 명확한 답을 하기는 어렵지만 당시 북한의 행적을 쫓아가 보면 북한의 의도는 어렴풋이 파악할 수 있다. 북

---

1 신재현, 김정은 체제의 핵 정책과 우리의 대응 방향(KDI 『북한경제리뷰』 (2014.10) p.3; 북한은 외무성 대변인을 통해, 미국은 北에 24만 t의 영양식품을 제공하고 추가적인 식량 지원을 실현하기 위해 노력하고 6자회담 재개 시 제재 해제와 경수로 제공 문제를 우선으로 논의하며, 우리는 미국의 요청에 따라 결실 있는 회담이 진행되는 기간 핵시험과 장거리 미사일 발사, 영변 우라늄 농축 활동을 임시 중지하고 우라늄 농축 활동 임시 중지에 대한 국제원자력기구의 감시를 허용하기로 하였다고 합의 결과를 밝혔다. 조선중앙통신, 2012년 2월 29일.

2 북한의 위기 조성을 북미중 관계의 역학 변화에 주목하여 설명하는 측에서는 북한이 글로벌 금융위기의 여파로 미국의 경제는 침체하는 데 비해 중국의 경제력이 급성장하는 미중 경쟁의 틈새에서 자국의 전략적 위상을 높이기 위한 도발적 행보였다고 풀이한다. 이우탁, 『긴급 프로젝트 한반도 핵 균형론 북한의 핵보유국화와 미중 패권 경쟁』(역사인, 2023), pp.145-146

한의 위성 발사 계획은 2.29 합의를 도출할 당시부터 쟁점이 되었는데도 미북 간 결국 합일점을 찾지 못했던 것으로 보이며,[3] 북한은 발사 이전부터 위성 발사는 2.29 합의에서 유예하기로 한 장거리 미사일 발사에 포함되지 않는다고 우기고 있었다. 실제로 북한은 사전에 국제민간항공기구(ICAO)에 발사 계획을 통보하고 4월에는 언론을 초청하는 등 평화적 이벤트로 포장하려고 하였다. 평화적 위성 발사는 2.29 합의와는 별개의 문제이며, 2.29 합의를 성실히 이행하려는 입장에 변함이 없다는 것이 북한의 일관된 주장이었다.[4] 이러한 북한의 태도로 미루어 볼 때 북한은 2.29 합의를 통해 제한적 비핵화 vs 보상이라는 기회의 창을 모색하면서, 위성 발사에 대한 미국의 반응을 테스트하려 한 것으로 보인다. 헌법에 핵보유국임을 명시하고 위성 발사를 장거리 미사일 발사와 구분하여 이를 계속하되, 당분간 핵실험 중단 등 제한적 비핵화를 유지하는 가운데 영양제 등 보상을 확보하는 거래를 시도한 것으로 보는 것이다.

그러나 발사 3일 만에 북한의 미사일 발사를 규탄하는 유엔안보리 의장성명이 만장일치로 채택되자, 북한 외무성은 2012년 4월 17일, 유엔안보리 의장성명을 배격하는 대변인 성명을 발표하면서, "미국이 노골적인 적대행위로 깨버린 2.29 조미 합의에 우리도 더 이상 구속되지 않을 것이다"라고 선언하고 미국이 위성 발사 계획이 발표(3.16)되자마자 2.29 합의에 따르는 식량 제공 과정을 중지하였다고 비난하였다. 이어 7월 하순 싱가포르에서 열린 북미 간 비공식 접촉에서 북한은 2.29 합의와 같은 타협에는 관심이 없으며 9.19 공동성명을 파기할지를 내부적으로 고려 중이라고 하였다. 그러면서 북한은 오로지 자신들에 대한 미국의 적대시 정책을 먼저 철회할

---

3 권영근, 오바마 정부의 대북 핵 정책(2009.1-2017.1) (2022.2.23.)
https://m.blog.naver.com/ygk555/222655900060)

4 외무성 대변인 담화(조선중앙통신, 2012.2.23.); 『오마이뉴스』, 북한 미국에 위성 발사 계획 사전 통보
https://www.ohmynews.com/NWS_Web/view/at_pg.aspx?CNTN_CD=A0001712505

것을 주장하였다.[5]

북한의 2.29 합의 파기는 미국의 전략적 인내를 초래한 중요한 사건이었다. 오바마 2기 행정부는 이후 북한과 대화를 위한 대화는 하지 않을 것이며, 같은 말을 두 번 사는 실수는 하지 않겠다[6]는 입장을 굳히게 되었다.

북한은 4월의 실패를 딛고, 2012년 12월 미사일 발사 성공 후 바로 이어서 2013년 2월 3차 핵실험에도 성공하면서 핵 개발 노력을 가속했다. 3차 핵실험은 2012년 4월과 12월 장거리 로켓 발사에 이은 북한의 프로그램적 위기 조성 전략으로 보고 한 묶음으로 파악하는 것이 옳다. 12월 로켓 발사 이후 유엔은 13.1.22 제재 결의 2087호를 통과시켰고 이에 대한 북한의 반발이 이어지는 가운데 2013년 2월 3차 핵실험을 했다.

북한의 미사일 발사에 이은 3차 핵실험의 배경을 살펴보면, 북한은 2010년 1월 외무성 명의로 평화협정을 제의한 이래 2011년에 이르기까지 대미 압박을 지속하였고, 2011년 말 집권한 김정은은 아버지의 유산을 이어받아 미국을 향한 기회의 창을 찾아 나섰지만 '미국이 2.29 북미 합의를 깨고' 유엔안보리 대북 제재 2087호를 가하기에 이르자, 강화된 위기 조성을 감행함으로써 새로운 기회의 창을 모색하려 했던 것으로 분석된다. 이러한 북한의 위기 조성의 배경은 위기 조성의 타겟과 청중을 분석해 보면 더욱 분명해진다.

북한은 이 3차 핵실험의 타겟이 누구인지를 외무성 대변인을 통해 분명하게 밝혔다.[7] "원래 우리에게는 핵시험을 꼭 해야 할 필요도 계획도 없었다"라고 하면서, 핵시험의 주된 목적은 "미국의 날강도적인 적대행위에 대한 우리 군대와 인민의 치솟는 분노를 보여주고 나라의 자주권을 끝까지 지키려는 선군 조선의 의사와 능력을 과시하는 데 있다."라고 주장하였다.

---

5 정성윤, 『김정은 정권의 핵전략과 대외·대남전략』(통일연구원, 2017.12) p.95

6 정성윤, 위의 책, p.95

7 조선중앙통신, 2013년 2월 12일.

여기서 말하는 미국의 적대행위란 2012년 12월 미사일 발사에 대해 미국이 주도하여 유엔안보리 대북 제재 결의(2087호)를 통과시킨 것을 가리키는 것이다. '원래 핵실험을 꼭 해야 할 필요도 계획도 없었다'라는 말은 필요하면 언제든지 핵실험을 할 수 있다는 북한의 허세로 보인다. 북한은 강력한 핵 억지력을 보유했다는 사실을 미국에 과시하고 핵보유국 지위 인정을 압박하는 동시에 이를 대미 협상의 수단으로 활용하여 안보와 경제문제 등에서 상응한 보상을 확보하고자 한 의도가 있었다고 본다. 이를 위해서는 북한의 핵 능력에 대한 미국의 의심을 제거해 나갈 필요가 있었다. 그간 두 차례의 핵실험은 부분 성공에 그친 미완의 핵실험이었는데, 추가 핵실험을 통해서 무기체계 개발의 진전을 보여주고자 했을 것이다. 북한은 미국과 제한적 비핵화 vs 보상 거래를 하기 위한 자신의 협상 레버리지를 한껏 높인 것이라고 볼 수 있다.

다음으로 남한과 북한 내부가 주요 청중이었다. 북한은 핵실험 직후 노동신문을 통해 '우리의 지하 핵시험은 미국과 그 앞잡이인 괴뢰호전광들에 대한 우리 군대와 인민의 단호한 강타로 선군 조선 국력의 일대 시위'라고 하면서 정권교체기의 남한에 대한 압박 메시지를 실었다. 북한은 이명박 정부뿐만 아니라 핵실험 이후 박근혜 정부에 들어와서도 대남 비난을 강화했는데, 일부 당국자들의 발언을 이유로 들며[8] 대남 군사적 협박 수위를 높였고, 4월 8일에는 '공업지구 사업을 잠정 중단'한다는 김양건의 담화를

---

[8] "남조선의 대결광신자들은 (개성공단이 북한의) 돈줄이니, 억류니, 인질이니 하면서 우리의 존엄을 모독"했고 "국방부 장관 김관진은 인질 구출 작전을 떠들며 개성공업지구에 미군 특수부대를 끌어들일 흉심까지 드러냈다" 조선중앙통신, 2013. 4. 8.

발표하였다.[9] 말하자면 북한의 핵 능력을 과시하여 남한 신정부의 대북정책을 길들이려고 했을 것이다.

미국뿐 아니라 북한 내부도 청중이었다. 2012년은 북한 내부적으로 의미가 있는 해였다. 북한은 3월 16일, 로켓 발사 계획을 발표할 때부터 김일성 생일 100주년을 맞아 실용위성을 쏘아 올린다고 공표했다. 또한 2012년은 북한이 강성 대국의 문을 열기로 했던 목표연도였다. 2012년 12월 12일 재차 장거리 로켓을 발사하여 궤도에 진입시킨 북한은 이번 발사는 "강성국가 건설을 다그치고 있는 우리 인민을 힘 있게 고무하게 될 것"이며,[10] "김정일의 유훈을 관철하였다"[11]라고 하였다. 다시 말해 체제 결속을 위한 대내적 수요가 있었음을 표출한 것이다. 이어서 성공적인 3차 핵실험을 김정은의 치적으로 부각해 권력승계를 공고히 하고 김정일 생일을 기념하는 등 체제 유지의 기반으로 활용하고자 한 의도가 깔려 있었다고 본다.

3차 핵실험은 북중 관계를 악화시키는 요인으로 작용하였다. 북중 관계는 김정일의 사망과 후계자 김정은 체제의 등장 시 비교적 우호적으로 출발하였다. 그러나 중국의 만류에도 불구하고 북한이 장거리 로켓 발사에 이어 2013년 2월 제3차 핵실험을 단행하자 중국과 북한의 관계는 냉랭해졌다.[12] 2014년 7월 초 사상 최초로 시 주석이 평양에 앞서 서울을 방문함으로써 북중 관계 악화는 지속되었다. 2017년 말까지 북중 정상회담은 단 한 차례도 열리지 않은 사실은 이러한 차가운 양국 관계를 잘 대변해 주고 있

---

9 조선중앙통신, 2013년 4월 8일. 동 조치 이후 북한은 4월 8일 개성공단 근로자를 일방적으로 철수시키고 남한에서 개성공단으로 향하는 물자 반입을 거부하였다. 이에 우리 정부는 기업 관계자와 개성공단 체류자들을 남한으로 철수시키고 당시 홍양호 개성공단 관리 위원장 등 7명의 인원만 남겨 두어 개성공단 현지에서 북한과 협상을 하게 하였다. 그러나 그 모든 노력도 무위로 돌아가고 최후의 7인 또한 4월 말 개성공단을 철수하여 개성공단은 잠정 중단 상태에 빠지게 되었다.

10 조선중앙통신, 2012년 12월 1일.

11 조선중앙통신, 2012년 12월 12일.

12 조성렬, 『김정은 시대 북한의 국가전략』 (백산서당, 2021), p.168

다. 따라서 2017년까지 지속된 북한의 위기 조성 전략은 이러한 북중 관계를 감안하면서, 중국이 미중 협조 체제로부터 이탈하여 북한을 지지하도록 만들기 위한 외교적 강압 전략이었다고 할 수 있다.

북한의 핵실험에 대응하여 유엔안보리는 3월 7일 대북 제재 결의안 2094호를 채택하였다. 북한도 맞대응에 나섰다. 대북 제재에 대한 날 선 비난을 이어나가는 한편, 국내적으로는 2013년 3월 31일 당 중앙위 전원회의에서 경제 건설과 핵 무력 건설의 병진 노선 채택을 결의하였다. 말은 병진 노선이었지만 무게중심은 핵 무력 건설에 있었다. 4월에는 최고인민회의 제12기 제7차 회의를 갖고, 자위적 핵보유국의 지위를 더욱 공고히 할 데에 대한 법과 우주 개발법을 채택하였다.

제2절

핵 무력 완성 선포

북한은 2016년부터 2017년 말까지 핵 무력 조기 완성을 향해 스퍼트를 내면서 한반도의 군사 위기를 고조시켰다. 김정은은 2013년 3차 핵실험 후 2015년 말까지 오바마 정부와 박근혜 정부를 상대로 강온 양면 전략을 구사하면서 기회의 창을 모색하였으나, 미국과 한국의 대북정책은 바뀌지 않았다. 북한은 3차 핵실험 이후에도 꾸준히 4차 핵실험 위협을 일삼았고 소니 픽처스 해킹 등 사이버 공격을 가하기도 했으며, 단거리 및 중거리 미사일 발사를 이어나가는 한편, 2014년 1월 국방위원회 중대 제안을 통해 한미연합훈련 중단 등 조건부 상호 적대행위 중지 제의, 2014년 11월 억류 미국인 석방 등을 통해서도 미국의 입장을 변화시켜 보려 하였으나 뜻을 이루지 못했다. 그러자 김정은은 2016년부터는 미국과 남한의 그 어떤 상황과 동향 변화에도 눈길을 주지 않고 핵실험과 미사일 발사 실험에 총력을 기울였다. 심지어 2017년 미국에 트럼프 정부가 들어서고 남한에 진보적인 문재인 정부가 집권하는 새로운 국면을 맞았지만 2017년 말까지 달리던 길을 멈추지 않았다.[13] 일부 전문가들은 2016년부터 북한은 공세적 핵전략으로 전환하였으며, 기존의 핵 모호성을 폐기하고 가장 공격적인 핵 태세인 비대칭 확전으로 전환하였다고 분석한다.[14] 이러한 북한의 전략 전환은 군사 강국 구축을 통한 강성국가 건설의 목표를 보다 분명히 하는 것이었다.

2016년 1월 6일, 북한은 4차 핵실험을 하고는 "핵 무력 발전의 높은 단계인 수소탄 시험에 완벽하게 성공함으로써 최강의 핵 억제력을 갖춘 핵보유

---

[13] 정성윤은 문재인 정부 취임 이후 북한은 4개월간 1차례의 핵실험을 포함해 총 10차례의 전략 도발을 강행했는데, 이는 전례 없이 도발 수위가 높았던 2016년의 총 25차례 핵·미사일 도발보다 훨씬 높은 빈도라고 적시하였다. 정성윤, 앞의 책 p.110

[14] 통일연구원, 「통일환경 및 남북한 관계 전망 2016-2017」(2016.12), p.51

국의 전열에 당당히 올라서게 되었다."라고 선전하였다.[15]

4차 핵실험의 타겟은 누구였는가? 1월 6일 조선민주주의인민공화국 정부 성명에서 "미국의 극악무도한 대조선 적대시 정책이 근절되지 않는 한 우리의 핵 개발 중단이나 핵 포기는 하늘이 무너져도 절대로 있을 수 없다"라고 했고, 이어 김정은은 1월 10일 인민무력부를 축하 방문한 자리에서 "수소탄 시험은 미제와 제국주의자들의 핵전쟁 위험으로부터 나라의 자주권과 생존권을 수호하며 조선 반도의 평화와 안전을 담보하기 위한 자위적 조치"라고 하면서 4차 핵실험이 미국의 대조선 적대시 정책을 겨냥했음을 밝혔다. 2016년 1월 12일 "병진이 터쳐 올린 정의의 폭음" 제하의 중통 논평을 보면 "우리의 과학자, 기술자들은 미국의 땅덩어리 전체를 일시에 없애버릴 수 있는 몇백 kt, Mt급 수소탄도 연거푸 터뜨릴 기세에 충만해 있다"라고 위협적 언사를 날렸는데 "미국의 땅덩어리 전체를 일시에 없애버릴 수 있는"이라는 표현을 통해서도 북한은 4차 핵실험의 타겟이 미국의 대북 정책임을 숨기지 않았다.

그럼, 북한은 미국에 대해 무슨 메시지를 발신하고 싶었을까? 4차 핵실험은 북한이 기존의 핵분열 기술이 아닌 핵융합 기술을 처음으로 활용했던 실험이었다.[16] 4차 핵실험을 통해 북한은 증폭핵분열탄 제조 기술을 부분적으로 획득한 것으로 보인다.[17] 북한은 3차 핵실험을 감행했지만, 전혀 변하지 않는 오바마 정부의 전략적 인내 정책을 흔들고 미국을 협상테이블로 끌어내려면 더욱 위협적인 핵무기와 미사일 능력이 필요하다고 생각했을 것이다. 3년여 준비 끝에 북한은 4차 핵실험과 장거리 로켓 발사를 감행했고, 이러한 자신의 핵 능력을 보여주면서 오바마 정부에게 북미 간 협상을 강제하고자 하였을 것이다. 그러나 북한이 당장 협상을 기대했던 것은

---

15 『조선중앙TV』, "첫 수소탄 실험 완전 성공," 2016년 1월 6일

16 정성윤, 앞의 책, p.60

17 통일연구원, 『통일 환경 및 남북한 관계 전망 2016-2017』(2016.12), p.50

아니었다. 결과론적으로 보면 북한은 자신이 설정한 핵 무력 완성의 시간 표대로 도발을 이어갔다고 볼 수 있다.

북한 내부와 남한, 중국도 청중이었다. 대내적으로는 2016년 5월 개최 예정인 제7차 당대회를 앞두고 내부 결속을 다지고 정권 기반을 강화하려는 의도가 있었다.[18] 김정은은 앞서 보았듯이 인민무력부를 방문한 자리에서 핵실험의 의의를 강조하고 나서《인민군대의 정치 군사적 위력을 백방으로 강화하여 조선로동당 제7차 대회를 보위하자!》라는 것이 올해 인민군대의 전투적 구호라고 밝혔다.[19]

남한에도 위협적 메시지를 던졌다. 2015년 12월 남북당국회담의 실패는 남한에 대한 미련을 접게 하였을 것이다. 박근혜 정부 내내 북한은 대남 위협과 비난을 멈추지 않았다. 우리 정부가 핵실험의 대응조치로 대북 방송을 재개하자 "남조선 괴뢰들의 심리전 방송 재개는 우리의 병진 노선에 따르는 정상적인 공정과는 하등의 연관도 없는 생뚱 같은 도발"이라고 비난하였다.[20] 시진핑 집권 이후 친중파로 알려진 장성택의 처형을 거치면서 악화한 북중 관계 관련 대중 메시지도 한껏 담았다고 볼 수 있다. 즉 한반도 평화와 안정을 최우선으로 하면서 방북보다 방한을 먼저 하고 미국에 협조하고 있는 중국에 대해서 한반도 정책 변화를 압박하는 의도가 있었을 것으로 보인다. 4차 핵실험 이후 2016년 5월, 제7차 당대회 사업 총화 보고에서 김정은은 "국제 무대에서 제국주의자들과 사회주의 배신자들의 책동으로 여러 나라들에서 사회주의가 련이어 무너지는 비극적인 사태가 빚어졌으며"라면서 사실상 중국과 러시아를 사회주의 배신자로 규정했다.[21]

북한의 도발에 맞서 국제 사회는 2016년 3월 2일, 안보리 결의 2270을 채

---

18 통일연구원, 위의 책, p.31

19 조선중앙통신, 2016년 1월 10일

20 외무성 대변인 담화, 조선중앙통신, (2016년 1월 15일)

21 조성렬, 『김정은 시대 북한의 국가전략』(백산서당, 2021), p.169

택하였다. 북한의 맞대응도 계속 이어져 4월 23일에는 잠수함발사탄도미사일(SLBM)을 시험 발사하였다.

2016년 5월 북한의 제7차 당대회가 개최되었고, 6월에는 헌법을 개정하여 김정은은 국무위원장이 되었다. 당대회 이후에도 도발은 계속되었다. 6월 22일, 화성 10호 중거리 탄도 미사일 발사, 7월 9일, 잠수함발사탄도미사일(SLBM) 시험 발사가 이어졌다.

2016년 9월 9일에는 5차 핵실험을 했다. 북한은 "전략 탄도 로케트에 장착할 수 있게 표준화, 규격화된 핵탄두의 구조와 동작 특성, 성능과 위력을 최종적으로 검토 확인하였다."라면서 "소형화, 경량화, 다종화된 보다 타격력이 높은 각종 핵탄두들을 마음먹은 대로 필요한 만큼 생산할 수 있게 되었다."라고 했다.[22] 말하자면 핵탄두를 소형화, 경량화, 다종화하며 그 성능을 강화하는 한편, 대량생산으로 가겠다는 계획을 밝힌 것이다.

북한은 "(이번 핵탄두 폭발 시험은) 우리 국가의 자위적 권리 행사를 악랄하게 걸고 드는 미국을 비롯한 적대 세력들의 위협과 제재 소동에 대한 실제적 대응조치의 일환"이라고 하면서 5차 핵실험이 겨냥한 타겟과 청중이 4차 핵실험 때와 다르지 않음을 말해 주었다.[23] 북한은 5차 핵실험을 통해 그간 미진했던 핵탄두 폭발력을 대폭 강화했다.[24] 북한은 1월 4차 핵실험 이후 8개월 동안 핵탄두의 소형화·규격화, 타격 수단의 확보 등 핵무기의 병기화에 올인, 재래식 무기 열세를 비대칭무기로 단숨에 뛰어넘어 미국을 압박해 보려고 하였다. 북한을 제재하면 할수록 북한의 핵 능력이 비례적으로 강화된다는 인식을 조장하고자 하였고, 최소 1~2년 최대 3~4년 정도

---

22 『조선중앙TV』, "북한 5차 핵실험 관련 '핵무기연구소' 성명," 2016년 9월 9일

23 위 성명

24 통일연구원, 앞의 책, p.50. 한편 미국 정보 보고에 따르면, 김정은 체제하 과학자들은 실수를 통해 열심히 배웠고 무기 프로그램은 향상됐다. 밥 우드워드 장경덕 옮김, 『공포: 백악관의 트럼프』, (딥인사이드, 2019), p.149 참조

제재 압박을 버티면 미국과 중국 등 국제 사회가 핵보유국으로 인정할 수밖에 없을 것이라고 계산하고 있었을 것이다. 또한 대내적으로 체제 생존 기반을 공고하게 하였다.

이후에도 북한은 2016년 10월 15일, 10월 20일 각각 동해로 무수단 계열 중거리 미사일을 발사하는 도발을 저질렀고, 이에 대응하여 국제 사회는 11월 30일, 안보리 결의 2321호를 채택하는 등 한반도 정세가 출렁거렸다.

이러한 정세 속에서 2017년 2월 미국에서 트럼프 대통령이 취임하였다. 트럼프는 2016년 하반기부터 대선 캠페인 기간 북한과의 관계 개선을 희망하는 듯한 긍정적 메시지를 수차례 발신했다. 그러나 북한은 이에 아랑곳하지 않고 트럼프 정부 출범 직후 2월 12일, 중장거리 탄도미사일 북극성 2형을 발사하였다. 이는 고체연료 엔진을 사용한 SLBM을 지상 발사형으로 개조한 것으로 냉발진 방식[25]으로 발사하였다. 북한은 핵 투발 수단의 안정화 규격화에 주력하고 있었고, 무수단 계열 미사일의 안정성을 확보해 나갔다.

이어 2017년 3월 18일, 김정은은 직접 신형 고출력 미사일 엔진 지상 분출시험을 참관(서해 위성발사장)하였다. 김정은은 이번 시험은 우주 개발 분야에서도 세계적 수준의 위성 운반 능력의 토대를 마련했고, 로켓 공업 발전에서 대 비약을 이룩한 역사적 의의가 있다고 강조하였다. 또한 새 형의 주체 무기 개발 완성, 군수공업 전선에서 전례 없는 성과 등을 언급하며 군사용임을 직접적으로 표현하였다.

이 시험은 북한의 장거리 미사일 능력을 대내외에 과시, 대외적으로 대북 정책을 재검토하고 있던 미국 신행정부에 보내는 메시지였다. 즉 미국의 잇따른 대북 강경 메시지 발신에 굴하지 않고 미사일 능력 고도화를 지속하겠다는 의지의 표명이었다. 또한 김정은은 이 프로젝트에 참여한 핵심 과

---

[25] 미사일을 공중으로 부양한 후 엔진을 점화하는 방식

학자 한 명을 업어주는 이벤트를 통해 북한 주민들의 마음을 하나로 모으고자 시도했다.[26]

2017년 3월, 미국 틸러슨 국무장관은 방한 기간 미국이 북한 정권의 붕괴 등을 추구하지 않겠다는 체제 보장 약속을 던지면서 협상 사인을 보냈다.[27] 하지만 북한은 4월에만 북극성 2호와 무수단 미사일 등 총 4번의 미사일 도발 감행으로 답했다. 북한으로서는 아직은 협상의 때가 아니라고 본 것이다.

북한은 2017년 7월 4일, 화성 14형 미사일을 발사하였다. 미사일의 최대 정점 고도는 2,802km, 거리는 933km, 조선 동해 공해상의 설정된 목표 수역을 정확히 타격하였다고 선전하였다. 김정은은 미국을 겨냥, 독립절에 우리에게서 받은 선물 보따리가 썩 마음에 들지 않아 할 것 같은데 앞으로 심심치 않게 크고 작은 선물 보따리들을 자주 보내줄 것이라고 위협하였다. 즉 김정은의 입을 통해 이 발사가 미국을 겨냥한 것이라는 점과 특히 타이밍이 미국 독립기념일을 노렸다는 점까지 직접적으로 공개하면서, 미국의 대북 적대시 정책과 핵 위협 철회가 핵 협상의 선결 조건이고, 그전에는 핵·미사일은 협상 대상이 아님을 재확인하며 미국의 태도 변화를 압박하였다.

이어 7월 28일에도 화성 14형의 대륙간 탄도미사일의 시험 발사에 성공하였다. "대형 중량 핵탄두 장착이 가능한 대륙간 탄도미사일 화성-14형의 최대 사거리를 비롯한 무기 체계 전반의 기술적 특성들을 최종 확증했고, 임의의 지역과 장소에서 임의의 시간에 기습 발사할 수 있는 능력을 과시했으며 미국 본토 전역이 사정권 안에 있다."라고 위협하였다.[28] "미국 본토

---

26 애나 파이필드 지음 이기동 옮김, 『김정은 평전: 마지막 계승자』(프리뷰, 2019.6), p.331

27 통일연구원, 앞의 책, p.63

28 『조선중앙TV』, "조선로동당의 전략적 핵 무력의 일대 시위-대륙간 탄도로케트《화성-14》형 2차 시험 발사 또다시 성공," (2017년 7월 29일)

전역이 사정권 안에 있다"라는 표현은 북한의 핵 무력 강화가 지향하는 바를 잘 나타내 주고 있다. 7월에만 2차례나 미국 본토에 직접 위협이 되는 ICBM급 화성 14형 실험 도발을 통해 미국에 대한 직접적 안보 위협을 가하고자 했다. 8월 5일, 국제 사회는 안보리 결의 2371호를 채택하였다.

2017년 8월 10일 북한은 "조선인민군 전략군은 괌도의 주요 군사기지들을 제압 견제하고 미국에 엄중한 경고신호를 보내기 위하여 중장거리 전략탄도 로케트 화성-12형 4발의 동시 발사로 진행하는 괌도 포위사격 방안을 심중히 검토하고 있다"라고 하며 긴장을 한껏 끌어올렸다.[29] 이 위기는 8월 14일 김정은이 전략군사령부를 시찰하고 괌 포위사격 방안에 대한 보고를 받고 당분간 미국의 행태를 지켜보겠다는 입장을 밝힘으로써 다소 누그러졌다.

2017년 8월 16일, 미 국무부는 대화 문턱을 최대한 낮추어 북한이 도발 행위를 중단하기만 하면 대화에 나서겠다는 방침을 밝혔다. 하지만 북한은 8월 29일 화성 12형 발사에 이어, 9월 3일 6차 핵실험으로 답했다.[30]

9월 3일 12시 30분 핵실험 이후 3시간이 지난 오후 3:30에 공화국 핵무기연구소[31] 성명을 통해 "당의 전략적 핵 무력 건설 구상에 따라 진행된 수소탄 실험은 핵무기 설계 및 제작 기술이 핵 탄의 위력을 타격 대상과 목적에 따라 임의로 조정할 수 있는 높은 수준에 도달하였다는 것을 명백히 보여주었으며 국가 핵 무력 완성의 완결 단계 목표를 달성하는 데 매우 의의 있는 계기가 되었다."라고 공표하였다.[32]

북한은 '우리의 자주권, 생존권, 발전권을 말살하려고 덤벼드는 미 제국

---

29 『조선중앙TV』, 조선인민군 전략군 사령관 김락겸 대장의 발표

30 정성윤, 앞의 책, p.98

31 군수공업부의 제2자연과학원 산하 연구소로 추정, '16.3.9 김정은의 핵무기 연구 과학자, 기술자 면담 관련 중방 보도에서 처음 등장

32 『조선중앙TV』, "대륙간 탄도로켓용 수소탄 시험 성공," (2017년 9월 3일)

주의자들'[33]을 겨냥하여 ICBM 장착용 수소탄 시험 성공으로 핵 무력 완성에 한걸음 가까이 갔다는 점을 보여줌으로써 트럼프 정부의 태도 변화를 압박한 것이다. 대내 청중에게는 정권 창건일을 앞두고 대북 제재 아래에서의 성과 과시 및 체제 결속도 도모한 것이다. 핵실험 보도 전에 정치국 상무위원회 개최 사실을 공개한 것은 이례적인데, 핵실험이 김정은의 독단적 결정이 아니라는 점을 보여주면서 당규상[34]의 합의제 절차에 따른 정당성을 부여하고 제재에 따른 대책도 논의했을 가능성이 있다. 중국에 대해서는 실험 시점이 화성-12 발사에 대한 추가 제재가 논의 중인 상황에서 중국 주최 BRICS 회의 직전에 이루어진 점을 고려해 볼 때 대중 불만 표시로 해석할 수 있을 것이다.

북한은 2016년 1월 4차 핵실험의 시험용 수소탄 실험 이후 20개월 만에 핵융합 기술 능력을 성공적으로 확보한 것이다. 일부 전문가는 북한의 핵 기폭 관련 고도화는 2017년 완성되었고, 기술적 차원에서 더 이상의 핵실험은 불필요한 단계에 진입했다고 평가하기도 하였다.[35]

2017년 9월 11일, 안보리 결의 2375호가 채택되었다. 2017년 9월 15일, 북한은 화성 12형으로 추정되는 IRBM급 미사일을 발사하였다. 김정은은 화성-12형 탄도 미사일 발사 시험 이후 "이제는 그 종착점에 거의 다다른 것만큼 전 국가적인 모든 힘을 다하여 끝장을 보아야 한다"라고 다그쳤다.[36]

9월 19일, 트럼프 대통령은 유엔총회 연설에서 북한 지도자를 "로켓맨"이라고 불렀다. 그는 북한의 6차 핵실험과 미사일 발사 도발에 대해 "우리와

---

33 김정은이 6차 핵실험에 기여한 성원들과 기념사진을 촬영하면서 말한 내용, (조선중앙통신, 2017년 9월 10일)

34 당규약 제27조 : 당 중앙위원회 정치국과 정치국 상무위원회는 전원회의와 전원회의 사이에 당 중앙위원회의 이름으로 당의 모든 사업을 조직 지도한다.

35 통일연구원, 앞의 책, p.62

36 조선중앙통신 2017.9.16.

동맹국을 지켜야만 한다면 북한을 완전히 파괴할 수밖에 없다"라는 입장을 밝혔다. 김정은은 9월 21일 "나는 미국의 늙다리 미치광이를 반드시, 반드시 불로 다스릴 것"이라고 되받아쳤다.

브룩스 전 사령관은 '트럼프 대통령 취임 초반에 북한과 미국이 전쟁 위기에 근접했었느냐'라는 질문에, 그는 "근접했었다"라고 답변하였다. 브룩스 전 사령관은 "당시 대화가 없던 상황에서 북미 양측은 상대의 어떤 행동이든 전쟁으로 갈 수 있는 불씨가 될 수 있었다"라고 긴박했던 분위기를 설명하면서 당시에 주한미군은 "모든 가능성을 고려"하고 있었다고 말했다.[37]

9월 24일 우리 한 언론은 B-1B 랜서가 F-15C 전투기의 호위를 받아 북한 원산 상공 350km 지점까지 비행한 것과 관련, "21세기 들어 NLL을 넘어 휴전선에서 가장 멀리 북쪽으로 비행한 것" "북한의 무모한 행동을 심각하게 받아들이고 있음을 보여준 것"이라는 평가를 내놨다.[38]

밥 우드워드에 따르면, 트럼프는 12월에 백악관 내부적으로 북한을 압박하기 위해 2만 8,500명의 병력에 딸린 수천 명의 주한 미군 가족에게 한국에서 빠져나오라는 명령을 내릴 거라는 트윗을 날려볼까 제안했다고[39] 할 만큼 정세는 긴박했다.

2017년 11월 30일, 북한은 화성 15형을 발사하고, 핵 무력 완성을 선언하였다. 북한은 국제적 대북 압박 무력화, 제재 극복을 위한 내부 동력 확보, 군사적 측면의 전략적 위상 강화를 위해 핵 무력 완성을 조기 선언한 것이다. 이로써 북한은 자신의 핵 무력을 활용하여 국제 사회에 더 큰 보상을 요구하면서 정세를 주도해 볼 수 있는 기반을 마련할 수 있게 되었다.

---

37 대한민국 청와대, "오늘의 외신 - 빈센트 브룩스 전 사령관이 회고하는 2017년의 한반도 위기, 그리고 평화에 대한 긍정적 전망들" (2019.1.21.)

38 "미 B-1B, NLL 넘었다" (매일경제, 2017.9.24.)

39 밥 우드워드, 앞의 책, p.425

북한의 도발에 대해 국제 사회는 12월 22일 2397호 결의를 채택하여, 북한의 주요 수출품인 석탄, 철광석 등의 광물과 섬유의 수출 금지 및 북한 해외 노동자에 대한 신규 노동 허가 발급 금지 등을 통해 북한의 외화 수입 경로를 차단했다. 더불어 대북 유류 공급을 제한하는 동시에 북한과의 합작 사업을 전면 금지하는 등 제재와 압박 강도를 제고시켰다.

한편, 2017년 5월 10일 남한에서는 문재인 정부가 출범하였다. 문재인 정부는 박근혜 정부와 달리 남북대화와 대북 제재의 병행을 대북정책의 기본 원칙으로 정립하고 남북 간 대화와 협력이 필요함을 강조하였다. 6월 30일 한미 정상회담에서 양국은 한미가 대북 적대시 정책을 갖고 있지 않으며 북한이 올바른 길을 선택한다면 국제 사회와 함께 보다 밝은 북한의 미래를 제공할 준비가 되어 있음을 밝혔다.[40] 문재인 대통령은 핵무기와 관련된 미북 간의 공방을 뒤로 하고 김정은과의 대화 준비를 추진했다. 중국에서 열린 국제 축구대회에서도 북측과 만나는 등 북한의 평창동계올림픽 참가를 끌어내기 위한 물밑 작업을 지속적으로 펼쳤다.[41]

북한은 2016년부터 2017년까지 핵 무력 고도화를 향한 프로그램적 위기 조성 전략을 구사했다. 이러한 북한의 위기 조성 전략은 제한적 비핵화 vs 보상의 관점에서 다음과 같이 해석할 수 있다고 본다. 즉 김정은은 김정일로부터 물려받은 핵·미사일 개발 기술을 토대로 이른 시일 내에 확실한 무기화를 달성하기 위해 서둘렀고, 이를 통해 핵 무력을 보유한 채 제한적 비핵화를 협상카드로 구사할 수 있는 역량을 극대화해 나갔던 것이다. 그리고 2017년 말 핵 무력 완성을 일방적으로 선언하고 2018년도에 한국과 미국을 향한 보상과 대가 카드를 내민 것이다.

---

40 『2018 통일백서』 p.14

41 애나 파이필드 지음 이기동 옮김, 『김정은 평전: 마지막 계승자』(프리뷰, 2019.6), p.353

제3절

2018~2019
대미 · 대남 협상 추진

동 기간 북한은 내부적으로 그때까지 키워온 핵 능력과 남북 관계와 북중 관계의 진전을 토대로 미국과의 협상을 추진하면서 새로운 북한식 기회의 창을 열기 위해 시도하였다.

북한은 2018년 1월 1일 신년사를 통해 이러한 새로운 접근을 대내외에 알렸다. 미국에 대해서는 미국 본토 전역이 우리 핵 타격 사정권 안에 있다고 하면서 북한의 핵 억제력을 강조하면서도, 남한에 대해서는 평창 동계 올림픽 참가 의지와 남북 당국 회담 개최 용의도 표명하였다. 1월 9일 제1차 남북 고위급회담이 판문점에서 개최되었고 2월 북한선수단이 평창 동계 올림픽에 참가하였다.

이러한 남북 간 해빙 분위기와 달리 미북 간에는 아직 긴장이 채 가시지 않았다. 신년사에서 김정은이 핵 단추 운운한 것에 대해, 트럼프는 "북한 지도자 김정은은 방금 자기 책상 위에 항상 핵 단추가 있다고 말했다. 그의 힘 빠지고 굶주린 정권에 있는 누군가가 나에게도 핵 단추가 있다는 것을, 그런데 내 것은 그의 것보다 훨씬 더 크고 강력하며, 내 단추는 잘 작동한다는 것을 알려주기 바란다!"라는 트윗을 날렸다.

그러다가 3월 8일, 대북 특별사절단으로 평양을 다녀온 정의용 국가안보실장과 서훈 국정원장이 미국을 방문하여 트럼프 대통령을 면담하고 북미 정상회담 개최 계획을 발표하게 되면서 북미 관계도 급진전하였다.

2018년 3월 25일~28일 김정은은 중국을 방문하였다. 시기적으로 보면, 3월 9일 미북 정상회담 사실이 발표된 직후였고 4월 남북 정상회담에 앞선 행보였다. 이제 중국도 한국, 미국과 함께 북한이 주도하는 한반도 정세 변화의 주요 청중으로 정식 초대장을 받은 것이다. 이어 김정은은 4월 20일 노동당 중앙위원회 전원회의를 소집해 핵실험과 ICBM 시험 발사의 중단을 선언했다. 4월 27일에는 남북 정상회담을 판문점에서 가졌다. 5월 7일~8일 북중 정상은 중국 다롄에서 남북 정상회담 결과 및 미북 정상회담 대책 등 현안을 논의하였다.

2018년 5월 24일, 북한은 풍계리 핵시험장을 폐기하고, "핵시험장 폐기는 핵시험장의 모든 갱도를 폭발의 방법으로 붕락시키고 갱도 입구들을 완전히 폐쇄하는 동시에 현지에 있던 일부 경비 시설들과 관측소들을 폭파하는 방법으로 진행되었다"라는 핵무기연구소 성명을 발표하였다.

마침내 김정은과 트럼프 대통령은 6.12 센토사섬에서 사상 첫 정상회담을 개최하여 4개 항의 공동성명에 합의하였다. 첫째 새로운 북미 관계의 수립, 둘째 한반도에서 항구적이며 공고한 평화 체제의 구축, 셋째 한반도의 완전한 비핵화를 향해 노력, 넷째 전쟁 포로와 행방불명자의 유골 발굴 및 발굴 확인된 유골들의 송환 등이다. 전체적 구도는 북한의 비핵화 대 미국의 보상이었고, 여기에 유골 발굴 및 송환이 신뢰 구축 조치로 추가되었다고 볼 수 있다.

싱가포르 정상회담은 일반적으로 김정은에게 유리한 결과가 도출된 것으로 평가된다.[42] 싱가포르 정상회담 전 폼페이오는 기자회견을 통해 북한 비핵화와 관련해 미국이 받아들일 수 있는 유일한 합의는 CVID라고 거듭 강조했다.[43] 그러나 김정은은 회담 기간 중 CVID에 대해서는 한마디도 하지 않았고, 한반도 비핵화 원칙에는 합의했지만, 당초 기대했던 CVID라는 문구는 찾아볼 수 없었다.[44] 따라서 북한의 비핵화는 말은 완전한 비핵화이지만 사실상 제한적 비핵화이었다고 할 수 있다. 북한은 이 성과가 자신들이 급격히 높인 '핵 능력' 때문이라고 판단했을 수도 있다. 북한의 입장에

---

[42] 이우탁은 6.12 공동성명 내용과 6.11 노동신문에서 제시한 북한의 회담 목표를 대비하여 북한의 회담 목표가 대부분 반영되었다고 분석하였다. 이우탁, 『북한의 핵보유국화와 미·중 패권 경쟁: 3차 북핵 위기와 북·미·중 전략적 삼각관계』(동국대학교 박사학위논문, 2023), pp.97~98.

[43] 애나 파이필드 지음, 위의 책, p.393

[44] 최강, 신범철, "미북 정상회담 평가와 한국의 안보 우려" (2018 Jun 14 아산정책연구원), p.1

서 볼 때, 6차례에 걸친 핵실험과 ICBM의 시험발사 성공으로 '미국 본토 전역이 북한의 핵 타격 사정권 안'에 있게 되었으므로 미국이 미북 정상회담 결과를 수용한 것으로 판단했을 것이다.[45]

미북 정상회담 직후 김정은은 6월 19~20일 중국을 공식 방문하여 북미 정상회담 결과를 설명하였다. 이어 9.19 평양에서 남북 정상회담을 개최하여 남한이 더 뛰도록 만들고, 2019년 1월 또다시 중국에서 북중 정상회담을 가지며 '뒷배'를 다진 후 마침내 2019년 2월 하노이에서 트럼프와 2차 정상회담을 개최하였다. 그러나 그 결과는 결렬이었다. 하노이 2차 북미 정상회담이 끝난 이후 양측의 주장을 종합해 보면, 북한은 영변의 핵시설에 대한 사찰 및 검증, 영구 폐기를 제안하는 대가로 대북 제재의 해제를 요구했으며, 미국은 영변+α를 요구해 합의가 성사되지 않은 것으로 요약된다.

먼저 비핵화 쟁점을 살펴보면, 미국은 북한이 제안한 영변 비핵화(제한적 비핵화)에 만족하지 않았다. 트럼프 대통령은 "더 많은 비핵화가 필요하다"라고 밝혔는데, 미국은 영변은 물론이고 영변 이외 핵시설 폐기, 핵무기급 프로그램(미사일, 핵탄두, 핵물질)과 생·화학무기 시설에 대한 포괄적 신고, 폐기, 검증까지 매우 광범위하고 구체적인 조치들의 이행을 한 번에 공약하는 빅딜을 요구한 것으로 보인다. 반면 북한은 리용호 외무상과 최선희 부상의 기자회견을 통해 김정은이 미국 전문가들의 입회하에 양국 공동 작업으로 영변의 모든 핵시설을 영구적으로 폐기할 것이고 핵실험과 장거리 미사일 실험의 영구 중단을 문서로 확약할 것이라는 의사를 표명했다고 했으며, 또한 신뢰 조성 단계를 거치면서 향후 비핵화 과정이 더 빨리 진전될 것이라고 밝혔다.

미국 입장에서는 영변 이외의 지역에도 고농축우라늄(HEU) 생산 시설이 존재하므로 미래에도 핵무기는 계속 생산될 것이고, 이미 생산된 핵물질, 핵

---

45 정방호, 『김정은 시대 북한의 '핵 강압 외교'에 관한 연구』(동국대학교 박사학위논문, 2022) p.167

탄두, 대륙간 탄도미사일이 존재한다는 점에서 모든 북한 핵 프로그램의 동결이 전제되지 않은 영변 핵시설 폐기 제안을 수용하기 어려웠을 것이다.[46]

또 다른 핵심 쟁점인 제재 해제와 관련하여, 북한은 2016년부터 2017년까지 취해진 유엔안보리 제재 5건 중에서 민수 경제와 인민 생활에 지장을 주는 항목들의 우선적 해제, 즉 제재의 일부 해제를 요구했다고 밝혔다. 그러나 미국은 북한이 영변 핵시설 폐기에 대한 상응 조치로 전면적 제재 해제를 요구했지만, 그 요구를 수용할 수 없다고 밝혔다. 북한이 '일부 해제'라고 한 것을 미국은 '전면 해제'라고 한 것을 보면 미국은 북한의 요구를 사실상 전면적 대북 제재 해제 요구와 마찬가지라고 인식한 결과에 따른 것으로 보인다.[47]

하노이 정상회담에서 드러난 김정은이 가진 북한식 기회의 창을 그려보면 다음과 같이 요약할 수 있다. 그는 영변 핵시설 폐기라는 제한적 비핵화의 대가로 유엔 제재 해제라는 보상을 요구한 것이다. 그는 핵과 미사일이라는 위기 조성 수단을 가지고 미국과 흥정하여 대북 제재의 해제를 노렸다. 민수 경제와 인민 생활을 옥죄는 대북 제재를 해제, 경제발전의 성과를 이룩하면서 남아 있는 과거 핵, 현재 및 미래 핵을 칩으로 해서 대미 관계 정상화 등 유리한 정세를 조성하고자 한 것이다. 북한에 미국의 대북 제재 해제는 단순한 경제적 효과 이상의 의미를 지니는 것이었다. 대북 제재는 미국의 대북 적대시 정책의 가장 중요한 축이므로 그 해제는 미국발 위협의 해소로 이어질 것이며, 북미 관계 정상화, 국제 사회의 대규모 대북 지원을 위한 필수 불가결한 이정표로 여긴 것이다.

북한은 2013년 3차 핵실험 이후 대남, 대미 협상에 나서 보았으나 성과

---

46 조한범, "하노이에서 판문점까지, 북미 비핵화 협상 평가와 전망" Online Series(2019.7.1.) p.4, 한편 이우탁 박사는 하노이 회담에서 미국이 공식적으로 제기한 대북 카드를 '북한의 최종적이고 완전히 검증된 비핵화(FFVD)'였다고 본다. 이우탁, 전게서, p.190

47 통일연구원 현안 분석팀, 제2차 북미정상회담 평가와 향후 과제 Online Series(2019.7.1.) p.2

는 기대 이하였다. 이에 북한은 핵 무력 완성을 통해 확실한 억제력을 구축하고, 남한 미군기지, 일본 미군기지, 괌, 나아가 미국 본토 전역을 핵 타격 사정권 안에 둔 대미 위협력을 강화한 바탕 위에서 중국이라는 안전판까지 마련해 가면서 한·미를 대상으로 협상을 벌여 본 것이다. 김정일 집권기와 다른 점은 제재 해제에 더욱 초점이 맞춰졌다는 점, 핵 무력 완성을 선포할 만큼 위기 조성 수단이 강력해졌다는 점, 미중 관계가 협조가 아니라 경쟁 관계에 있었던 점 등이다.

미중 간 전략적 경쟁 관계와 관련 마이크 폼페이오 전 미국 국무부 장관은 흥미로운 글을 남겼다. 그는 회고록에서 "나 또는 트럼프 대통령과 김 위원장의 만남 전에는 항상 (북한과) 중국 공산당의 만남이 있었다"라며 "그(김정은)는 다른 방향으로 움직이고 싶어 하면서도 북한의 경제와 생계, 자신의 지속적 통치가 시진핑과 중국에 의존하고 있다는 것을 알고 있었다"라고 했다.[48]

폼페이오의 회고록은 미국이 미북 관계에서 중국을 과도하게 의식하고 있었다는 사실을 보여준다. 마치 중국이 미북 관계 개선을 막고 있다는 식이다. 그러나 폼페이오 전 미 국무부 장관이 밝힌 북중 관계와 관련 권영세 통일부 장관은 결이 다른 견해를 내놨다. 권 장관은 "제가 주중대사를 하면서 봤지만 북중이 그리 공고하지 않다"라며 "일시적으로 북중러 대 한미일이 과거 냉전과 비슷한 구도를 형성하니, 북한이 그런 계기에 중국에 접근하고 있지만 반드시 그리 좋은 상황은 아니다"라고 언급했다.[49]

그러나 김정은 집권 이후 관계가 좋지 않았던 북중 관계가 2018년에 들어와 급진전한 점은 분명한 사실이다. 중국은 그 이후 빈번한 전략적 소통

---

48 폼페이오 "김정은은 미국 믿었지만 시진핑이 북 비핵화 방해" (조선일보, 2023.12.26.)
　　HYPERLINK "https://www.chosun.com/international/us/2022/07/07/A4EBN63MQVA7H-
　　MJI3V2ZFCCIKM/"https://www.chosun.com/international/us/2022/07/07/A4EBN-
　　63MQVA7HMJI3V2ZFCCIKM/ (2025.11.2. 검색)

49 https://www.yna.co.kr/view/AKR20230130035800504

을 통해 북한을 북중 관계의 틀 안에서 관리하고자 시도했던 것으로 보인다. 북한도 자신이 원하는 기회의 창을 만들어 내기 위해 중국을 끌어들였고 대미 압박에 활용하였을 것이다.

하노이 결렬 이후 김정은은 바로 미북 협상 중단을 선언하지는 않았다. 미국에 새로운 셈법을 가져올 것을 요구하면서 연말까지 시한을 설정했다. 6월 30일 판문점 자유의 집에서 전격적으로 남·북·미 3자 정상의 회동과 북미 정상의 단독 회동이 차례로 이루어졌다. 그 이후 10.4~5일 스톡홀름에서 비건 대북정책특별대표와 김명길 순회대사가 만나 실무 회담을 했지만, 결과는 역시 결렬이었다.

김정은은 2019년 12월 28일부터 12월 31일까지 열린 노동당 중앙위원회 7기 제5차 전원회의에서 대미 정면 돌파를 선언하고 그 핵심적 방안으로 자력갱생을 다시금 내세웠다. 마침 코로나가 전 세계를 강타하여, 북한은 자력 갱생 외에는 대안이 없는 상황에 직면하게 되었다.

제4절

2020년 이후 북한의
자가 봉쇄 및 도발

북한은 코로나 확산에 따라 국경을 걸어 잠그고는 더 고도화된 핵 능력으로 미국을 압박하기 위해 미사일 도발을 이어갔다. 북미 관계와 남북 관계에서는 대화와 교류가 중단된 경색 국면이 이어진 반면, 북중 관계는 더 밀착되었으며 러시아가 새로운 행위 주체로 나서 북·중·러가 한 진영으로 묶이게 되었다. 그 결과 이 기간 북한의 수차례 도발이 있었지만, 2016~2017년과 달리 유엔안보리 차원의 대북 제재나 의장성명 등은 나오지 않았다. 중국과 러시아가 더 이상 미국에 협조하지 않았기 때문이었다.

김정은은 2021년 최고인민회의 시정연설에서 현 정세를 신냉전으로 표현한 바 있다. 2022년 러시아의 우크라이나 침공은 그의 신냉전 인식을 더욱 강화했다. 그는 2022년 12월 노동당 전원회의 보고를 통해서도 국제관계 구도가 신냉전 체제로 명백히 전환되고 다극화의 흐름이 더 가속화되고 있다고 강조했다. 신냉전 하에서 또 바이든 정부하에서 김정은은 위기와 기회 요인이 함께 다가옴을 보았다. 위기 요인은 현재로서는 미국과 큰 담판은 어렵다는 것이고 기회 요인은 당분간 자체 핵 무력 고도화에 전력해도 안보리 추가 제재 등 장애물은 없을 것이라는 현실이었다. 김정은은 러시아에 다가갔다. 외교적 차원의 협력을 넘어 북한은 2024년 10월, 우-러 전쟁 중인 러시아를 지원하기 위해 1만 5천여 명의 병력을 파병하기까지 했다.[50]

북한은 하노이 노딜 이후에도 미사일 사거리를 단거리, 중거리, 장거리로

---

[50] https://www.hani.co.kr/arti/politics/politics_general/1195066.html 국정원 "러시아 파병 북한군 전사자 600명 포함 4,700명 사상"(2025.4.30.)

다양화하는 한편, 정확도를 높이는 핵 능력 고도화에 총력을 기울이고 있다. 그리하여 전략핵으로 미국 본토 위협을 강화하고 전술핵으로 한국과 일본을 위협함으로써 핵보유국 인정을 받은 다음, 상호 군축을 통한 제한적 비핵화를 추진하는 대가로 보상을 획득할 수 있다는 계산법에 매달리고 있는 것으로 보인다. 단, 북한의 핵 능력이 강화된 만큼 제한적 비핵화의 수준은 더 낮추고 보상의 수준은 더 높이려 하고 있다.

제6장

닫는 글

　이 책은 김정일 시기 북한의 위기 조성 전략의 배경과 대상, 동기를 분석한 것이다. 북한은 왜 위기를 조성하는가, 다시 말해 북한은 어떠한 배경하에서 누구를 대상으로 어떤 목적을 추구하기 위해 위기를 조성하는가 하는 질문을 던지고 답을 찾으려고 하였다. 이를 연구하기 위해 필자는 김정일 집권기 북한의 위기 조성 행위 가운데 의도적 위기 조성 행위에 중점을 두었다. 또한 북한의 전략적 의도를 분석하기 위해 의도적 위기 조성 행위 가운데에서 고강도의 공개 도발을 주요 분석 대상으로 삼았다. 그 결과 김정일은 비대칭전력과 군사 도발을 통해 한반도 위기 수준을 극대화하면서 보상과 대가 확보에 주력하였다.

　본 연구자는 북한 지도부의 안보 인식 체계가 '위험 영역' '수인 영역' '기회 영역'으로 구분되어 있다고 상정해 보았다. 북한은 1980년대 말 1990년대 초 동구권의 붕괴, 1994년 김일성 사망 후의 위기를 어느 정도 수습한 김정일 공식 집권기 이후에는 그럭저럭 버티는 '수인 영역'에 처해 있는데, 북한은 대내외 여건이 기회 영역으로 진입할 수 있는 '기회의 창'에 문제가 생겼다고 인식할 때 이 창을 열기 위해 위기를 조성했다는 사실을 밝혀냈다. 즉 김정일 집권기 북한의 위기 조성은 안보 위협에 대한 대응이라기보다는 북한식 기회의 창에 생긴 문제를 해결하려는 비상조치였다.

　위기 조성 전략의 대상은 표적과 청중으로 나누었다. 표적은 북한이 위협과 공격을 직접적으로 가하는 상대이고 청중은 위기 조성을 통해 메시지를 전하고자 하는 관련국 또는 집단이다. 그 표적은 미국과 남한이었다. 한편, 청중은 미국, 남한뿐만 아니라 중국, 북한 내부의 군과 주민을 포함하였다. 북한은 미국 또는 남한을 표적으로 하여 위기를 조성했지만, 중국과 북한 내부를 표적으로 삼지는 않았음을 알 수 있었다. 중국과 북한 내부에 메시지를 전달할 필요가 있을 때는 미국 또는 남한을 표적으로 하면서 중국, 북한 내부까지를 청중으로 설정하여 일석이조 또는 일석삼조의 효과를 추구하였음을 보았다. 이와 같이 표적과 청중을 구분하여 북한이 설정한 그 표적과 청중이 누구인지를 파악하면 위기 조성 전략의 표적만 고려하는 것보다 북한의 전략적 동인을 더욱 포괄적으로 추론할 수 있다.

위기 조성 전략의 동기는 이러한 표적과 청중을 대상으로 북한식 기회의 창을 열어 가는 것인데, 북한이 상정하고 있는 기회의 창은 미국과 남한을 향해 있었다. 우선 미국에 대해서는 미국이 원하는 비핵화에 제한적으로 호응하면서 체제 인정, 경제 지원, 핵보유국 지위 확보 등을 추구하는 전략, 다시 말해 제한적 비핵화 vs 보상의 구도를 통해서 기회의 창을 열어 나가고자 하였다. 남한에 대해서는 남한이 원하는 남북 간 화해에 제한적으로 호응하면서 대북 지원, 경제 협력, 민족 공조 등을 추구하는 전략, 다시 말해 제한적 화해 vs 대가의 구도를 통해서 기회의 창에 접근하고자 하였다. 즉 북한은 고강도의 위기 조성을 통해 미국, 남한 등과의 협상 국면을 창출하고 제한적 비핵화와 제한적 화해에 호응하는 대신 체제 인정, 경제 지원, 핵보유국 지위 확보 등 기회 영역 진입을 추구하였다. 또 이와 함께 한·미로부터 체제 생존 위협과 중국으로부터의 방기, 내부 위기 가능성을 차단하고, 북한 군과 주민들의 자원과 충성심을 동원하고자 하였다.

이러한 기회의 창에 대한 인식은 어느 날 갑자기 생긴 것이 아니라 역사적 경험 속에서 잉태되어 이후의 여러 사건과 맞물려 김정일 집권기 정책 결정자들의 뇌리에 각인되어 북한의 대외 행태에 영향을 미치는 요인으로 작용한 것이다. 1차 핵 위기를 통해 얻은 제네바 합의와 남북 관계에서 체결한 6.15 선언은 북한 지도부에게 성공적 경험으로 인식되었을 뿐 아니라 북한이 위기 조성을 통해 대미, 대남 관계에서 양자가 공통으로 추구할 수 있는 목표와 지향점을 구축한 것으로 의미가 있다. 양자가 공통으로 추구할 수 있는 목표가 있으면 북한이 군사력을 시위할 때 그 명분이 뚜렷해지기 때문에 외교 목표와 군사력의 결합 강도가 강해질 수 있는 구조가 된다. 북미 관계를 예로 들면, 북한은 1차 핵 위기를 통해 대내외 위협을 억지하고 미국과의 직접 협상을 통해 외교적, 경제적 이익을 강제하였으며, 한미를 이간시키고 내부 결속을 강화하였다. 이후 김정일 집권기 내내 북한은 제네바 합의 성과의 이행과 재창출이라는 기회의 창을 붙들고 있었다.

북한은 이러한 북한식 기회의 창이 닫힌다고 인식할 때 그 창을 열기 위해 위기 조성 전략을 구사하였다. 1998년 북한이 장거리 미사일을 발사할 당시 북한은 김일성 사망 후 지속된 대내 불안정과 경제난, 대외적으로 확산한 북한 붕괴론이 어느 정도 수습되는 국면을 맞이하고 있었지만, 북한이 동결 대 보상의 구도로 맺었던 제네바 합의의 성과는 그 이행 속도가 더뎠고, 일부는 형식화됨으로써 북한식 기회의 창은 닫혀가고 있다는 인식을 하게 되었다. 경수로 공사는 지연되었고, 미국에서는 공화당을 중심으로 제네바 합의 이행에 제동을 걸고 있었으며, 경제제재의 완화, 체제 인정은 겉돌고 있었고 경제적 보상을 기대했던 미사일 협상은 진전이 없었다. 이러한 상황에서 북한은 장거리 미사일 발사를 통해, 미국에 제네바 합의의 이행을 압박하여 기회의 창을 여는 한편, 진행되고 있던 미사일 협상에서 체제 인정, 경제적 보상 등 또 다른 기회의 창을 열고자 하였다. 이와 같이 위기를 조성한 계기를 활용하여, 북한 내부를 향해 강성 대국의 비전과 자신감을 불어넣고 김정일 정권 공식 출범의 상징 이벤트로 삼아 군과 인민의 충성을 강요하고자 하였다. 미사일 발사 사실을 김정일 정권 출범 전일에 공개한 것은 이러한 국내적 효과를 노린 것이다. 북한은 클린턴 정부의 소극적 대북정책을 표적으로 하면서 미국, 북한 내부 군과 주민을 청중으로 설정, 외교적 목적을 추구하는 동시에 정치적 동인을 부수적으로 추가시켰다.

2000년은 김정일 집권기 기회의 창이 가장 넓게 열린 시기였다고 할 수 있다. 남한과는 6.15 선언에 합의하였고, 미국과는 북미 공동성명(10.12)을 통해 상호 적대관계 포기 및 경제 교류 협력 확대에 합의했으며, 미사일 협상에서도 미사일 수출 포기 대가 관련 협상에 진전을 이루기도 했다. 중국과는 남북 정상회담 2주일 전 김정일이 한중 수교 이후 최초로 중국을 방문하여 장쩌민 주석과 정상회담을 개최하였고, 이 자리에서 미일 군사동맹 반대, 경제원조 등을 약속받았다. 북한 내부적으로도 2000년은 "고난의 행군에서 역사적 승리가 이룩"[1]된 해였다. 식량난은 완화되었고, 경제도 1999년 이후 플러스 성장을 이어갔다.

북한은 2000년 이후 2002년 2차 핵 위기가 발생하기까지 제2 연평해전을 제외하고는 아무런 고강도의 위기 조성을 감행하지 않았다. 이 기간에는 남한, 미국 등에 설정한 기회의 창이 아직 닫히지 않았기 때문이다. 제2 연평해전은 앞에서 보았듯이 제1 연평해전 패배에 대한 보복 차원의 무력 도발 측면이 강했다.

2002년 제2차 핵 위기 이후 북한은 점차 그동안의 핵에 대한 NCND에서 벗어나 핵보유를 안보 목표로 공개적으로 밝히기 시작하였다. 3자회담 중에 미국 대표에게 핵보유를 언급하기도 했던 북한은 2005년에는 핵보유를 공식적으로 선언하기에 이르렀다. 이어 2006년과 2009년 두 차례에 걸쳐 핵실험을 감행하였다. 북한은 이러한 정책 전환을 통해 핵 위기의 청중을 미국 중심에서 벗어나 북한 내부, 중국, 남한으로 확대하여 외교적 동기와 국내적 동기를 동시에 추구하면서 양자를 폭넓게 결합하고자 한 것으로 분석된다.

이러한 북한의 정책 전환의 배경에는 북한식 기회의 창이 닫히는 상황이 있었다. 2002년 10월 켈리 방북 이후 제네바 합의가 파기되었고 이어 미국이 이라크전쟁을 일으켰으며, 이라크 사태 이후 북한이 미국의 추가 공격 대상으로 떠올랐다. 6자회담도 미국의 CVID 요구로 진전을 기대하기 힘든 상황이었다. 당시 남북 관계와 북중 관계를 보면, 6자회담에서 남한은 협상 촉진자로서, 중국은 중재자로서 역할을 하고 있었기 때문에 북한이 남

---

1 조선중앙방송, 2000년 12월 27일.

한과 중국을 대상으로 결의와 메시지를 전달할 필요성은 강하지 않았을 것으로 보이지만, 북미관계의 정세흐름을 뒤집을 수 있는 상황은 아니었다. 이와 함께 내부적으로는 선군 정치 10년의 성과를 보여줄 필요성을 느끼는 가운데 북한은 2005년 2월 핵보유를 선언했다. 즉 북한은 핵보유 선언이라는 위기 조성을 통해 미국의 위협을 억지하는 한편 대미 협상 여건을 조성하고자 했다. 내부적으로는 강성 대국 건설 전략, 특히 군사 강국, 과학기술 강국 추진의 결정체로 선전할 수 있는 소재였다.[2]

북한의 핵보유 및 6자회담 불참 선언으로 촉발된 핵 위기는 9.19 공동성명을 통해 일단락되었으나 9.19 공동성명은 이행의 첫발을 내딛기도 전에 경수로 제공과 비핵화의 우선순위 문제로 난관에 부딪히고 있었다. 무엇보다도 이즈음 시작된 미국의 BDA 제재는 북한의 정치, 경제, 외교 등 전 분야에 타격을 가하는 결정적 조치였다. BDA 문제와 관련 미국과의 협상 과정에서 북한은 미국의 단호한 입장에 직면해야 했고, 중국은 미국에 경사되어 있었으며, 북한 내부는 다시 찾아온 마이너스 경제성장으로 고통을 겪고 있었다. 북한은 이러한 위기 인식과 기회 인식에 직면하자 핵실험이라는 초강경 정책을 선택, 미국의 고강도 금융제재의 예봉을 꺾고 핵보유국 지위로 한 걸음 나아가면서 9.19 공동 성명상의 유리한 성과 이행을 강제하고자 하였다.[3] 이 계기를 통해 북한 내부적으로 군과 주민들에게 핵보유 선언 이후 강성 대국의 성과물을 보여주고자 하였다. 다른 한편, 북한의 1차 핵실험은 미국의 제재에 동조하고 있던 중국을 염두에 둔 조치이기도 하였다. 한반도에서 위기를 조성함으로써 중국의 연루 우려를 증폭시킴으

---

2 조민, "오바마 행정부와 북한 핵 문제: 대타협이냐, 대파국이냐," 통일연구원, 『북핵 문제 해결 방향과 북한 체제의 변화 전망』(KINU 학술회의 총서 09-01), p.18.

3 북한 최수헌 외무성 부상은 2006년 9월 28일 유엔총회 연설에서 9.19 공동성명의 합의 사항들이 이행되면 "우리가 얻을 것이 더 많으므로 어느 나라보다도 6자회담을 더 하고 싶어 하고 있다."라고 주장하였다. 『로동신문』, 2006. 9. 29. 이때 북한은 핵보유 인정의 바탕 위에서 6자회담을 원했던 것이다.

로써 대북 지원과 관심의 확대를 기대하였다. 부시 정부의 대북 적대 정책이 표적이었고 미국, 북한 내부, 중국이 청중이었다.

1차 핵실험 이후 북한은 미국과의 양자 협상, 그리고 6자회담을 병행해 가면서 2.13, 10.3 합의를 도출했으나, 핵 검증문제에 막혀 더 이상 협상을 진전시키지 못한 채 오바마 정부를 맞이했다.

2008년 8월 김정일의 건강 이상은 북한의 위기 조성 전략에 중요한 변화 요인으로 작용하였다. 북한으로서는 후계 준비가 되어 있지 않은 상황에서 최고지도자의 유고를 대비해야 하는 상황이 도래한 것이다.[4] 남한에는 이명박 정부가 출범하여 남북 관계에 보편적 원칙을 강조했고, 당초 북한의 기대를 불러일으켰던 오바마 행정부의 대북정책 또한 시간이 갈수록 신중해졌다. 기회의 창이 닫히고 있는 징후가 점차 선명해졌다. 거기에다 강성 대국의 문을 열어젖히기로 한 2012년이 다가오면서 주민들에게 그 성과를 보여주어야 하는 부담감도 커지기 시작했다. 북한은 조급증에 빠지기 시작했다.

이러한 상황에서 북한은 오바마 정부를 제한적 비핵화 대 보상의 포괄적 협상 판으로 조속히 불러내어 기회의 창을 열기 위해 2차 핵실험을 감행하였다. 이에 부가하여 미국에 기울어 있던 중국에 연루 우려를 자극하고 선 북한 핵 문제 해결을 추구한 남한을 압박하는 효과도 노린 것으로 판단된다. 이때 남한이 청중으로 설정된 것이 특징적이었다. 이명박 정부가 출범 초부터 6.15 및 10.4 선언 이행을 사실상 중단했고 선 북한 비핵화를 정책의 우선 과제로 설정하였으며, 6자회담에서 엄격한 북핵 검증을 강조한 데에 대한 경고 메시지였다. 국내적으로 강성 대국에 대한 상징조작을 꾀하고 김정은이 주도하는 150일 전투의 성공적 수행을 독려하는 수단으로 활용하였다.

그러나 2차 핵실험은 2006년의 상황을 재연시키지 못했다. 국제 사회는

---

4 김정일 건강 이상 이후인 2009년에 와서 북한은 당 대표자회를 40여 년 만에 개최하여 김정은 후계 체제를 본격 구축하기 시작했다.

더 강력한 제재(1874호)로 답했다. 북한의 위기 조성 → 국제 사회의 보상 패턴이 작동을 멈추었다. 이명박 정부의 대북정책이 그러한 분위기 형성에 일조했다. 북한은 대남 협박의 수위를 고조시키다가 유화 공세를 통해 판세를 반전시키고자 했으나 성공하지 못했다. 북한은 핵실험 이후 김대중 대통령 장례식에 김기남, 김양건을 보내 대화와 교류 재개의 시그널을 보였고 2010년 천안함 이후에도 이산가족 상봉 등 대화와 협력에 나서는 전술을 구사했다. 그러나 남한의 입장은 단호하였다. 북한은 더 이상 남한의 대규모 대북 지원을 기대할 수 없었고 금강산관광 재개도 불가능하다는 점을 알게 되었다. 제한적 화해 대 대가라는 북한식 기회의 창이 닫힌 것을 실감하게 되었다.

중국과의 관계도 북한의 뜻대로 되지 않았다. 중국의 대북 지원은 충분하지 않은 가운데 정책 간섭은 수반되었다. 2010년 김정일이 불편한 몸을 이끌고 직접 두 번에 걸쳐 중국을 방문했음에도 불구하고 결과는 만족스럽지 못했고, 중국의 개방 요구는 오히려 강화되었다.

이러한 상황에서 북한은 2010년도에 들어와 천안함 폭침, 우라늄 농축시설 공개, 연평도 포격에 이르는 일련의 위기 조성 전략을 연속적으로 감행하였다. 남한을 표적으로 한 2010년도 연평도 포격은 금강산관광 등 남북 경협 및 대북 지원이 중단되면서 기회 국면이 봉쇄되는 상황에서 이명박 정부의 대북정책을 "제한적 화해 대 대가" 틀로 자신에게 유리하게 바꾸라는 압박용 도발이었다고 할 수 있다. 단, 천안함 폭침은 비공개 도발이었기 때문에 이를 통해 김정은의 군사 업적을 내부적으로 선전하고 후계 체제의 정당성을 확보하는데 한계가 있었다. 이것이 연평도 포격이라는 공개 도발이 추가되어야 했던 이유 중의 하나이다. 또한 북한은 전략적 인내로 버티던 미국을 조속히 협상 판으로 끌어들이고 북중 관계 등 한반도 정세를 유리하게 조성하기 위해 우라늄 농축시설 공개와 연평도 포격을 연이어 감행하는 강수를 둔 것으로 보인다.

지금까지 살펴본 본 연구의 의의는 다음과 같이 정리해 볼 수 있을 것이다. 첫째, 상기 위기 조성의 표적, 청중, 기회의 창이라는 분석 틀을 통해 북한의 대미 관계뿐만 아니라 대남, 대중, 대내 요인을 통합적으로 고려하여 북한의 위기 조성 사례를 연구했다는 점에서 의의를 찾을 수 있다. 이러한 분석 틀은 미북 관계를 중심으로 북한의 위기 조성을 분석한 다수의 연구와 북한의 대중 관계, 대내 전략에 주목하는 최근의 연구 성과를 포괄할 수 있는 장점이 있다고 본다.

둘째, 본 연구를 통해 북한은 기회의 창이 열리고 닫히는 상황에 민감하게 반응하였음을 발견할 수 있었다. 다시 말해 북한의 위기 조성은 북한이 처한 대외 위협의 심각성에 따른 대응적 측면보다는 스스로가 상정하고 있던 기회의 창에 문제가 생겼다고 인식할 때 이를 열기 위한 일종의 기회 창출적 도발이었다고 요약할 수 있는 것이다. 본 연구의 결론은 기존 연구 성과의 토대 위에서 북한의 위기 조성 전략의 배경과 동인에 대한 이해를 한 걸음 더 증진한 것으로써, 1998년 또는 2005년과 같이 북한의 대내외 환경이 비교적 안정되었을 때 북한이 왜 위기를 조성했는지를 설득력 있게 설명할 수 있다.

셋째, 북한 위기 조성의 외교적 동기와 국내적 동기의 연관과 위계를 규명하는 데도 기여하였다고 본다. 북한은 북한식 기회의 창을 열기 위한 외교적 동기를 기본 동기로 추구하되, 여기에 부가하여 위기 조성을 통해 북한 내부 주민과 군에 대한 동원 전략을 시행하였다.

이 연구에서는 자세히 다루지 못했지만, 북한뿐만 아니라 한국의 과거 정부, 중국 등 다른 나라도 위기 조성 전략을 구사한 사례가 있다. 따라서 본 연구의 결과가 보다 확장되기 위해서는 다른 나라의 위기 조성 전략과 비교 분석을 통해 북한 위기 조성 전략의 보편성과 특수성을 발견하고 설명해 낼 수 있어야 할 것이다.

위기에 관한 연구는 위기관리에 대한 연구가 대부분이며, 위기관리는 불가피하게 위기 통제를 수반하게 된다. 특히 지금까지 살펴보았듯이 북한의 위기 조성은 기회의 창을 열기 위한 전략이었다. 따라서 북한 지도부는 자신의 위기 조성이 전쟁으로 확산하는 것은 막으면서 기회의 창을 통한 최대의 성과물을 획득해야 했다. 즉 북한에 있어서 위기 통제는 매우 중요한 전략적 고려 요소였다고 할 수 있다. 이러한 점에서 본 논문의 성과를 토대로 북한의 위기 통제 전략에 대해 심도 있는 연구를 한다면 북한의 대내, 대외 전략에 대한 이해에 많은 도움을 줄 수 있을 것으로 본다.

한편, 김정은 집권 이후 지금까지 수차례 행해진 고강도 위기 조성을 보면, 기회의 창과 표적과 청중 면에서 김정일 집권기와 유사성이 크다는 것을 알 수 있다. 북한이 2013년 1월, 유엔안보리 결의 2087호 통과 후 향후 "높은 수준의 핵실험도 미국을 겨냥하게 된다는 것을 숨기지 않는다"라고 실토했듯이 미국 정부를 표적으로 했으며, 북한 내부, 남한, 중국을 청중으로 설정하고 있다. 미국의 정책 전환을 압박하기 위한 외교적 동기에 김정은 체제의 국내 기반을 확고히 하기 위한 국내 동기를 동승시키려는 의도가 두드러졌다. 김정은 집권 이후의 위기 조성이 김정일 집권기와 연속성이 강한 이유 중의 하나는 미사일 발사와 핵실험을 통해 핵 강국 건설을 이룩, 제한적 비핵화 대 보상 틀을 만들어 가는 것이 김정일 이후 이어지는 북한 정권의 지향점이기 때문이라는 추론이 가능하다.

김정일 집권기와 차이점이 있다면 핵·미사일 도발이 핵 무력 완성으로 그 방향을 뚜렷이 잡고 있으며, 핵·미사일 능력이 고도화됨에 따라 위기 조성의 강도와 대외 과시가 더욱 심해지고 있다는 점이다. 스스로 핵보유국으로 자리매김하는 북한으로서는 자신의 능력을 제고시키고 도발 수위를 높여야 위기 조성 전략의 의도를 더 잘 관철시킬 수 있다고 생각할 것이다. 또한 그렇게 하더라도 한국과 미국이 함부로 보복하지 못할 것이라는 계산도 했을 것이다.[5]

또한 김정일이 위기 조성 행위의 개별 건별로 보상을 추구하였다면 김정

---

5 박형중, "북한 정권의 긴장 고조 정책의 딜레마와 향후 정세 전망," 『통일연구원 Online Series CO 13-12』(2013. 4.11), p.2

은은 여러 위기 조성 행위를 묶어 다발을 크게 만들어 자신의 몸값을 높임으로써 한미로부터 상응하는 조치를 요구했다. 2016년부터 2017년까지 만 2년 동안 도발을 프로그램적으로 진행하다가 2018년에 들어와 협상 판을 벌이는 식이다.

하노이 노딜 이후 북한을 둘러싼 가장 큰 정세 변화는 우크라이나-러시아 전쟁과 북한군의 파병이라고 할 수 있다. 이로 인해 당분간 북한의 기회 창은 러시아를 향하게 될 가능성이 높아졌다. 그러나 러시아가 북한의 생존과 발전의 궁극적 대안이 될 수 없으므로 이는 어디까지나 과도적 현상이 될 수밖에 없으리라는 것이 필자의 견해이다.

최근 우-러 전쟁 변수를 고려해도 북한이 설정하고 있는 기회의 창에 대한 근본적 인식이 변하지 않았기 때문에 앞으로도 북한이 쉽게 과거의 전략을 버리지는 못할 것이다. 북한이 생존을 위해 외부 세계에 판매할 수 있는 유일한 상품도 군사력, 그리고 이에 기초한 위기 조성 전략이라는 사실 또한 이러한 전망에 힘을 싣는다. 북한 내부의 정책 변화가 없는 한 이러한 상황은 시간이 갈수록 더 심화할 것으로 추측된다.

이러한 전망 아래 한국이 선택할 수 있는 대북정책은 무엇인가? 첫째, 한미동맹을 토대로 북한의 핵 위협을 억제하면서 북한과의 공존을 일관되게 추구함으로써, 한반도 정세를 안정적으로 관리하는 한편, 체제 생존에 대한 북한의 위기의식과 우려를 해소해 주어야 한다. 둘째, 기회의 창에 대한 북한의 인식을 바꿀 수 있도록 유도해야 한다. 특히 핵보유국 지위를 노린 위기 조성을 통해 기회구조를 창출할 수 있다는 인식, 그리고 그 기저에 깔린 군사 강국, 경제 강국 건설 전략은 북한에게 기회의 창이 아니라는 사실을 설득해 내야 한다. 1차 핵 위기 이후 제네바 합의가 채택됐고 2005년 핵보유 선언 이후 9.19 공동성명이 체결되었으며, 2006년 핵실험 이후 2.13 및 10.3 합의가 맺어졌지만, 6차례의 핵실험과 연평도 포격을 통해서 북한이 실질적으로 얻은 것이 무엇인지 상기시켜 줄 필요가 있다. 북한이 추구했던 기회 영역 진입은커녕 유엔안보리 제재와 한국과 미국 등 양자

제재만 강화되었을 뿐이다. 북한의 핵 능력은 강화되었지만, 그것이 결코 북한의 미래를 열어주지는 못할 것이다. 북한은 성급한 위기 조성을 반복하면서 막상 자신의 비핵화 약속은 제대로 이행하지 않음으로써(제한적 이행) '믿을 수 없는 북한'이라는 인식을 확산시켰을 뿐이다. 따라서 이제는 북한식 기회의 창 대신 평화를 토대로 대화와 협력을 추구함으로써 보편적 기회의 창을 열어 나가자는 실질적 제안을 던져야 한다.

셋째, 북한에 도발을 통해 보상을 기대하는 위기 조성 전략은 더 이상 통하지 않는다는 것을 분명히 인식시켜 나감에 있어 한국과 미국, 중국의 정책 공조가 필요하다는 점이다. 본문에서 보았듯이 북한의 위기 조성 전략은 1 + 2 또는 1 + 3 게임을 구사하기 때문에 한국의 대북정책만으로는 소기의 성과를 거두기가 어렵다. 북한이 위기 조성 전략의 표적과 청중으로 삼고 있는 한국과 미국, 중국이 조율된 대북정책을 추진해야만 북한 지도부의 인식과 정책을 변화시킬 수 있는 것이다.[6] 그러나 지금과 같은 미중 패권 경쟁 시대[7]에는 미국과 중국과의 정책 조율은 매우 어려운 것이 사실이다. 그러나 가능성이 전혀 없는 것은 아니라고 본다. 양국의 국익 사이에서 한반도의 평화와 안정이라는 공통분모의 범위를 최대한 넓혀서 미·중이 공동의 대북 접근을 취할 수 있도록 하는 것이 우리에게 맡겨진 과제라고 할 수 있다.

---

6 이는 류우익 전 통일부 장관이 말한 대로 북한이 위기 조성 대신 민생을 우선시하는 좋은 선택을 하도록 유도하는 정책이 될 것이다. "2012년 통일부 장관 신년사," http://unikorea.go.kr, 장차관 연설문 참조.

7 미중 패권 경쟁 시대 북·중·미 동학에 대해서는 이우탁, 『북한의 핵보유국화와 미·중 패권 경쟁: 3차 북핵 위기와 북·미·중 전략적 삼각관계』, (동국대학교 박사학위논문, 2023) 참조.

참고문헌

북한 자료

『로동신문』

『조선중앙년감』

고초봉, 『선군시대 혁명의 주체』 (평양: 평양출판사, 2005).

김봉호, 『위대한 선군시대』 (평양: 평양출판사, 2004).

______, 『선군으로 위력을 떨치는 강국』 (평양: 평양출판사, 2005).

김인옥, 『김정일 장군 선군정치론』 (평양: 평양출판사, 2003).

김재호, 『김정일 강성대국 건설전략』 (평양: 평양출판사, 2000).

김정일, 『김정일선집 16 증보판』 (평양: 조선로동당출판사, 2012)

______, 『김정일선집 17 증보판』 (평양: 조선로동당출판사, 2012)

박태호, 『조선민주주의인민공화국 대외관계사 1』 (평양: 사회과학출판사, 1985).

______, 『조선민주주의인민공화국 대외관계사 2』 (평양: 사회과학출판사, 1987).

『선군태양 김정일 장군 제4부』 (평양출판사, 2007)

송승환, 『우리민족제일주의와 조국통일』 (평양: 평양출판사, 2004).

오현철, 『선군과 민족의 운명』 (평양: 평양출판사, 2007)

윤명현, 『우리식 사회주의 100문 100답』 (평양: 평양출판사, 2004)

조선민주주의인민공화국 사회과학원, 『정치용어사전』 (동경: 구월서방,
  1971).

철학연구소, 『사회주의 강성대국 건설사상』 (평양: 사회과학출판사, 2010)

최기환, 『6.15 시대와 민족 공조』 (평양: 평양출판사, 2004)

〈단행본〉

강태호, 『천안함을 묻는다』 (창비, 2010)

경남대학교 북한대학원 엮음, 『북한 군사 문제의 재조명』 (한울아카데미, 2006)

고미 요지 지음, 이용택 옮김, 『안녕하세요 김정남입니다』, (중앙 mb, 2012)

고병철 외, 『북한 외교론』 (경남대학교 극동문제연구소, 1977).

구갑우, 『비판적 평화연구와 한반도』 (후마니타스, 2007)

김계동, 『북한의 외교정책: 벼랑에 선 줄타기 외교의 선택』 (백산서당, 2001)

______, 『북한의 외교정책과 대외관계』 (명인문화사, 2012)

김영윤, 김학성, 박종철, 전성훈, 조한범, 홍관희, 『북한 핵 문제와 남북 관계의 진로』 (통일연구원, 2011)

김정렴, 『한국경제정책 30년사-김정렴 회고록』 (중앙일보·중앙경제신문, 1991)

김하중, 『김하중의 중국이야기 2』 (비전과 리더십, 2013)

김형기, 『남북관계 변천사』 (연세대학교 출판부, 2010)

김창희, 『북한정치와 김정은』 (법문사, 2012. 2. 15)

대통령 자문 정책기획 위원회, 『남북 관계 발전: 남북 간 신뢰 조성을

통한 한반도 평화 증진』, (2008)

대한민국 국방부,『천안함 피격 사건: 합동 조사 결과 보고서』(국방부), 2010.

_________________,『개정증보판 북방한계선(NLL)에 관한 우리의 입장』(2007. 7. 1)

돈 오버도퍼 저, 진창욱 옮김,『두 개의 한국』(중앙일보, 1998)

라몬 파체코 파르도 엮음, 권영근·임상순 옮김,『북한 핵 위기와 북미 관계』(연경문화사, 2016.10)

문대근,『중국의 대북정책: 정책 결정요인 연구』(늘품플러스, 2013)

문순보,『북한의 도발 환경 비교분석 - 1968년과 2010년의 주요 사건을 중심으로』(세종연구소, 2012)

박건영·정욱식 지음,『북핵, 그리고 그 이후』(풀빛, 2007)

박영규,『김정일 정권의 안보정책: 포괄적 안보개념의 적용』(통일연구원, 2003)

박재규 편저,『북한의 대외정책』(경남대 극동문제연구소, 1986)

밥 우드워드 장경덕 옮김,『공포: 백악관의 트럼프』, 딥인사이드, 2019)

백종천,『한반도 평화 안보론』(세종연구소, 2006)

백학순,『오바마 정부 시기의 북미 관계 2009-2012』(세종연구소, 2012)

베리부잔 저, 김태현 역,『세계화 시대의 국가안보』(나남출판, 1995)

빅터 차·데이비드 강 지음, 김일영 옮김,『북핵 퍼즐』(따뜻한손, 2007)

서보혁,『탈냉전기 북미관계사』(선인, 2004)

서보혁, 김종대, 이대근, 김창수, 홍익표 저,『천안함 외교의 침몰』(풀빛, 2011)

서울대학교 국제문제 연구소편, 『세계정치 11: 안보위협과 중소국의 선택』(논형, 2009)

송민순, 『빙하는 움직인다』(창작과 비평사, 2016)

애나 파이필드 지음 이기동 옮김, 『김정은 평전: 마지막 계승자』(프리뷰, 2019.6)

엘리슨·젤리코 저, 김태현 역『결정의 엣센스』(모음북스, 2005)

옹진군, 『연평도 포격 사건 백서』(2012)

와다 하루키 지음, 서동만·남기정 옮김, 『북조선』(돌베개, 2002)

외교통상부, 『외교백서』

이기동, 『강성대국론의 허와 실』(통일부 통일교육원, 2012. 3)

이명박, 『대통령의 시간 2008-2013』(알에이치 코리아, 2015)

이수혁, 『전환적 사건』(중앙북스, 2008)

이수형 외, 『중국의 부상과 동아시아』(백산서당, 2012)

이수훈 편, 『조정기의 한미동맹』(경남대학교 극동문제연구소, 2009)

________, 『핵의 국제정치』(경남대학교 극동문제연구소, 2012.3)

이용준, 『북한 핵: 새로운 게임의 법칙』(조선일보사, 2004).

이우탁, 『긴급 프로젝트 한반도 핵 균형론 북한의 핵보유국화와 미중 패권 경쟁』(역사인, 2023)

이종석, 『2차 핵실험 이후 북한-중국 관계의 변화와 함의』(세종연구소, 2012)

________, 『게임의 종말: 북핵 협상 20년의 허상과 진실, 그리고 그 이후』(한울, 2010).

이종석, 『북한-중국 관계, 1945~2000』 (중심, 2004)

임동원, 『피스메이커 : 남북관계와 북핵문제 20년』 (중앙북스, 2008)

윤해수, 『북한 곡예외교론』 (한울아카데미, 2000)

장달중·이정철·임수호, 『북미 대립-탈냉전 속의 냉전 대립』 (서울대학교 출판문화원, 2011)

장성민, 『전쟁과 평화 : 김정일 이후, 북한은 어디로 가는가』 (김영사, 2009)

전상인, 김태일, 『조국통일을 위한 전민족대단결 10대강령과 북한의 대남정책』 (민족통일연구원, 1993)

정규섭, 『북한 외교의 어제와 오늘』 (일신사, 1999)

정봉화, 『북한의 대남정책: 지속성과 변화, 1948-2004』 (한울아카데미, 2005)

정성윤, 『김정은 정권의 핵전략과 대외·대남전략』 (통일연구원, 2017.12)

정성윤, 김민성『북한 핵보유 협상전략: 이해와 전망』 (2023. 12.30)

정성장, 『현대 북한의 정치 : 역사·이념·권력체계』 (한울, 2011)

조성렬, 『김정은 시대 북한의 국가전략』 (백산서당, 2021)

조영남, 『후진타오 시대의 중국정치』 (나남출판사, 2006)

존 루이스 게디스·박건영 역, 『새로 쓰는 냉전의 역사』 (사회평론, 2002)

최명해, 『중국·북한 동맹관계』 (오름, 2009)

최용환, 『북한의 핵개발 전략 분석 및 향후 대응 방향』 (경기개발연구원, 2010)

통일부, 『통일백서』 2010년까지 전권.

______,『통일부 30년사』(1999)

________,『남북관계 지식사전』(2012)

________,『남북대화』

통일연구원,『통일환경과 남북한 관계』(연도별로 참조)

평화재단,『천안함에서 NLL까지』(평재리, 2013)

함택영,『국가안보의 정치경제학』(법문사, 1998)

해군본부,『NLL, 우리가 피로써 지켜낸 해상경계선』(2011)

허문영,『1980년대 북한의 대중·소 정책 및 대남정책 연구』(성균관대학교 대학원 박사학위 논문, 1990).

______,『북한외교정책 결정구조와 과정: 김일성 시대와 김정일 시대의 비교』(민족통일연구원, 1998).

허문영, 마민호,『중국의 부상에 대한 북한의 인식과 대응』(통일연구원, 2011)

현성일,『북한의 국가전략과 파워엘리트: 간부정책을 중심으로』(선인, 2007)

홍민,『북한의 전략 국가론과 핵무기 고도화』(통일연구원, 2022.12)

홍석률,『분단의 히스테리』(창비, 2012)

홍우택,『북한 핵에 대한 억지 방향 연구』(통일연구원, 2010)

홍우택 외,『대북한 핵협상 전략구상 방향』(통일연구원, 2011)

황일도,『김정일, 공포를 쏘아 올리다』(플래닛미디어, 2009)

후나바시 요이치,『김정일 최후의 도박』, 중앙일보 시사미디어 (2007)

히라이 히사시, 백계문, 이용빈 옮김,『김정은 체제 : 북한의 권력구조와

후계』(한울, 2012)

〈학위논문 및 주요 논문〉

고대원, "대북정책의 국내정치적 결정요인: 분석틀과 사례분석,"『한국과 국제정치』제19권 4호 (2003년 겨울)

금기연,『북한의 군사협상형태와 결정요인: 유엔사-북한군간 장성급회담 사례 연구』(경남대학교 대학원 박사학위논문, 2010)

김광용, "남북 관계: 2004년의 평가와 2005년의 전망 -북핵 문제와 북한 내부 사정의 변화를 중심으로-,"『월간 아태지역 동향』, (2005년 1월)

김근식, "북한의 핵협상: 주장, 행동, 패턴," 이수훈편,『핵의 국제정치』, 경남대학교 극동문제연구소, 2012).

김기령,『남북 화해기 북한의 대남 군사 도발 연구』(고려대 석사학위논문, 2009)

김용순,『북한의 대미 외교행태 분석(선군 리더십의 위기관리』(연세대학교 정치학과 박사학위논문, 2007)

김종수, "북한 대중운동 연구: 권력승계 측면에서 비교한 '150일 전투'와 '70일 전투'를 중심으로,"『사회과학연구』제18집 1호 (서강대학교 사회과학연구소, 2010년 2월)

김주삼, "핵실험 이후 북한의 내부체제결속과 북미관계 변화,"『동북아연구』, Vol. 21 No. 2, 조선대 동북아연구소)

김태경, "자주와 동맹 사이에서,"『사회과학연구 제28집 1호』(2012)

리시앙위(李翔宇), 『북한의 대중국전략연구』 (서강대학교 박사학위논문, 2012)

미찌시따 나루시게, "북한 외교와 군사력의 역할," 『북한 군사 문제의 재조명』, (한울아카데미, 2006)

박계호, 『韓半島 危機發生時 美國의 役割 決定要因에 관한 硏究』 (충남대 대학원 박사학위논문, 2012)

박상현, "북한 대외정책의 합리성에 관한 고찰," 『통일정책연구』 제18권 1호 (2009)

박형중, "북한 정권의 긴장 고조 정책의 딜레마와 향후 정세 전망," 『통일연구원 Online Serics CO 13-12』 (2013.4.11)

박홍서, "게임이론을 통해 본 중국의 대한반도 전략," (『중국연구』 제52권)

______, "탈냉전기 중미간 협조체제의 출현? : 9.19 공동성명 후 북핵 문제에 대한 중미간 협력," (『국제정치논총』, 제47집 3호, 2007)

서주석, "북한 핵 딜레마와 제네바 기본합의," 전남대학교 세계한상문화연구단, 『전남대학교 세계한상문화연구단 국내학술회의 37』 (2002.12)

서 훈, 『북한의 선군외교 연구』 (동국대학교 대학원 북한학과 박사학위 논문, 2008)

---- "북한의 외교정책 결정 체계에 관한 연구," 『국제문제연구』 (2007년 여름),

서지영, 『북한의 핵억제 전략 최적화 연구, 2012-2024 -전망이론의 분석 틀을 중심으로-(북한대학원대학교 박사학위논문, 2025)

소현정, 『북한의 위기조성전략과 북중미 관계』 (북한대학원대학교 석사학위논문, 2012)

손용우, 『신현실주의 관점에서 본 북한의 핵정책: 생존과 안보를 위한

핵무장 추구』 (북한대학원대학교 박사학위논문, 2012)

손문수, 『북한 핵정책의 지속성과 변화에 대한 연구(1991-2018): 실존적 억지에서 최소억지로』 (영남대학교 박사학위논문, 2019)

신종대, "북한 위기조성전략의 분석과 전망," (『한반도 정세 : 2010년 평가와 2011년 전망』) (경남대학교 극동문제연구소, 2011)

양무진, 『북한의 대남협상전략 유형』 (경남대학교 박사학위논문, 2002)

______, "북핵문제와 미북간 대응전략," 『현대북한연구』 제10권 1호, (2007)

윤규식, 『김정일 정권의 안보정책에 관한 연구, 1998-2006』 (경남대 박사학위논문, 2007)

이관세, 『북한의 현지지도와 정치리더십에 관한 연구』 (경남대 북한대학원대학교 박사학위논문, 2006)

이 석, 이재호, "5.24 조치 이후 남북교역과 북중무역의 변화: 데이터와 시사점," 『KDI 북한경제리뷰』 2012년 5월호)

이수석, "2010년 남북관계 평가 및 2011년 남북관계 전망," (『수은 북한경제』 제7권 제4호 통권 제27호, 2010년 겨울)

이신재, 『푸에블로호 사건이 북한의 대미인식과 협상전략에 미친 영향』 (북한대학원대학교 박사학위논문, 2013)

이우탁, 『북한의 핵보유국화와 미·중 패권경쟁: 3차 북핵위기와 북·미·중 전략적 삼각관계』 (동국대학교 박사학위논문, 2023)

이윤식, 『탈냉전기 북한 대미전략 변화의 다차원적 요인 분석』, (고려대 박사학위논문, 2010)

이은득, "위기관리 측면에서 본 '서해교전'" 『국방연구』 제45권 제2호 (2002.12)

이정우,『북한의 군사위협과 한미동맹의 효용 변화에 관한 연구』(성균관대학교 박사학위논문, 2010)

이준희,『북한의 대남 인식변화와 남북한 관계:『신년사』분석을 중심으로』(경희대 박사학위논문, 2004)

이태환, "북한 미사일 발사 후 북중 관계,"『정세와 정책』(2006년 9월호)

이호령, "북한 핵개발 원인분석: 북한의 시각을 중심으로,"『평화연구』, 제10권(고려대학교 평화연구소, 2001)

임수호,『실존적 억지와 협상을 통한 확산(북한의 핵정책과 위기조성외교: 1989~2006』(서울대학교 정치학 박사학원 논문, 2007)

임성채, "서해(NLL)에 관한 북한의 전략: 남북한 서해상 주요 충돌사건 중심으로,"『북한연구』제10권, 2007)

전봉근, "북핵 협상 20년의 평가와 교훈,"『한국과 국제정치』제27권 제1호 (2011년 통권 72호)

정방호,『김정은시대 북한의 '핵강압외교'에 관한 연구』(동국대학교 박사학위논문, 2022)

정규섭, "김정일 정권의 천안함 도발동기 분석,"『국방연구』53-3)

조민, "오바마 행정부와 북한 핵 문제: 대타협이냐, 대파국이냐," 통일연구원,『북핵 문제 해결 방향과 북한 체제의 변화 전망』(KINU 학술회의 총서 09-01, 통일연구원)

______, "북한 핵실험과 동북아 전략 구도,"『통일연구원 Online series CO 09-36』(2009.5. 26)

______, "북한의 '전쟁 비즈니스'와 중국의 선택,"『통일연구원 Online Series CO 10-46』(2010.12.1)

차성덕,『북한 외교정책의 결정요인에 관한 연구』(탈냉전기 대미핵정책변

화를 중심으로)』 (서울대학교 정치학 박사학위 논문, 1998)

차재훈, "북핵 협상 20년: 연구 쟁점과 과제,"『국제정치논총』제51집 3
호, 2011)

최 강·최명해, "북핵문제의 현황 및 전망과 향후 대책,"『전략연구』통권
제44호, 2008)

최용환,『북한의 대미 비대칭 억지·강제 전략』(서강대학교 박사학위논문,
2002)

한용섭, "한반도 위기사태 유형과 효과적 위기관리," 한국전략문제연구
소,『전략연구』17 (1999.12).

______, "김정일시대 북한의 안보·국방정책," (『아세아연구 통권 제102
호』, 1999)

허문영,『1980년대 북한의 대중·소 정책 및 대남정책 연구』(성균관대학
교 대학원 박사학위 논문, 1990).

홍석률, "1968년 푸에블로 사건과 남한·북한·미국의 삼각 관계,"『한국
사연구 113』

〈단행본〉

Abella, Alex, Soldiers of Reason: The Rand Corporation and the Rise of the American Empire (Michigan : Harcourt, 2008).

Albright, David and Kevin O'Neill, eds., Solving the North Korean Nuclear Puzzle(Washington, D.C: Institute for Science and International Security, 2000)

Axelrod, Robert, The Evolution of Cooperation: Revised Edition (New York: Basic Books, 2006).

Baldwin, Frank ed., Without Parallel: The American - Korean Relationship since 1945 (Pantheon Books, 1974)

Brecher, Michael, The Foreign Policy System of Israel : Setting, Images, Process (London: Oxford University Press, 1972)

_________________, Decisions in Israel's Foreign Policy (London: Oxford University Press, 1974)

Carr, Edward Hallett, The Twenty Years' Crisis 1919-1939: An Introduction to the Study of International Relations (New York: Palgrave, 2001).

Cha, Victor D. and David C. Kang, Nuclear North Korea : A Debate on Engagement Strategies (New York: Columbia University Press, 2003).

Christensen, Thomas J., Useful Adversaries (Princeton: Princeton

University Press, 1996).

Cox, Robert W., with Timothy J. Sinclair, Approaches to World Order (Cambridge: Cambridge University Press, 1996).

Downs, Chuck, Over the Line: North Korea's Negotiating Strategy (Washington D.C: The AEI Press, 1999).

Farnham, Barbara ed., Avoiding Losses/Taking Risks : Prospect Theory and International Conflict (Ann Arbor: The University of Michigan Press, 1994).

Goldstein, Avery, Rising to the Challenge: China's Grand Strategy and International Security (Stanford: Stanford University Press, 2005).

Habeeb, William Mark, Power and Tactics in International Negotiation: How weak nations bargain with strong nations (Baltimore: Johns Hopkins University Press, 1988)

Harding, Harry, A Fragile Relationship: The United States and China since 1972 (Washington, D.C: Brookings Institution, 1992).

Heritage, Andrew, The Cold War: An Illustrated History (Haynes, 2010).

Hermann, Charles F., Crisis in Foreign Policy : A Simulation Analysis (Indianapolis: The Bobbs-Merrill Company, Inc., 1969)

Ikenberry, G. John and Moon, Chung-In, The United States and Northeast Asia: Debates, Issues, and New Order (Lanham: Rowman & Littlefield, 2008)

Jackson, Van, Rival reputation : coercion and credibility in US-

North Korea relations (Cambridge University Press, 2016)

Jian, Chen, Mao's China and Cold War (Chapel Hill: The University of North Carolina Press, 2001).

Jervis, Robert, Perception and Misperception in International Politics (Princeton, N. J.: Princeton University Press, 1976)

Kang, David C., China Rising: Peace, Power, and Order in East Asia (New York: Columbia University Press, 2007).

Keohane, Robert O., After Hegemony: Cooperation and Discord in World Political Economy (Prinston: Prinston University Press, 2005)

Kissinger, Henry Alfred, Diplomacy (New York : Simon and Schuster, 1994)

Lee, Chae-jin, A Troubled Peace: U.S. Policy and the Two Koreas (Maryland: John Hopkins University Press, 2006).

Lerner, Mitchell B., The Pueblo Incident: A Spy Ship and the Failure of American Foreign Policy (Lawrence: University Press of Kansas, 2002).

Lüthi, Lorenz M., The Sino-Soviet Split : Cold War in the Communist World (Princeton: Princeton University Press, 2008).

Martin, Bradley K, Under the Loving Care of the Fatherly Leader: North Korea and the Kim Dynasty (New York: Griffin, 2006).

Marzarr, Michal J., North Korea and The Bomb: A Case Study in Nonproliferation(Palgrave MacMillan, 1997)

Michshida, Narushige, North Korea's Military-Diplomatic Campaigns, 1966-2008 (London and New York: Routledge, 2010)

Kim, Samuel S., North Korean Relations in the Post-Cold War World (Carlisle: Strategic Studies Institute, 2007)

Oberdorfer, Don, The Two Koreas (New York : Basic Books, 2001)

Sagan. Scott and Kenneth Waltz, The Spread of Nuclear Weapon : A Debate Renewed (New York : W.W. Norton & Company)

Schumann, Franz, The Logic of World Power: An Inquiry into the Origins, Currents, and Contradictions of World Politics (Pantheon Books, 1974).

Snyder, Glenn H., Alliance Politics (New York: Cornell University, 1997).

Snyder, Glenn H., and Paul Diesing, Conflict among Nations : Bargaining, Decision Making, and System Structure in International Crises (Princeton : Princeton University Press, 1977).

Snyder, Jack L. From Voting to Violence : Democratization and Nationalist Conflict (New York : W. W. Norton, 2000)

Snyder, Jack L, Myths of Empire: Domestic Politics and International Ambition (Ithaca and N. Y,: Cornell University Press, 1991).

Suh, J. J., Peter J. Katzenstein, and Allen Carlson, Rethinking Security in East Asia: Identity, Power. and Efficiency (Stanford: Stanford University Press, 2004).

Waltz, Kenneth N., Realism and International Politics (New York: Routledge, 2008).

Wendt, Alexander, Social Theory of International Politics (Cambridge: Cambridge university Press, 2010).

Wit, Joel S., Daniel B. Poneman and Robert L. Gallucci, Going Critical: The First North Korea Nuclear Crisis(Washington D.C: Brookings Institution Press, 2004)

Zubok, Vladislav and Constantine Pleshakov, Inside the Kremlin's Cold War; From Stalin to Khrushchev (Cambridge: Harvard University, 1996).

〈논문〉

Bermudez, Joseph, "A History of Ballistic Missile Development in the DPRK" CNS Occasional Paper No. 2(1999)

Bracken, Paul, "Crisis Management in Korea and Northeast Asia," Paper presented at the International Seminar on Crisis Management in the Korean Peninsula sponsored by the Sejong Institute, Seoul, Korea (June 27, 1989)

Fearon, James, "Rationalist Explanations for War," International Organization 49, 3, (Summer 1995).

Gourevitch, Peter, "The Second Image Reversed: The International Sources of Demestic Politics," International Organization Vol.32, 4 (Autumn 1978)

Hampson, Fen Olser, "The Divided Decision-Maker: American Domestic Politics and the Cuban Crises," International Security, Vol. 9 (Winter).

Harrison, Selig S., "U.S. Policy Toward North Korea," Dae-Sook Suh & Chae-jin Lee, North Korea After Kim Il Sung (Boulder: Lynne Rienner Publishers, 1998)

Jervis, Robert, "The Implication of Prospect Theory for Human Nature and Values," (Political Psychology 25(2), 2004)

Kim, Ilpyong, "China in North Korean Foreign Policy," S. Kim ed., North Korean Foreign Relations.

Koh, B.C., "North Korean Policy Toward the United States," Dae-Sook Suh & Chae-jin Lee, North Korea After Kim Il Sung (Boulder: Lynne Rienner Publishers, 1998)

Lee, Chae-Jin, "China and North Korea: An Uncertain Relationship," Dae-Sook Suh & Chae-jin Lee, North Korea After Kim Il Sung (Boulder: Lynne Rienner Publishers, 1998)

Lerner, Mitchell, "This Warmongering State of Mind": New Materials on the Korean Crisis of 1968, NKIDP e-Dossier no. 5 Introduction

Levy, Jack, "Domestic Politics and War," The Origin and Prevention of Major Wars (Cambridge: Cambridge University Press, 1989).

Niksch, Larry A, "North Korea's Nuclear Weapons Development and Diplomacy," CRS Report for Congress, updated Januay 5, 2010.

Phil Williams, "Crisis management." in John Baylis, Ken Booth, John Garnett, and Phil Williams, Contemporary Strategy I : Theories and Concepts (London : Croom Helm, 1987)

Putnam, Robert D., "Diplomacy and Domestic Politics: the Logic of Two-Level Games," International Organization, Vol. 42, 3 (Summer 1988).

Radchenko, Sergey S. "The Soviet Union and North Korean Seizure of the USS Pueblo: Evidence from the Russian Archives," CWIHP Working Paper #47.

Russett, Bruce, "Thucydides, Ancient Greece, and the Democratic Peace" Journal of Military Ethics Vol 5, No.4, 2006)

Schaefer, Bernd, "North Korean 'Adventurism' and China's Long Shadow," CWIHP Working Paper #44.

Smith, Hazel, "Bad, Mad, Sad or Rational Actor? Why the 'Securitization' Paradigm Makes for Poor Policy Analysis of North Korea," International Affairs, Vol.76, No.3 (July, 2000)

Shin, Jong-Dae, The Sino-North Korean Alliance and kim Il Sung' s Military Adventurism" NKIDP e-Dossier no.5 Introduction

Shin, Jong Dae & Kihl-jae Ryoo, "ROK-DPRK Relations in the late 1960s and ROK Diplomacy," paper presented at the International Workshop on Foreign Relations of the Two Koreas during the Cold War Era (The Institute for Far Eastern Studies, Seoul, May 11, 2006)

Snyder, Glenn H. "The Security Dilemma in Alliance Politics," World Politics, Vol.36, No.4 (July 1984)

Szalontai, Balazs and Sergey Radchenko, "North Kprea's Efforts to Acquire Nuclear Technology and Nuclear Weapons: New Evidence from Russian and Hungarian Archives," CWIHP Working Paper #53.

"Letter from GDR Embassy in the DPRK to State Secretary Hegen" (December 12, 1966), New Evidence on North Korea (Document Reader, NKIDP at the Woodrow Wilson International Center for Scholars, June 2010)

Tkachenko, Vadim, "Lessons of the Korean Crisis of 1968," Far Eastern Affairs No.1 Vol.36 (2008)

Weathersby, Kathryn, "DPRK Relations with the Soviet Union and China, 1950-1972," paper presented at the International Workshop on Foreign Relations of the Two Koreas during the Cold War Era (The Institute for Far Eastern Studies, Seoul, May 11, 2006)

Yasuhiro Izumikawa, "Security Dependence and Asymmetric Aggressive Bargaining : North Korea's Policy toward the Two Superpowers" Asian Security, 3:1, Jan. 22, 2007.